中国粮食经济与安全丛书

粮食产业经济

郭力　孙中叶　主编
刘清娟　李旭洋　副主编

LIANGSHI CHANYE JINGJI

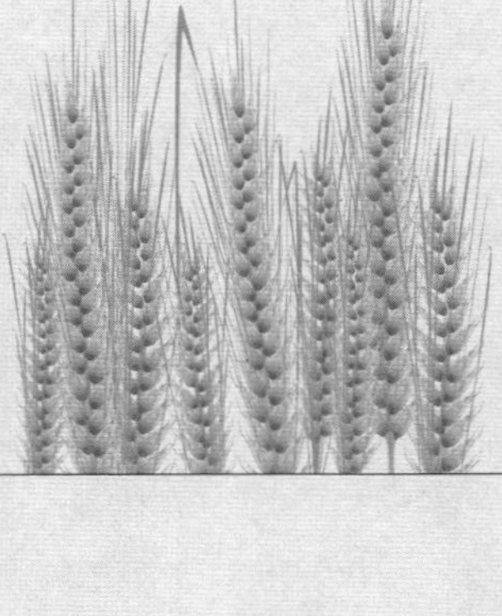

中国农业出版社
北　京

总 序

粮食事关人民健康、经济发展、社会稳定，粮食安全直接影响人民生命安全、经济安全乃至国家安全。粮食安全影响中国，也影响世界；影响当前，也影响未来。

新中国成立70多年来创造了中华民族农业史上的四个里程碑：彻底摆脱了持续数千年的饥饿困扰，彻底结束了持续2 000多年交“皇粮”（农业税）的历史，基本结束了持续数千年“二牛抬扛”依靠畜力耕地的历史，彻底消除了现行标准下的绝对贫困。2021年，我国人均粮食占有量已经达到483千克，超越了联合国粮农组织规定的人均400千克粮食的温饱线（吃饱线），但距发达国家人均消费粮食800千克左右的“吃好线”还差317千克。可见，“吃饱没问题，吃好要进口”是中国粮食安全的基本国情，粮食安全问题将长期存在，我国必须走出一条具有中国特色的农业发展、粮食安全的发展道路，牢牢地把饭碗端在自己手中。

未来，粮食安全问题将更为突出，粮食安全鸿沟将长期存在，粮食安全将长期困扰人类生存与发展。当前，世界上78.9亿人中仍有8.28亿人没有吃饱，未来还将出生的25亿人吃什么？世界粮食安全期待第三次绿色革命，期待填平粮食安全鸿沟，期待人类粮食命运共同体的诞生！

在国际环境日益复杂多变的形势下，推动粮食产业高质量发展、稳住“三农”基本盘是应对国内外各种风险挑战、保障国家经济安全的战略要求。确保国家粮食安全，既需要足够的粮食产量和合理库存作前提，又离不开相应的加工流通能力和产业链掌控能力。在复杂的地缘政治环境和不确定的贸易政策形势下，我国1亿多吨的粮食进口面临着国际粮源与供应链中断风险；在农业资源约束趋紧、粮食供需错配的背景下，6 亿多吨的消费量、3 亿多吨的存储量、2.4 亿吨的跨省物流量，给国内粮食生产、收储、加工、流通带来了巨大压力和挑战。我国既可能面临国际市场风险加剧、国际供应链中断所带来的防御型安全威胁，又可能面临“谷贱伤农”“米贵伤民”等在粮食生产、流通领域的管理型安全威胁，必须统筹好粮食生产、储备、流通、贸易，大力发展粮食产业经济、健全粮食产业体系。

第七次全国人口普查数据表明，我国人口总量将在 2025—2030 年达到峰值 14.5 亿，以人口老龄化为核心的人口结构性矛盾日益突出。为应对人口峰值和老龄化所形成的粮食安全保障与消费新需求，必须谋划粮食安全保障新战略和粮食产业发展新方式。同时，随着居民收入增长与消费升级，口粮直接消费（面粉、大米）逐步减少并趋于稳定，肉蛋奶的消费总体仍呈上升趋势，未来我国粮食消费结构中，除了主粮、饲料粮，蛋白饲料、能量饲料等需求将呈持续增长趋势。2021 年我国人均国内生产总值（GDP）已达到 12 551 美元，距世界银行统计的人均 GDP 超过 13 205 美元的高收入国家标准还差 654 美元。经验表明，进入高收入国家，食物消费结构将发生较大变化。目前，我国粮食需求仍然处于上升通道，保障粮食供应的任务十分艰巨，但同时也为粮食产业链的转型升级、高质量发展提供了战略性机遇。

产业强、粮食安，习近平总书记多次对粮食问题作出重要指示，强调抓好“粮头食尾”“农头工尾”，抓住粮食这个核心竞争力，延伸粮食产业链、提升价值链、打造供应链，深入推进优质粮食工程，做好粮食市场和流通的文章，为保障国家粮食安全、加快粮食产业高质量发展指明了正确方向，提供了根本遵循。

为深入贯彻习近平总书记关于保障粮食安全的重要论述，全面系统研究中国粮食经济与安全领域的关键性理论问题，更好地支撑粮食经济与安全学科发展，中国农业出版社组织编写了“中国粮食经济与安全丛书”。该丛书围绕“立足新发展阶段、贯彻新发展理念、构建新发展格局、推进高质量发展”，拟在粮食产业高质量发展评价体系设计与应用的基础上，从流通、贸易、金融化、储备、基础设施、经济史等方面按照“高质量发展及支持政策的问题识别→解决短板、实现高质量发展的路径设计与机制识别→保障高质量发展的推进策略”的思路，进行流通、贸易、金融、储备、基础设施等关键环节的政策效果评估和路径优化研究，有利于构建链条优化、衔接顺畅、运转高效、保障有力的粮食产业体系，进而实现我国粮食安全保障战略和粮食产业高质量发展。该丛书共分 7 册，是国内首套中国粮食经济与安全的系统性著作，分别为粮食安全视角下中国粮食储备管理制度与风险防范研究、“双循环”下中国粮食流通体制改革与创新研究、地缘政治风险影响中国粮食价格的传导机理与实证研究、中国跨国粮食供应链构建的现实逻辑与路径优化、中国粮食生产高质量发展研究、粮食安全战略下农业基础设施建设的粮食增产效应研究、中国粮食经济史。

该丛书的顺利出版，对于构建具有中国特色的粮食安全与产业高质量发展理论体系、深化以粮食为客体的若干重大关系的认识、破解粮食产业高质量发展政策目标错位的难题、指导粮食产业高质量发展评价等都具有重要意义。该丛书既可以为我国粮食战线广大干部职工和科技人员学习研究提供参考，又可为政府部门制定和完善我国粮食安全战略和推动粮食产业高质量发展政策措施提供借鉴。

手中有粮，心中不慌。我国粮食安全问题是一个需要持续关注的兼具理论性和现实性的战略问题。该丛书对于相关问题的研究不免挂一漏万，希望更多的专家学者关注、研究中国粮食安全问题，为“中国人的饭碗任何时候都要牢牢端在自己手上，我们的饭碗应该主要装中国粮”作出新贡献。

清华大学国际生物经济中心主任 

前　言

"民以食为天"，粮食安全始终是国家繁荣昌盛的基石和保障。新中国成立以来，在中国共产党领导下，勤劳智慧的中国人民依靠自己的力量解决了14亿人口的吃饭问题，粮食安全取得了举世瞩目的巨大成就。然而，当前我国粮食领域的主要矛盾已经由总量短缺转化为结构性缺陷，即人民日益增长的对高品质粮食产品需求与绿色优质粮食产品供给不充分、不平衡的矛盾。人民群众对粮食消费的需要已经从"吃得饱"转向"吃得好""吃得安全""吃得健康""吃得营养"。面对市场形势的巨大转变，我国粮食产业如何加快新旧动能转换，探索现代化粮食产业经济发展模式和路径，以高质量发展适应于、服务于粮食产业供需端对接适配，在更高层次上保障国家粮食安全，是本书编写的主要目的和内容。

本书基于国家粮食安全新战略，立足于粮食产业高质量发展和供给侧结构性改革需求，主要从以下几个方面系统介绍粮食产业经济的理论和实践：一是粮食产业组织。粮食企业是粮食产业发展的主体，新型农业经营主体、粮食收储企业、粮食加工企业等都是粮食产业发展所依托的微观力量。二是粮食产业发展模式。粮食产业发展具有其内在规律性，国内外粮食产业发展的普适经验、影响机理、成功路径等构成了可供参考遵循的成功模式。三是粮食产业发展动力。创新是粮食产业发展的内生动力，广义上包括技术创新、制度创新、管理创新、粮食销售渠道拓展、粮食市场体系建设等。四是粮食产业布局。包括粮食生产的产销区变动、粮食加工的空间集聚、粮食产业园区建设、粮食物流通道规划等。五是粮食产业发展环境。粮食流通体制市场化改革、粮食产业政策、国际粮食市场等构成了我国粮食产业发展所处的宏观环境，对我国粮食产业发展产生重要影响。六是粮食产业发展的保障政策。包括国家粮食安全新战略的内涵要求，以及针对生产、流通、加工、应急等各产业链环节的宏观调控政策与支持政策等。七是重点分析近年我国粮食产业联动融合模式、高质量发展路径、新业态、新形态、内外部机遇挑战等，以期为粮食企业做出科学的生产经营决策和行业管理部门制定产业规划政策提供理论依据及对策建议。

全书共九章，由河南工业大学经济贸易学院院长孙中叶教授提出框架结构并总体规划，第一章、第五章、第九章由郭力撰写，第三章、第四章、第七章由刘清娟撰写，第二章、第六章、第八章由李旭洋撰写。本书撰写过程中硕士研究生邵亚笛、马晓翱、程一凡、魏赫飞等承担了数据收集、材料整理和文稿校对等工作，在此一起表示感谢。

本书出版得到以下项目支持，并作为这些项目研究成果的一部分：河南省研究生教育改革与质量提升工程项目“粮食产业经济”（YJS2024JC15）；全国农业教指委研究生教育面上课题“农业硕士粮食特色案例库构建及应用研究”（2021-NYYB-63）；河南省专业学位研究生精品教学案例项目“农业发展理论与实践”（YJS2022AL046）；河南工业大学研究生教育改革与质量提升工程项目（HAUTYJS2022JC01）；河南工业大学教育教学改革研究与实践项目（JXYJ2021024）；河南省高等学校哲学社会科学应用研究重大项目（2022-YYZD-05）；河南省高等人文社会科学研究项目（2024-ZZJH-144）；河南省软科学研究计划项目“河南省农区县域城镇化转型的路径及政策研究”。

最后，特别感谢河南工业大学经济贸易学院、河南工大设计研究院的领导和老师给予本书出版的大力指导和支持，感谢中国农业出版社编辑和工作人员的付出。本书成稿过程中参考了大量国内外文献资料，借鉴了很多专家、学者的研究成果，在此对这些作者深表谢意。

编　者

2023 年 11 月

目 录

第一章
粮食产业经济概论

近年，我国粮食产业迅猛发展，粮食宏观调控能力和应急保供能力有了很大提高，粮食企业经营实力和市场竞争力不断提升，粮食产业总量、质量和结构均得到显著提升和优化，粮食大市场、大流通、大产业的格局体系初步形成，有效保障了国家粮食安全。在粮食供需紧平衡趋势凸显、需求端转为品质品种品牌引领、国内外机遇挑战共存的新形势下，全面认识粮食产业的基本概念、背景趋势和发展规律，创新粮食产业发展的新理念，是推进粮食产业经济高质量发展、探索粮食产业强国建设路径举措的基础依据。

通过本章学习，主要了解粮食的概念、分类和基本属性；掌握粮食产业经济的内涵、外延和基本理论；熟悉近年我国粮食产业发展的经验成效和突出业绩；理解当前粮食产业面临的内外部环境转变和各种机遇与挑战；了解指导我国粮食产业发展的基本原则。

第一节　粮食产业经济的概念与基本理论

一、粮食的概念与基本属性

1. 粮食的概念

“粮”“食”在中国古代是有区别的两个字，许慎《说文解字》载，“行道曰粮，谓糒（bèi）也。止居曰食，谓米也”。这里的“粮”是指行人携带的干粮；“食”是指长居家中所吃的米饭。后来两字逐渐复合成“粮食”一词，最早出现在先秦史籍中，在《左传·鲁襄公八年》中就记有“楚师辽远，粮食将尽”。清朝康熙五十五年（1716），张玉书等编撰的《康熙字典》对粮食的解释是“谷食”，即谷物类。可见，在中国历史上，人们习惯上一直把粮食理解为谷物。

现代意义上的粮食有狭义和广义之分。狭义的粮食是指谷物类，即禾本科作物，包括稻谷、小麦、玉米、糜（méi）（黍 shǔ 和稷 jì）、大麦、高粱、燕麦、黑麦等。广义的粮食是指谷物类、豆类、薯类的集合，包括农业生产的各种粮食作物和粮食部门经营的全部品种。根据国家统计局公布的粮食产量数据，如表 1-1 所示，目前我国各种粮食作物的播种面积和产量的排序为玉米、稻谷、小麦、薯类、大豆、谷子、高粱及其他杂粮。其中，三大主粮占比约 90%，在中国古代曾经作为主食的黍、稷、粱等粮食品种现已退居次要地位。

表 1-1 2020 年我国主要粮食品种播种面积和产量

粮食种类	播种面积（万公顷）	所占比重（%）	产量（万吨）	所占比重（%）
稻谷	3 007.60	18.00	21 186	31.64
小麦	2 338.00	14.00	13 425	20.05
玉米	4 126.40	24.60	26 067	38.93
薯类	721.00	4.30	2 987	4.46
大豆	988.20	5.90	1 960	2.93
谷子	90.60	0.50	281	0.42
高粱	63.50	0.40	298	0.44

数据来源：国家统计局《中国统计年鉴（2021）》。

2. 粮食的分类

根据使用领域和作用对象的不同，我国将粮食分为原粮、成品粮、混合粮和贸易粮。原粮又称“自然粮”，是指收割、打场和脱粒后，没有加工和不需要加工就能食用的粮食。如小麦、稻谷、大豆、高粱、玉米、绿豆、大麦、蚕豆、薯类等。中国使用原粮计算全社会粮食生产量。成品粮是指原粮经过加工后的产品，如面粉、大米、小米、玉米面等。但有些原粮不经过加工也可直接制作食物，既算原粮，也算成品粮，如豆类、薯干等。混合粮，又称“实际粮”，指原粮与成品粮的统称。贸易粮，指粮食部门在计算粮食收购、销售、调拨、库存数量时使用的粮食品类的统称，包括大米、小麦、玉米、大豆、薯类五大类。在实际统计与计算时，一般要将原粮或成品粮按规定的折合率折合成相应的贸易粮。

国际上通行的粮食（grain）概念由联合国粮农组织，即 FAO（Food and Agriculture Organization of the United Nations）界定。FAO 定义的粮食主要

是指谷物，包括小麦、稻谷、粗粮（coarsegrain），其中粗粮又包括玉米、高粱、大麦等。FAO 出版的生产年鉴所列的食物（food）产品目录包括八大类 106 种，这八大类分别是：第一，谷物类；第二，块、根和块茎作物类；第三，豆类；第四，油籽、油果和油仁作物类；第五，蔬菜和瓜类；第六，糖料作物类；第七，水果、浆果类；第八，家禽、畜产品类。

3. 粮食的基本属性

粮食在经济运行中的基本属性主要包括商品性、战略性、风险性等。

一是具有商品的二重性，是价值与使用价值的统一体。粮食一方面具有价值，其中凝结着粮食生产者的劳动；另一方面具有使用价值，因为粮食可以满足人的生存和健康需要。粮食作为商品，还具有市场竞争性。生产者、经营者和消费者之间围绕着价格、数量、品质、交易方式等进行讨价还价，在市场竞争机制下完成粮食买卖，实现价值变现。

二是具有战略性。粮食是人类生存的必需品，是关系国家命脉的重要物资，是大国之间博弈的武器，是不可替代的战略性大宗商品。粮食是一切物质文明和精神文明发展的基础，粮食安全战略是社会稳定和国家富强的基石。历史经验告诉我们，一旦发生大饥荒，有钱也没用。“手中有粮，心中不慌”在任何时候都是硬道理!

三是具有风险性。粮食生产属于自然再生产过程，不可避免地会遇到旱灾、水灾、风灾、雹灾等自然风险。粮食经营属于市场行为，也会遇到市场价格波动风险、信用风险、技术风险等。粮食生产和经营中的高风险性导致粮食不能单靠自由竞争和市场规律调节，必须由政府施加管制和扶持。

二、 粮食产业经济的概念

1. 产业的概念界定

产业是指国民经济中按一定社会分工原则而划分的从事产品和劳务生产经营的各个部门。一个经济体中最小单位是家庭、企业等微观个体，最大单位是国民经济总体，位于二者之间的是大小不同、数目繁多、具有某种同一属性的企业集合，这就是产业。因此，产业是介于微观经济细胞（企业和家庭）与宏观经济单位（国民经济）之间的“中观”范畴。产业的重要特点是具有复杂群体结构，产业包括国民经济的各行各业，大至部门、小至行业，从生产到流通，从服务到文教等各行各业都可以称为产业。因此，一个产业是具有某种同一属性的经济活动的集合。

2. 粮食产业经济的概念界定

粮食产业经济是一个以粮食产品为核心，集合粮食生产、储运、加工、销售、消费等环节的生产组织体系，以及这些组织之间的相互作用关系。粮食产业经济按照生产经营流程，涉及“生产”“收购”“储藏”“加工”“销售”五个主要产业链环节，涵盖了农业种植、流通服务（仓储、物流、贸易等）和粮食加工（初加工、精深加工、饲料转化、酿造等）三个产业层级。其中，粮食生产实质是指基于植物生长机能，利用农业生产技术将生产要素转化成粮食产品的活动；粮食流通本质是利用运输、仓储、贸易等技术和流程完成原粮在时间与空间上的转化；粮食加工是由原粮向粮食商品的转化活动和增值过程；粮食消费实则是粮食产品通过有机转化、过腹转化与人体消化等活动转化为其他能量形式的过程。

3. 粮食产业经济运行过程

构成粮食产业链的各个组成部分是一个有机整体，相互联动、相互制约、相互依存。上游生产环节和下游流通、消费产业环节之间存在着大量的物质、能量、价值、信息等方面的交换关系。因此，现代粮食产业竞争已不再是某一生产单位或某个产品的竞争，而是整个链条上市场主体相互合作形成的产业链、供应链、价值链的竞争。图 1－1 反映了我国粮食产业经济运营的流程结构。

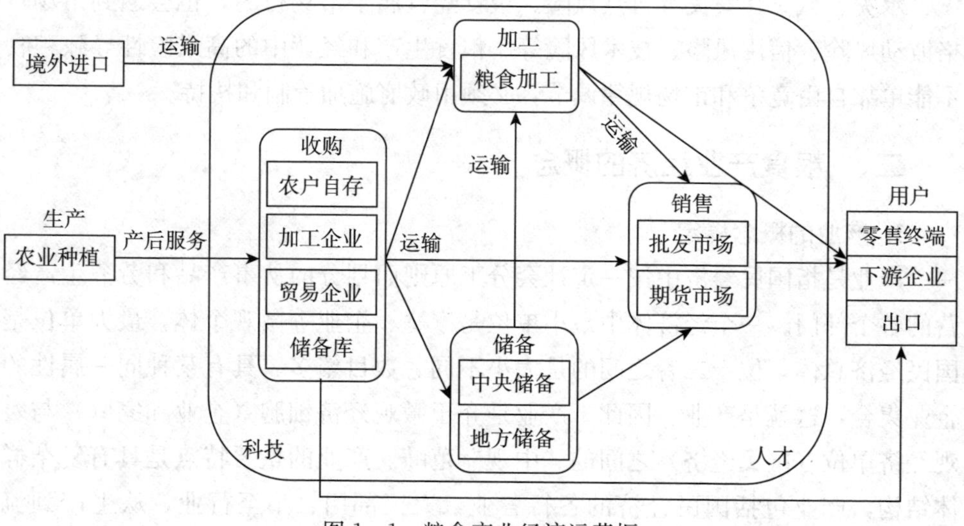

图 1－1　粮食产业经济运营框

从范围上看，这是一个从农业生产者或进口商到最终用户之间的全产业链的流动过程，中间涉及收购、仓储、加工和市场销售的各个环节，其中需要人才、设备、科技、品牌、金融等各类要素支撑。抓好粮食产业经济建设，对粮食生产具有反哺、激励和反馈、引导作用，对粮食消费具有支撑、培育和带动、引领作用。

三、 粮食产业经济的基本理论

1. 粮食产业转型升级理论

根据产业结构升级理论，农业生产的投资报酬率要远低于具有“规模报酬递增”特征的粮油加工业和粮食产后服务业；而且随着居民生活水平的提高，人们对粮食精深加工产品和无形服务的需求要远高于初级农产品。因此，未来粮食产业经济转型升级的路径表现为资金、技术、人才等要素由粮食生产与收储业转向粮食加工、销售和产后服务领域。这种转型升级的进度取决于粮食产后环节生产效率和科技进步的提升速度，以及居民对高品质粮食产品需求的扩大速度。

我国推进粮食产业转型升级的抓手是优质粮食工程及三个子项建设，重点是加快推进主食产业化，大力发展粮油精深加工转化，开发绿色优质、营养健康的粮油产品；以粮食龙头企业的农业资源、销售网络、知名品牌等优势为依托发展高附加值产业，推动粮食生产、加工和服务业之间的深度融合；实施粮食全产业链精准营养工程，实现绿色优质粮油产品供给增加与粮食产业价值链提升；促进主食产业化，支持生产基地化、加工工业化、供应社会化等发展。

2. “谷贱伤农”与价格管制理论

从经济学原理来说，粮食需求的价格弹性很小，需求缺乏弹性使得一旦粮食丰收就容易出现价格急剧下跌，最终导致“谷贱伤农”。如图 1－2 所示，粮食原有的需求曲线 D 和供给曲线 S 相交于 E 点。在均衡点 E 的均衡价格和均衡数量分别为 P_1 和 Q_1。农产品丰收使供给曲线 S 的位置向右平移至 S' 的位置，与需求曲线 D 交于 E' 点。在新均衡点 E'，农产品的均衡价格由 P_1 大幅下降至 P_2，均衡数量由 Q_1 增加至 Q_2。由于农产品的需求曲线缺乏弹性，农产品均衡价格下降的幅度会大于农产品均衡数量的增加幅度，因此最终农民的总收入会减少，减少量等于图中矩形 OP_1EQ_1 和矩形 $OP_2E'Q_2$ 的面积之差。

在农产品歉收的年份反之亦然。小农户是根据当期价格决定下一期农业投入和播种量，价格与供求调整也存在“滞后”，这就很容易造成粮食价格周期波动和市场供求失衡。

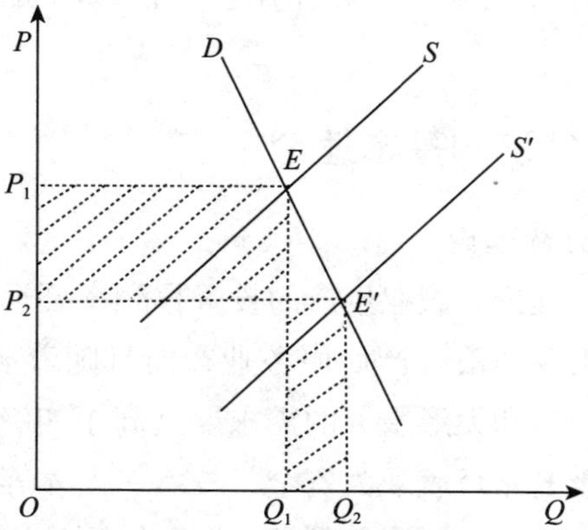

图 1-2　谷贱伤农原理示意图

因此，为了防范粮食市场急剧的周期波动影响粮食安全，政府经常会采取价格干预措施，以稳定市场供应和居民食物可得性，弥补粮食市场的微观失灵。

一种是支持价格，又称最低价格，是指政府为了支持农业生产，而专门制定的一种高于市场均衡价格的最低价格。当市场价格低于某一标准时，政府就直接以支持价格收购粮食，以保护生产者利益。但是应当注意的是，较高的支持价格政策也会给政府带来沉重的财政负担，且可能引起国际贸易争端。

另一种是限制价格，又称最高限价。基本原理就是在粮食供不应求、价格上涨时，为了防止价格过快上涨而影响低收入人群获取食物，由政府规定一个最高限制价格，以保证低收入者的食物获取权。同样，限制价格常用于战争或自然灾害时期，但是牺牲了种粮农民的利益，经常使用会损害农民种粮的积极性，同时政府也必须采取强力措施防止粮食黑市交易。

如图 1-3 所示，该图表示政府对某种粮食实行最高限价的情况。最初，该种粮食市场的均衡价格为 P_0，均衡数量为 Q_0。此时，假设政府实行了最高限价政策，把该种粮食的市场最高价格限制为 P_1。从图 1-3 可以看出，最高限价 P_1 要低于市场均衡价格 P_0，而且在最高限价 P_0 的水平下，该种粮食的市场供给量 Q_1 小于市场需求量 Q_2，此时，该种粮食市场上出现了供不应求的情况。

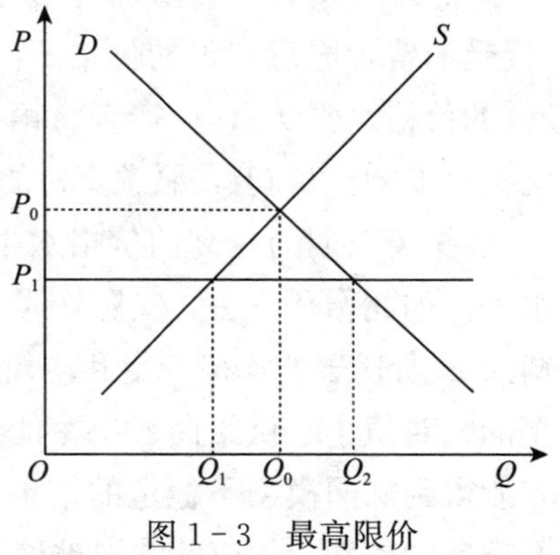

图 1-3　最高限价

3. 蛛网模型

蛛网模型用动态分析的方法论述了农产品、畜牧产品这类生产周期较长、受预期因素影响较大的商品的产量和价格在偏离均衡状态以后的实际波动过程及其结果。就均衡价格模型而言，当一个均衡价格体系在受到外力的干扰而偏离均衡点时，如果这个体系在市场机制的作用下能回到原有的均衡点，则称这个均衡价格体系是稳定均衡。与此相反，如果这个体系在市场机制的作用下不能再回到原有的均衡点，则称这个均衡价格体系是不稳定均衡。

蛛网模型考察的是生产周期较长的商品。蛛网模型的基本假定是：商品的本期产量 Q_{st} 决定于前一期的价格 P_{t-1}，即供给函数为 $Q_{st}=f(P_{t-1})$，商品本期的需求量 Q_{dt} 决定于本期的价格 P_t，即需求函数为 $Q_{dt}=f(P_t)$。根据以上假设条件，蛛网模型可以用以下三个联立的方程式来表示：

$$Q_{dt}=\alpha-\beta P_t \qquad (1-1)$$

$$Q_{st}=-\delta+\gamma P_{t-1} \qquad (1-2)$$

$$Q_{dt}=Q_{st} \qquad (1-3)$$

式中，α、β、δ 和 γ 均为常数，且均大于零。蛛网模型分析了商品的价格和产量波动的三种情况，在此利用图解法说明发散型蛛网，也是比较符合粮食市场价格波动特点的模型形式，如图 1-4 所示。当市场由于受到外力的干扰偏离原有的均衡状态以后，实际价格和实际产量上下波动的幅度会越来越大，偏离均衡点越来越远。假定在第一期由于某种外在因素的干扰，实际产量由均衡水平 Q_e 减少为 Q_1。根据需求曲线，消费者为了购买全部的产量 Q_1，愿意支付较高的价格 P_1，于是，实际价格上升为 P_1。根据第一期的较高的价格水平

P_1，按照供给曲线，生产者将第二期的产量增加为 Q_2。在第二期，生产者为了出售全部的产量 Q_2，接受消费者愿意支付的价格 P_2，于是，实际价格下降为 P_2。根据第二期的较低的价格水平 P_2，生产者将第三期的产量减少为 Q_3。在第三期，消费者为了购买全部的产量 Q_3，愿意支付的价格上升为 P_3，于是，实际的价格又上升为 P_3。根据第三期的较高的价格水平 P_3，生产者又将第四期的产量提高到更高的水平。如此循环下去，实际产量和实际价格上下波动的幅度越来越大，偏离均衡点 E 所代表的均衡产量和均衡价格越来越远。当相对于价格轴的需求曲线斜率的绝对值小于供给曲线斜率的绝对值，即需求曲线比供给曲线较为平坦时，才能得到蛛网模型不稳定的结果，所以，两条曲线的上述关系是蛛网模型趋于不稳定的条件，相应的蛛网被称为“发散型蛛网”。

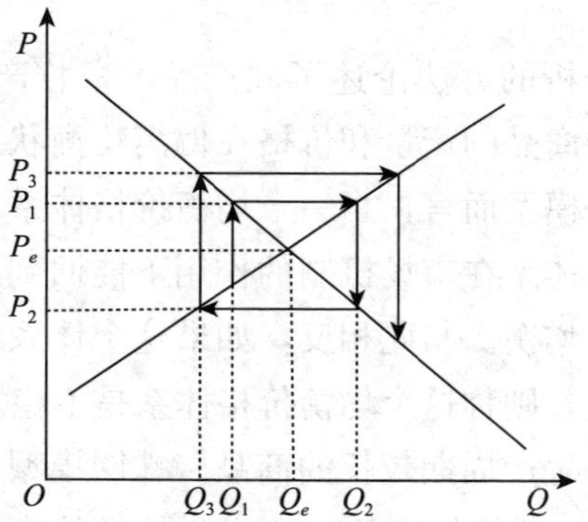

图 1-4　蛛网模型

4. 公共产品理论

粮食产业具有明显的公共产品属性，即生产、运营及产品供给中产生正的外部效应和社会公益性。主要表现如下。

一是粮食产业问题具有社会扩散效应。由于粮食处于需求层次最低端，属于人们生存的最基本需求，在粮食供给充足时容易被忽视，但是一旦粮食供给、流通、消费出现问题，粮食短缺问题就会迅速扩散，与人们的预期产生巨大的差距，最终发展成为整个社会的焦点，甚至影响社会秩序和社会稳定。因此，粮食产业不仅对农民、企业、消费者有着直接的贡献，而且对经济、社会的持续发展与和谐稳定也具有重要的意义，其公共物品属性不可忽视。

二是粮食流通和资源配置解决了粮食供求的地区分布不均衡问题。我国的粮食生产主要分布在广大农村，而商品粮消费则主要集中在城镇地区。此外，我国粮食主产区主要集中在东北、华北平原等地区，而商品粮消费主要集中在沿海省份和一些大中城市。粮食跨区域流通衔接着粮食产地和粮食消费地，调节着粮食供给和粮食需求，使全体社会成员均能够享受公共消费的利益。

三是通过粮食收储制度解决了粮食生产与消费的时间非匹配问题。受自然因素作用，粮食生产是季节性的，粮食消费则是常年均衡进行的，难免会发生局部性、暂时性缺粮现象。为了保证农民余粮能够适时适价顺畅销售、粮食主销区粮食市场供应不中断，客观上需要有一定规模周转性粮食库存。同时，作为重要战略物资，为了保证国家战略需要，还应保有大量政策性储备。这些粮食储备资源有效地解决了粮食生产与消费的时间非匹配问题，也凸显了粮食的社会公益性。

四是粮食生产具有正的外部性。粮食生产者生产的粮食带给消费者健康和生存必需，给工业部门输送原材料，粮食产业之于其他产业的基础性、支撑性作用是不言而喻的；但是粮食生产者自身却面临低收入、低利润问题，往往没有得到应有的对等补偿。从这个意义上来讲，粮食具有公共物品的正外部性。在理论上，如果没有外在干预，正外部性会导致粮食生产者的积极性降低、粮食产业供给总量偏少，价格频繁波动。但是，粮食又是关系到国计民生的战略物资。因此，几乎在所有国家，政府都会对粮食生产给予财政补贴、保护价收购、最低限价、优惠贷款等干预政策，以促进粮食市场供求平衡，保障国家粮食安全。

第二节 粮食产业发展基本情况

一、粮食产业规模效益持续提升

近年，我国粮食产业快速发展，企业经营效益持续提升。“十三五”期间，全国规模以上粮食加工企业实现年均主营业务收入4.43万亿元，总产值年均增速达10.8%，远快于同期7.8%的年均经济增速。2020年末，全国粮食产业实现工业总产值3.2万亿元，占国内生产总值的3.2%；全国纳入粮食产业经济统计的企业2.3万户，其中成品粮油加工企业和饲料企业分别占比64%和16%，是粮食产业的主要组成部分。特别是粮食加工业发展迅猛，凭借资金、技术与渠道优势，不断向产业链上下游延伸拓展，产品结构不断优化，产业竞争力持续增强。中粮集团、香驰控股、九三粮油、思念食品、陕农集团等一批龙头企业集团抢抓机遇、顺势而为，迅速做强、做优、做大，成为产业发展的排头兵。

二、粮食多元主体不断发展壮大

1. 国有粮食企业深入推进体制改革

国有粮食企业是支撑粮食产业发展的主体，属于公益类国有企业，主要考核成本控制、产品服务质量、营运效率和保障能力。近年，国有粮食企业持续深入推进体制改革，初步建立起现代企业制度。例如，麻城粮食储备有限公司依托当地 7 个库站，成立了董事会、监事会，建立了现代产权制度，以及有效制衡的公司法人治理结构，形成了管理人员能上能下、员工能进能出、收入能增能减的人事劳动分配体制，市场化经营能力明显增强。

近年，地方国有粮食企业在保持国有控股前提下，大胆引入社会资本特别是粮油加工龙头企业资本入股，探索发展混合所有制粮食企业，建立“粮食安全社会责任企业”机制，择优遴选部分加工企业承担收储加工转化调节等调控任务。例如，2016 年山西省粮食局、粮食物流中心与山西美特好连锁超市股份有限公司合作成立了山西晋粮物流公司，该物流公司是集粮食储备、粮食加工为一体的企业。混合所有制改革盘活了山西省粮食物流中心及地方储备库资源，实行国有控股、民营参股的方式放大了国有资产，提高了地方粮食国有企业的融资贷款能力，拓展了粮食产业业务范围，通过与物流企业、零售企业合作实现了仓企联合、储加结合。

还有一些有条件的地方按照“集团引领、品牌带动、集群发展”的思路，以国有企业为主导组建了跨区域、跨所有制的粮油集团公司，开展全产业链合作经营。例如，湖南省整合有关优势资源成立了国有大型综合性粮食企业——湖南粮食集团有限责任公司。近年，该集团积极转方式、调结构，促进企业转型发展，主要业务涵盖了粮油收储、粮油加工、中转物流、市场交易、期货交割、经营贸易、电子商务、种子繁育、房产开发等，构建了比较健全的粮油全产业发展链条。

2. 民营企业不断发展壮大

虽然我国民营粮食企业起步晚，但是近年发展势头较猛，成为多元化粮食经营主体的重要组成部分。如在湖南省粮食企业构成中，民营企业的份额占到

90%，全省纳入统计的粮油加工企业产值和利税前 10 名中，80%都是民营企业；在前 20 名中，民营企业占比高达 85%。再如 2016 年江西省吉安市泰和县共有粮食流通企业 79 家，其中国有企业 6 家，民营企业 73 家。泰和县早稻种植面积约为 57.8 万亩①，总产量在 25 万吨左右，商品粮 15 万吨左右；而辖区内中储粮和地方国有粮食企业有效收购仓容只有 3.8 万吨，仓容压力极大。面对早稻收购仓容紧张的问题，民营企业主动承担社会责任，充分发挥粮食经纪人的作用，利用走村串户、点多面广、经营灵活、快购快销的优势，深入农户家庭、田间地头，及时化解了农户存粮难题，缓解了农户的心理压力。近年，泰和县民营企业早稻收购量超过托市粮收购量，形成社会化收购和托市收购齐头并进的新格局，加快了早稻收购进度，缩短了收购时间，有效缓解了粮食仓容压力，避免出现农民卖粮难问题。

3. 新型农业经营主体成为粮食产业的重要力量

当前，种粮大户、家庭农场、农民专业合作社、龙头企业、农业社会化服务组织等新型农业经营主体已成为保障粮食有效供给的重要力量。新型农业经营主体充分发挥自身经营规模化、集约化、智慧化、绿色化优势，不断提升综合竞争力，有效促进了农民增收和农业产业化转型。据农业部统计，截至 2017 年 9 月底，全国依法登记的农民专业合作社达 196.9 万家，全国耕地流转总规模为 4.71 亿亩，龙头企业、家庭农场、专业大户的平均经营耕地面积分别为 783.19 亩、177.30 亩、102.13 亩。以湖北省松滋市为例，当地近年因地制宜发展特色农业，不断发展壮大新兴农业经营主体。2021 年，松滋市县级以上农业产业化龙头企业达到 48 家，“二品一标”品牌突破 38 个，培育新型农业经营主体 1 597 家，全市农业总产值实现 89 亿元，规模以上农产品加工产值突破 208.5 亿元。

三、粮食产业联动融合互促发展

近年，粮食产业链中种植、收储、加工、流通等各类企业或经营主体加快纵向延伸和横向联合，通过跨界经营和多元化发展不断增强企业盈利能力和抗风险能力。大型粮食企业积极向上游引导农业规模化种植，向下游大力发展粮食加工业，横向拓展农业观光服务、休闲农业和乡村旅游等，探索了多种粮食

① 亩为非法定计量单位，1 亩=1/15 公顷。——编者注

产业融合发展模式，取得了显著成效。

一些主产区的国有或私营粮食企业利用订单种植与协议收购模式，掌握优质粮源，实现了企业、种粮大户、新型农业经营主体的合作多赢。据国家粮食和物资储备局统计数据，截至2018年末，全国订单收购粮食数量达550万吨，其中小麦订单收购178万吨，占工业用小麦量的17.6%；稻谷372万吨，占工业用稻谷量的40.9%；主要粮食品种的订单农业快速推广，不仅有效提升了粮源质量，而且稳定了农民种粮积极性，有利于"藏粮于地"保障国家粮食安全。

一些大中型粮食企业更进一步以"公司＋农户＋当地政府""公司＋科研单位＋基地""集团＋银行＋联盟企业"等形式在农村广泛建设优质粮食基地。粮食企业依托自身储备资源优势、加工消费能力优势或销售渠道优势，主动参与农村土地流转，推进农业适度规模种植，形成了品种固定、技术稳定的粮食基地，确保了原料、产品质量，实现了优粮、优种、优储。例如，河南省粮油加工企业建立优质原粮基地面积达到718万亩，关联农户190万户，促进产业加快朝"种植、收储、加工、销售"一体化模式转型升级。据国家粮食和物资储备局统计数据，截至2018年末，全国粮食企业建立优质粮源基地面积达6 969万亩，关联带动农户数1 296万户，极大推进了农业供给侧结构性改革，初步实现了"优粮优种"。

以中粮集团为代表的大型粮油企业探索形成了"从田间到餐桌"的粮食全产业链模式。这些大型龙头企业向上控制农业种植，保障优质粮源；向下延伸产业链，拓宽终端销售市场；通过寻求价值链增值实现产业可持续发展，既满足了居民食品消费升级需求，又形成企业对全产业链的掌控能力，促进了粮食产业提档升级。

四、 粮食科技创新能力显著增强

中央和各省级财政持续加大对粮食科技创新的投入力度，引导粮食加工企业不断增加科研投入，加快技术改造，大力发展精深加工产品，装备自主化、工艺水平大幅提升，信息化建设加快推进，产品质量与企业经营绩效持续提高。目前，我国现代化的粮油加工厂与国外先进的生产加工水平不相上下，稻谷、小麦和玉米深加工等转化增值技术、油菜籽膨化压榨节能技术等实现了产业化。由粮食科研机构、高校和大型企业共同组建了一批粮食储运，玉米、小麦、稻谷深加工，以及粮油加工装备等粮食产后领域国家工程实验室。一批具有自主知识产权的淀粉加工成套装备、数字化色选机等装备达到国际先进水平。例如，湖北福娃集团有限公司以糙米食品为核心，打造稻米深加工产业，形成了有机米、饼干、糕点、米果、营养粥及其他精深加工制品等系列产品，实现了对同类进口产品的有效竞争和替代。

五、粮食产业集聚示范效应初显

近年，各地大力推进粮油加工园区建设，按照高起点、高标准、高规模的要求引导粮食企业向园区集聚，实现园区内企业的横向联合、纵向协同与溢出效应，节约物流成本，提高规模效益，产业集聚示范效应凸显。在东部地区，粮食产业园区的工业产值已占到本地区工业总产值的50%以上。粮食产业布局进一步由发达省份向粮食主产省份集中，在主产省份涌现出了一批颇具特色的粮油加工产业园区或集聚区，有些已经建成国内一流、世界领先的食品加工制造基地。例如，河南省经过长期发展建成了冷链食品、休闲食品和特色食品三大优势产业链，形成了五大特色食品产业集群，分别是以双汇、华英等为代表的全国最大肉类产品生产加工基地，以白象、南街村等为代表的全国最大面制品生产加工基地，以三全、思念等为代表的全国最大速冻食品生产加工基地，以南街村调味料、驻马店十三香等为代表的全国最大调味品生产加工基地，以健丰、梦想等企业和临颍黄龙食品产业园区为代表的全国最大休闲食品生产加工基地。

第三节 粮食产业发展环境

一、国内粮食供需紧平衡趋势

我国粮食产量稳居高位，至2021年已经连续7年粮食产量保持在1.3万亿斤[①]以上。但是预计未来我国粮食增产的回旋余地会逐渐减少，而粮食需求数量受到人民生活水平提升影响仍会稳定增长，尤其是饲料粮、高品质粮需求会快速增加，这就使得国内粮食供需的紧平衡将会常态化。

第一，水土资源日益稀缺与劳动力成本日益提高导致粮食增产空间逐渐收缩。耕地是粮食生产的根本，水利是粮食生产的命脉，因此水资源和土地资源

① 1斤=500克。——编者注

的短缺会极大限制粮食产业的发展。2019年我国耕地面积为12 786.19万公顷，约占世界耕地面积的8.6%，但是由于人口高达14亿，使得人均耕地面积不到全世界平均水平的40%。2020年我国人均水资源占有量为2 239.8米^3，仅为世界平均水平的1/4。而且，水资源还呈现南北分布严重不均情况，北方河南、山东、黑龙江等主产省的粮食生产面临较大的水资源短缺压力。从产出效益和其所能提供的就业机会方面来看，粮食产业在各地土地、资金、人才竞争中处于弱势地位，导致资源向非农产业转移的趋势日益严峻。

第二，在生态文明建设和环境保护刚性约束背景下，农业生产中化肥、农药的减量使用成为必然趋势，这必将使得粮食单产增长空间逐渐缩小。传统上，我国粮食增产在很大程度上依赖化肥、农药的大量投入。例如，1997—2006年，化肥投入对我国粮食产量增长的贡献率达到了56.81%。我国耕地总量占世界的9%，但化肥消费总量却占世界的35%，农药消费总量占据世界的20%。据统计，中国农作物化肥使用强度高达506.11千克/公顷，是英国的2.05倍、美国的3.69倍，远高于世界发达国家水平。农药使用强度为10.3千克/公顷，远高于日本的3.72千克/公顷、法国的3.69千克/公顷。农药残余、有机或无机污染物等有害物质或其分解产物在土壤中逐渐积累，通过"土壤→植物→人体"或"土壤→水→人体"间接被人体吸收，造成危害人体健康的后果。化肥和农药的减量使用虽然是产业发展必然趋势，能够提高粮食质量安全，但也必将影响我国粮食保供能力。

第三，城镇化和工业化进程加剧了粮食供需紧张局面。城镇化从供、求两个方面对粮食市场形成压力：一方面，大量农业人口进入城市居住生活，使得纯粮食消费人口的基数大幅度增长，粮食生产者越来越少，而"吃商品粮"的粮食消费者越来越多，对城市粮食供应系统带来较大压力。另一方面，城镇化、工业化通过要素竞争导致用于粮食产业的土地、劳动力、资金减少，从而对粮食产业的发展形成挑战。城镇化、工业化推进导致生活空间和非农生产空间对农业生产空间的侵占挤压，导致耕地面积不断减少。人口的乡—城迁移使得中青年劳动力大量脱离农业，如果缺乏农业生产资料和农业机械的大规模替代性使用，劳动投入减少会对粮食生产带来较大负面影响。

第四，特大城市人口集聚化和粮食主产区集中化，使得粮食在人口稠密的大城市、交通物流闭塞地区、粮食产量较低地区等局部供给能力和应急物流供应能力不足。改革开放以来，全国粮食产区持续萎缩、粮食调出省持续减少，当前13个粮食主产省份主要在北方，粮食种植面积占到全国的65.9%，产量占到全国的70.4%。尤其是黑龙江、吉林、辽宁、内蒙古四省（自治区）的秋粮产量占全国1/3。作为传统的粮食生产区域，长江中下游的五个省份（江西、江苏、湖南、湖北、安徽）虽然还位列我国13个主产区，但是其粮食种植面积明显减少，对全国粮食产量的贡献率也明显下降。这就使得南方地区、沿海省份、大城市群地区面临更为紧迫的粮食供需"紧平衡"常态。

二、粮食需求端转型提质升级

随着我国逐步从中等收入阶段迈向高收入阶段，消费者对粮食产品的需求由"吃得饱"转向"吃得好""吃得安全""吃得健康""吃得便利"。随着工业化、城镇化进程的突飞猛进，更多的农村人口向城镇和非农产业转移，生活方式的现代化和消费结构的商品化也必将带动工业化食品的需求不断增长。由于城乡居民收入水平和生活质量的提高，食品消费结构呈现明显升级趋势：人们更加重视食品的多样性、功能性、营养性、保健性、安全性；对于品质要求，更加注重绿色有机、安全营养；对于供给服务，更加注重便捷化、精细化、个性化。未来，粮油食品消费将由原料型食品为主向加工型食品为主转变，从粗加工食品为主向精深加工食品、半成品、预制品为主转变。

由于我国居民生活水平提升和饮食习惯改变，未来人们膳食结构中肉、蛋、奶制品的摄入量占比将大幅度增加，口粮直接消费（面粉、大米）将逐步减少并趋于稳定。这就意味着，今后我国粮食消费结构中，除了主粮供应，饲料粮包括蛋白饲料、能量饲料等需求将呈持续增长趋势。总之，未来我国粮食需求仍然处于上升通道，保障粮食供应的任务十分艰巨，但同时也为粮食产业转型升级、高质量发展提供了战略性机遇。

三、粮食流通体制改革深入推进

1. 宏观管理体制改革

当前我国粮食流通体制改革进入深水区，大豆实行了目标价格改革，将补贴资金直接发放到大豆实际种植者手中；玉米实行了"价补分离，市场化收购"的新机制。随着粮食流通体制改革的不断深入，各地收储领域成功经验逐步推广，粮食生产与流通的活力得到有效释放，为粮食产业转型升级创造了良好的宏观政策环境。但是，两大主粮小麦、稻谷的收购制度改革还在探索中，市场形成价格的机制还没有完全建立。

“十四五”时期，粮食流通体制会继续向纵深迈进。尤其是小麦和稻谷作为我国主要口粮品种，加快市场化改革势在必行。但是如何在确保“口粮绝对安全”和“市场形成价格”之间取得平衡，怎样做到从“政策市”过渡到“市场市”中谨防出现“卖粮难”，尚在积极探索中。未来粮食流通体制会在确保农民收入和种粮积极性的基础上，向放松政府价格干预方向改革，推进储备主体的多元化，激活市场供求机能，为粮食产业高质量发展提供前所未有的机遇。

2. 微观管理职能转变

随着粮食产业市场化改革的逐步深入，各级粮食行政管理部门的职能也需要发生相应转变。“十三五”期间，粮食管理部门深入开展以简政放权、放管结合、优化服务为核心的“放管服”体制改革。粮食行政管理部门审批程序简化、市场领域放权、监管工作强化、政府服务优化等改革措施不仅有利于进一步推进粮食收储与价格形成体制改革，而且也为粮食产业转型升级提供了良好的宏观环境与政策“红利”。

2021 年，国家对《粮食流通管理条例》进行了较大修订。此次修订系统完善了粮食流通各类主体在粮食流通经营行为、粮食质量安全、粮食节约和减损等方面的权利义务规范，细化规定了粮食流通的禁止性行为，补上了粮食流通管理的制度短板。《条例》修订把政策性粮食的制度完善作为重点，全面总结了政策性粮食的管理经验，重点针对实践中暴露出来的政策性粮食管理的薄弱环节、制度漏洞进行了完善，必将进一步巩固夯实国家粮食安全。

四、“一带一路” 倡议机遇凸显

“一带一路”倡议的提出为促进我国粮食产业“走出去”提供了历史性机遇。当前，我国粮食产业发展普遍面临资源紧缺、生态压力骤增、消费市场相对不足、粮食库存居高不下等困境。60 多个共建“一带一路”国家在从东亚经济圈到欧洲经济圈、贯穿亚欧非大陆的广大空间内拥有丰富的农业与粮食资源，以及广阔的粮食产品消费市场，这就为我国粮食产业转型升级提供了利用“国内与国际两个市场、国内与国外两种资源”的高效解决方案。例如，沿线的泰国、越南、印度等国家是重要的粮食出口大国，国内粮食企业加快“走出去”在这些国家建立生产基地、粮食产业园、农业基础设施等，将粮食产业链向国际化拓展，不仅可以获得高效回报，助力粮食产业经济提质增效；而且有利于进一步控制国际粮食流通渠道，获得稳定的海外粮源，拓展、保障国家粮食安全新途径。我们只有培育具有全球竞争力的粮食企业，打造国际先进水平的粮食产业链条，才能统筹利用好“两个市场、两种资源”，在国际粮食产业分工中争得主动。

专栏 1-1 “一带一路”背景下中国粮食企业“走出去”——西安爱菊粮油工业集团有限公司的成功经验

西安爱菊粮油工业集团始建于 1936 年，其前身是西安市群众面粉厂，是一个历史悠久、底蕴深厚、声誉卓著的老字号粮食企业。一直以来，爱菊集团致力于实现产业的优化升级，不断整合资源，做优质的口碑产品，现已建立了爱菊食品豆业加工基地和西安粮食应急物流基地两大产业基地，发展成为物流配送、粮油储备、连锁网点、经营销售、房产开发等多元化经营，产、储、销一体化的大型全产业链综合性粮油集团，是国家级农业产业化重点龙头企业。

随着消费者越来越注重健康饮食，保障高品质的粮油原料供应成为爱菊集团的核心工作。但是由于国内很多土地耕作过度且长期大量使用化肥、农药，加之我国推行休耕战略，使得国内优质原料产地较为稀缺。为寻求绿色、安全、健康的粮食原料供应，爱菊集团把目光投向了海外。从 2010 年开始，爱菊集团先后调研考察了巴西、加拿大、罗马尼亚、俄罗斯、哈萨克斯坦等国家和地区。2015 年，爱菊集团随陕西省商务厅到哈萨克斯坦考察，了解到哈萨克斯坦正在实行的“光明大道”新经济计划与中国“一带一路”倡议高度契合，为两国开展经贸合作提供可靠的政策环境，而且哈萨克斯坦地广人稀、自然条件优越，其农产品无污染、绿色、非转基因、品质好，不仅符合爱菊追求高品质的要求，还符合当前国人健康饮食的理念。经过将近一年的考察、调研以及沟通，爱菊集团决定将哈萨克斯坦确定为新的粮源基地。2015 年 12 月 13 日，在哈萨克斯坦总理的见证下，爱菊集团与哈萨克斯坦代表签订了土地租赁合作意向书和价值 5 700 万美元的产能投资项目。此外，爱菊集团还在北哈萨克斯坦州组建新型订单农业合作社，与当地的农场主签订了 150 万亩土地的“订单农业”合作协议，建立了小麦、油菜籽种植基地。爱菊集团还聘请国内优秀农技师赴哈萨克斯坦指导农场主种植，有效保障了稳定优质粮源，践行了“为耕者谋利，为食者造福”的经营宗旨。

从表1-2我国历年粮食进口数据可以看出，近年我国粮食进口量呈上升趋势，其中小麦等主粮的进口量受到政策等限制而增长不大，但是玉米和大豆的进口需求大增，玉米进口量增幅高达616%，反映了国内生活水平提升带来的动物饲料、油脂类消费快速增长态势。当前国内粮食大市场、大流通已经成型，每年近4亿吨的粮食收购量和5亿吨的加工量，解决了14亿人吃饭的问题；自国外采购、运输、加工和分销的进口玉米、进口大豆满足了14亿人食用油和肉制品需求；以国内大循环为主体、国内国际“双循环”相互促进的新发展格局基本确立。

表1-2　2010—2020年我国粮食品种进口情况

单位：万吨

年份	小麦	玉米	大豆	食用植物油
2010	123.0	157.0	5 480	687
2011	125.8	175.3	5 264	657
2012	370.0	520.8	5 838	845
2013	554.0	326.6	6 338	810
2014	300.0	260.0	7 140	650
2015	301.0	473.0	8 169	676
2016	341.0	317.0	8 391	553
2017	442.0	283.0	9 553	577
2018	310.0	352.0	8 803	629
2019	349.0	479.0	8 851	953
2020	838.0	1 124.0	10 031	983

数据来源：中国国家统计局、国家粮食和物资储备局。

五、粮食安全的不确定性增强

1. 去全球化思潮增加了粮食安全不确定性

当前，全球经济力量对比发生着根本性变化，全球经济治理体系和国际秩序正处于重构关键期，粮食的金融属性和政治属性日益凸显，已成为大国博弈的重要筹码。世界许多发达国家，同时也是主要粮食出口国的去全球化思潮不断抬头，增加了世界食物安全和营养状况的不确定性，主要表现为粮食跨国贸易的自由性和流动性收缩，全球粮食供给的平均成本趋于增加；有助于改善食物系统的国际投资停滞，全球饥饿和营养不良人口可能持续增加；用于改善农业生产条件和粮食存储条件的技术输出步伐变缓，跨国粮商加强对加工、销售和研发等高附加值环节的拓展，使得粮食安全保障面临更加多元和复杂的风险挑战。面临这种百年未有之大变局，我国必须建构起与大国地位相匹配的集粮食种植、加工、储运、交易为一体的粮食产业大循环体系和跨国粮食保供体系。

2. 新冠疫情带来国际供应链中断风险

新冠疫情持续常态化将会对全球粮食生产与贸易产生较大影响，加大国际粮食供应链中断风险。部分粮食出口国如果采取更加严格的防控措施，可能会进一步导致粮食物流中断、交易停顿，正常国际贸易活动被阻断，最终推动国际粮食价格上涨。联合国粮农组织、国际农业发展基金、世界粮食计划署等机构联合发布的报告显示，新冠疫情可能导致全球饥饿人数大幅增加，尤其是在亚非拉等发展中国家，疫情导致的粮食短缺会加重居民营养不良等人道灾难。中国粮食供应链安全同样受到国际市场频繁异动的不确定性影响，尤其是大豆、玉米等品种的对外依存度和进口集中度“双高”、海上运输通道安全保障能力不足、粮食国际定价权缺失等问题引致的供应链中断和输入性风险必须引起足够重视，并制定预案加以防范。

3. 自然灾害频发、高发对粮食安全带来严峻挑战

近年，我国自然灾害发生的次数、规模以及造成的损失都在明显地增多、增大。洪灾、干旱、冰雹、狂风、虫害、地震等各类自然灾害都会对农业收成造成一定的损害。例如，2020 年我国南方遭遇了严重洪水、台风等灾害，导致早籼稻减产，延误了晚籼稻播种时间，603.26 万公顷农作物受灾，其中绝收 114.08 万公顷，主要集中在长江中下游和淮河地区。相关的研究表明，地球可能步入一个小冰河时期，尽管针对这一预测现阶段仍是“黑天鹅”事件，如果演变为“灰犀牛”事件，将对粮食产量造成前所未有的影响。

第四节 粮食产业发展理念与原则

一、坚持市场主导，政府引导

粮食产业高质量发展首先要发挥市场在资源配置中的决定性作用，突出企业市场主体地位，激发主体活力、创造力和竞争力，加快粮食产业创新发展。其次是政府要主动作为，在规划引导、宏观调控、政策扶持、标准引领、质量监管等方面发挥支撑引导作用，营造产业发展良好环境，形成市场机制有效率、微观主体有活力、宏观调控有力度的机制安排，建立现代化粮食产业经济体系。同时，政府也要加大财政支农的强度和效率，增加粮食生产过程中的科技投入，提高粮食生产能力。只有通过市场无形之手和政府有形之手的有机结合、有效互动、形成合力，才能推动粮食产业快速健康发展。

二、坚持需求导向，消费带动

顺应和把握粮食从生活消费向品牌消费升级的趋势，发挥消费驱动作用，以制度创新、技术创新、产品创新满足并创造更高品质粮食消费需求，满足人民群众对健康、营养、绿色、优质粮食产品的高端需求。推动粮食产业结构优化升级，激活粮食产业增长内生动力，为粮食产业发展注入更持久、更强劲的动力，带动粮食供给侧结构性改革，促进粮食供需两端在更高水平上实现动态平衡。

三、坚持创新驱动，增强活力

聚焦粮食产业创新发展和粮食安全保障能力提升，不断推进体制机制、关键技术、产业模式、经营业态等方面的创新。深化国有粮食企业改革，鼓励发展混合所有制。在研发应用新技术、新装备等方面增加投入寻求突破，促进粮食科技创新成果大量涌现，发挥体制创新和技术创新对产业持续高质量发展的支撑作用。积极探索数字经济、智能储粮、绿色加工、网络销售、区块链溯源技术等粮食产业发展新模式、新业态，激发和释放粮食产业经济新活力。

四、坚持三链协同，融合发展

树立“大粮食”“大农业”“大食品”“大市场”“大流通”理念，充分发挥粮食加工的引擎作用，利用收储企业的储备资源优势，创建全产业链经营的粮食龙头企业，推动粮食生产与流通、仓储、加工与消费之间的有机衔接。以紧密型利益联结机制为纽带，实现小农户、农业合作组织、经纪人、销售商、物流企业与现代粮食产业的有效对接，探索粮食与第一二三产业融合新模式，促进“产购储加销”五优联动，延长产业链、提升价值链、保障供应链、完善利益链，全面推进粮食产业各主体、各环节联动融合、高质量发展。

五、坚持开放发展，内外统筹

统筹利用国内、国际两个市场，把握好国内外两个市场的资源转换机制，立足于国内粮食自主供应，适当利用进出口进行品种调剂，构建国内国际“双循环”的跨国粮食供应链、产业链和物流网络，在全球粮食流通大格局中谋划粮食产业经济发展，凭此更全面保障我国粮食安全。积极参与国际粮食合作交流和贸易规则制定，加快培育一批规模大、实力强、效益好的国际大粮商，充分利用全球粮食资源优势，提高全球粮食市场话语权。

六、坚持生态优先，绿色发展

粮食生产空间本身就是生态空间，是区域生态环境的组成部分。未来粮食产业发展面临的资源环境约束会进一步刚性化，以往高资源消耗、高污染物排放、高投入低产出的粗放型粮食生产模式不可持续。因此，我国粮食生产必须坚持走绿色化、污染防治、循环经济模式。降低粮食产业在用水、用电、物流环节的能源消耗、物质损耗，鼓励粮食企业开展热源、水源、气源循环利用，提高经营综合效益。积极推进粮食废弃物循环利用，例如，发展麦麸、小麦胚芽等副产物资源的食品化利用，深度开发利用玉米皮、玉米胚芽、玉米芯等资源。注重产业发展对周边生态环境的影响，大力提倡和推广节能技术、清洁生产技术，控制污染物排放，切实减少化肥、农药使用，建设生态优美的绿色粮食产业体系。

七、坚持安全底线，全球治理

粮食产业发展必须服从于国家粮食安全战略，坚持安全和发展一起抓，出发点和落脚点是在更高层次上保障国家粮食安全。把粮食安全意识贯穿于粮食产业经济发展全过程，决不能以牺牲粮食安全为代价换取经济效益。积极参与全球粮食安全治理，坚定维护多边贸易体系，落实联合国2030年可持续发展议程，更好地维护世界粮食安全。把增强粮食生产能力、粮食调控能力、全球粮食供应链掌控能力作为核心，在更高层次上保障国家和区域粮食安全。

复习与思考

1. 简述粮食在经济运行中的基本属性。

2. 简述粮食产业经济包含的五个主要产业链环节及其联动过程。

3. 政府为何要对粮食实施价格支持政策，这种政策会对粮食市场产生何种影响？

4. 试利用供求曲线图解释“谷贱伤农”的原因和影响。

5. 试利用发散型蛛网模型解释粮食市场价格周期波动的原因。

6. 简述当前我国新型农业经营主体的类别及其特征。

7. 我国粮食产业应当如何走出一条绿色化、生态化道路？

8. 结合实际，谈谈你对国内粮食供需紧平衡趋势的理解。

9. 当前消费者对粮食产品的需求由“吃得饱”向“吃得好”“吃得安全”“吃得健康”等转变，谈谈我国粮食产业应该如何积极应对这一消费端的重大变化？

10. “一带一路”倡议为促进我国粮食产业“走出去”提供了历史性机遇，谈谈如何抓住这一机遇进一步保障我国粮食安全？

第二章
粮食产业组织与市场结构

当前世界粮食产业竞争不再是某一生产单位或产品的竞争，而是粮食产业组织整合所带来的技术、规模、品牌等合力的竞争，粮食产业组织的扩张和延伸不仅有利于降低粮食企业的生产成本、增强集聚效应和辐射能力，而且能够促进产业创新和优化粮食市场结构，进而提升整个粮食产业的运作效能。

通过本章学习，掌握粮食产业组织的基本概念与形态，理解粮食产业组织的一体化；掌握粮食市场的主体、粮食市场结构的主要类型和体系构建；熟悉提升粮食企业经营水平的举措；理解粮食市场的供求结构。

第一节　粮食产业组织形态

一、 粮食产业组织的概念

1. 产业组织

20 世纪 80 年代，美国经济学家迈克尔・E. 波特（Michael E. Porter）创造性地把产业组织理论引入企业策略理论中，将产业经济学的分析工具运用于微观企业的经营活动。产业组织是指同一产业内部的企业之间的组织或市场关系。这种市场关系主要包括交易关系、行为关系、资源占用关系和利益关系等四个方面。产业组织的考察对象主要是同一产业内的企业，即处于同一商品市场的企业之间的组织或市场关系。

2. 粮食产业组织

粮食产业组织可以依次分为粮食生产业—粮食仓储物流业—粮食加工业—粮食销售业等组织环节。其中以大型加工企业或物流企业为代表的粮食龙头企业是产业组织链条的核心。这些核心企业通过对信息流、物质流、资金流的控制，从采购原材料开始，制成中间产品以及最终产品，最后由销售网络把产品送到消费者手中，将供应商、制造商、分销商、零售商、最终用户连成一个整体网链结构模式。当前，我国大型粮食企业与嘉吉、邦吉等世界粮食巨头相比，数量少、规模小、竞争优势不足，在产业购、加、储、运、销等组织链的高效衔接上尚存在较大的发展空间。

二、 粮食产业组织的整合优化

粮食产业组织主要通过横向整合、纵向整合以及混合整合三种形式进行动态重组和优化升级。

粮食产业组织的横向整合是指某个主导型粮食企业通过合并、兼并、重组、并购等手段对同一竞争市场、同一区域内的同类产业组织进行优化整合，实现产业链的横向扩张，形成具有群体效应的粮食产业集群。横向整合可以提高产业链上相同类型企业的集中度，增强区域产业集聚效应和辐射能力，从而扩大市场势力，获得价格控制权和垄断利润。粮食产业组织的横向融合侧重于拓展产业链条的宽度，随着链条数目的增多，核心企业所能够掌控的链条规模不断变大，在原粮保障、规模效益、销售渠道开拓等方面形成比较优势。

粮食产业组织的纵向整合是指粮食产业的上下游企业、合作社、农户、金融服务机构等产业组织达成一体化或准一体化合约，组成一条从产前投入者—粮食生产者—流通仓储企业—加工商—经销商—消费者的纵向链条。纵向一体化制度安排是分工和生产专业化发展的必然结果。产业组织的纵向融合侧重于通过提高原粮质量、提升粮食精深加工水平、优化物流仓储效率、拓展销售渠道，从而提高产业链的整体利润水平。

产业组织的混合整合是横向整合和纵向整合的结合，是指粮食产业链上各经济主体之间通过契约、一体化等方式进行纵向和横向的并购、结盟或合作而建立起来的联盟式网络结构。

粮食产业组织优化的具体途径主要有三种：一是着力培育全产业链骨干企业。依托骨干企业整合粮食产业资源，推进企业战略重组，通过兼并、联合、重组整合等多种形式，形成若干跨地区、跨行业、跨所有制的具有国际竞争力的大型综合性粮食企业，打造全产业链企业集团。二是引导中小粮食加工物流企业向专、精、特、新方向发展。通过合并、以大带小、股份制改造、租赁承包、拍卖出售等方式，引导中小企业优化结构和转型升级，改制成为小而精的股份制、股份合作制企业。三是通过实施企业退出机制，淘汰落后产能，关停不合格小企业，改变粮食企业数量多、规模小、布局散的局面。

三、粮食产业组织一体化的实施路径

1. 强化粮食精深加工

在粮食产业组织一体化经营中，尤其要强化粮食加工业这一国民经济基础性行业，强调粮食精深加工在产业经营发展中的核心支点作用。首先，粮食加工业是整个产业组织链条中最能挖掘产品附加值的环节。粮食精深加工水平的提升可以有效地拉长粮食产业链条，提高产品质量，培育行业领导品牌，提升粮食产业综合效益。其次，粮食精深加工可以向上引导带动农业结构优化升级，促进农业产业化经营，对农业增产和农民增收起到推动作用。最后，农民生产的粮食通过粮食精深加工可以转化为优质优价的半成品粮、成品粮、粮油食品及其他副食品，有效扩大粮食产后服务业空间，更好满足人民生活和企业生产需求。因此，做大做强粮食精深加工业，既是优化粮食产业链的关键环节，也是促进粮食产业组织一体化经营发展的核心支点。

2. 坚持粮食科技创新

在粮食供给侧结构性改革和粮食流通体制改革深入推进的背景下，当前以智慧、绿色、共享、信息化为代表的粮食科技创新已成为推进粮食产业组织一体化经营的关键驱动力。无论是农业生产环节的种子改良，还是粮食精深加工技术的进步，甚至产后仓储物流配送效率的提升，粮食产业组织一体化的每一步都离不开科技创新。只有多措并举落实“科技兴粮”“人才兴粮”战略，才能推动粮食科技创新，加速科技成果转化，发挥科技与人才对粮食产业组织一体化经营的强力驱动作用。当前，我国粮食加工企业面临过度市场竞争压力、内部低利润率和外部融资困难的问题，普遍无暇考虑技术改造和技术创新，导致研发投入严重不足，存在工艺技术装备落后的困境。粮食加工企业的技术创新路径可以是新上项目，也可以是对原有的生产加工设备进行改造，为粮食增产、加工保质、物流增效，进而保障国家粮食安全提供可靠的技术驱动力。

3. 粮食全产业链经营

从国内外先进企业的经验看，粮食全产业链发展是促进粮食产业组织一体化经营的根本路径。粮食全产业链主要是大型仓储或加工企业通过兼并、收购、参股、控股等方式组建粮食产业集团，直接对接农业生产基地和销售终端，建立起生产、加工、收储、销售之间的紧密利益联结机制，促成一批

"产、购、储、加、销"一体化的粮食全产业链企业集团。粮食全产业链在促进粮食产业组织一体化中的作用是：首先，延伸和形成粮食产业完整链条，完善利益机制，形成以消费者为导向，粮食"种植—收储—加工—贸易—品牌—分销"各环节融会贯通、各主体和谐共生的良好产业生态；其次，由大型核心企业引领，可以更好提升粮食企业科技水平和推广速度，推动农产品由初加工向精深加工转变；最后，在于建立贯穿粮食产业链全过程的质量风险监控体系，提高食品安全的可追溯性，甚至可以利用现代化技术手段建立产品种植、加工、储存、销售的可视化追溯系统，实现粮食生产与食品安全的真正连接，筑牢质量"防火墙"。

4. 发展绿色循环经济

随着人们环保意识的提高与生态保护形势的严峻化，粮食产业作为传统劳动密集型产业、高消耗行业，也亟须朝绿色型、集约型、循环型经济模式转型，以适应越来越严峻的人口、资源与环境约束。发展粮食绿色循环经济、推动粮食行业节能减排低碳发展已经成为粮食产业组织一体化经营的重要基础条件。循环经济是一种包括"资源—产品—废弃物—再生资源"或"资源—产品—副产品—资源"的闭环反馈式循环过程。秉持环境友好、资源节约的生态文明理念，循环利用粮食资源，推动粮油加工业向食品、医药、饲料、生物化工、有机肥料等链条拓展，不仅可以节能减排、降低生产成本、提高粮食产品的经济效益；而且也是粮食行业对环境污染治理、经济集约发展的重大贡献。

5. 培育优质品牌

粮食产品的特点是产量丰富、产地广泛、同类不同质，同类品种的粮油产品因产地和种植条件不同在品质上存在着较大的差异。粮食品牌是产品品质信息要素的载体。首先，形成品牌效应是增加粮食产品增加值，拓展价值链的重要手段。优质的粮食品牌不仅可以提高产品的销售价格，创造更高的利润空间；而且可以带动提高原粮收购价格，促进产品订单和销量的增长，扩大产品销售区域，促进粮企增效和农民增收，刺激生产企业、销售企业和种粮农民等多个市场主体的积极性。其次，优质粮食品牌的培育充分体现了以消费者为导向，将品牌质量监控贯穿到产业链全过程，实现食品质量安全可追溯。最后，优质粮食品牌培育需依赖多方协调，形成合力。中央和省级粮食主管部门要加强粮食品牌建设顶层设计，通过质量提升、自主创新、品牌创建、特色产品认定等，培育一批具有自主知识产权和较强市场竞争力的"中国好粮油"名牌产品，并给予地理标志认证管理和保护。地方政府要按照“先入轨、后规范、再完善”的原则，从人、财、物等方面对潜力粮食品牌加以支持和扶植。粮食龙头企业要实施品牌战略，着力培育一批质量好、效益佳、消费者认可的优质粮油品牌，实现主导产品品牌化、名牌产品规模化。

第二节　粮食市场结构与市场体系

一、粮食市场的概念、功能与作用

1. 粮食市场的概念

狭义的粮食市场是指粮食商品买卖的场所，如集贸市场、粮食批发市场等。广义的粮食市场是指粮食商品交易关系的总和，是不同的粮食商品生产者、经营者、消费者之间的各种粮食商品交易活动以及粮食市场供求关系的综合体现。

粮食市场包含三个基本要素：粮食商品是粮食市场客体，是粮食市场中可供交易的商品；粮食市场中交易活动的参与者是市场主体，包括农民及农民销售组织、粮食商品企业和粮食消费者；第三个基本要素是粮食商品交易活动的客观物质载体，如交易场所、交易地区、仓储设施、运输设备、金融和信息服务设施等。三个要素相互联系、相互影响，共同构成粮食市场这个有机整体。

2. 粮食市场的功能

（1）交换功能。交换功能，即指不同的粮食生产者之间、粮食生产者与粮食消费者之间通过粮食市场进行粮食交换。在商品经济条件下，粮食生产者由于社会分工而相互分离，各自生产自己的产品，但客观上又要求他们之间互相依赖，不同的粮食生产者之间通过粮食市场进行粮食交换。粮食市场又是粮食生产者与粮食消费者之间联系的纽带，粮食生产者生产出的粮食，要想从生产领域转移到消费领域，必须通过市场交换来实现。

（2）实现功能。商品是使用价值和价值的矛盾统一体，粮食生产者为了实现其产品的价值，必须在粮食市场上作为卖方让渡自己的产品，粮食消费者为了满足自己的需要，必须作为买方购买这些粮食。为此，必须通过多次购销活动，使商品所有权在交换当事人之间不断转手，才能使粮食商品的价值和使用价值得以实现。

（3）检验功能。粮食商品的价值和使用价值是通过粮食市场实现的，但其价值和使用价值能否真正得以实现，必须接受市场的检验。粮食商品进入粮食市场后，是否能真正地被粮食所有者售出，取决于多种因素，如粮食商品的品种、规格、质量、粮食商品的供求情况等，只有被售出，才能得到社会承认，粮食生产者消耗的具体劳动才能转化为抽象劳动。

3. 粮食市场的作用

（1）促进粮食生产的发展。在市场经济条件下，商品生产与商品流通是互相依赖，互为前提的。生产决定流通，但流通又反作用于生产，在一定条件下，会对生产起决定性的作用。粮食市场畅通，农民生产的粮食货畅其流、价值顺利实现，就能鼓励生产者增加投入，扩大生产；相反，当市场流通不畅，粮食商品销路堵塞或滞销，商品价值难以实现，生产者的投入得不到补偿，就会影响生产积极性，导致生产萎缩。

（2）满足消费需求，保障人民生活。粮食消费需求的满足，取决于粮食生产的发展水平。在商品经济条件下，粮食需求的满足程度又是通过粮食市场交换活动得以实现的。没有粮食市场，没有粮食商品交换，粮食消费者的需求就无法满足。

（3）促进市场繁荣，促进国民经济的发展。粮食是国民经济的基础，粮价是市场物价的基础，粮食市场容量大、消费范围广，粮食市场交换的品种结构、质量结构、渠道通畅程度以及价格变化等都对市场发生影响，粮食市场繁荣与否，影响整个国家市场的繁荣。

二、 粮食市场主体

随着粮食购销市场化改革的加快，粮食市场主体由单一的处于垄断地位的国有粮食系统转变为国有、集体、私营、外资等多种所有制经济主体，粮食市场多元化趋势明显。

1. 农户、粮食经纪人和粮食合作经济组织

农户（尤其是种粮大户）、粮食经纪人和粮食合作经济组织是粮食市场的生产供给主体。种粮大户是粮食种植形成一定规模的粮食生产者以及粮食主产县中以粮食生产为主的农户的集合。种粮大户的生产行为会从两个方面影响粮食市场供给和价格走向。如果气候条件正常，他们生产积极性高，粮食产出稳定增长，市场供应充足，打压市场价格；反之，会产生供给不足，价格上涨，市场波动性加强。

粮食经纪人是一种特殊形式的经纪人，是指以收取佣金为目的，在农业经济活动中从事粮食收购、储运、销售以及销售代理、信息传递、服务等中介活动的公民、法人和其他经济组织。粮食经纪人队伍和经纪制度是农村粮食产业发展到一定高度、社会分工更加精细的产物。粮食经纪人是衔接生产者、经营者、加工者及消费者的桥梁和纽带，发挥着信息传递、粮食购销、专业服务等作用。

粮食经济合作社是在农村家庭承包经营基础上，粮食生产经营者自愿联合、民主管理的互助性经济组织。这种组织在生产成本控制、市场适应性等方面有单个农户所不具备的诸多优势，促进了粮食生产和流通环节的良性匹配。

2. 企业

粮食企业是粮食流通市场的主体。粮食企业根据其职能，可划分为收购企业、储备企业和加工企业三类。粮食收储企业多数是国有企业或者具有国有企业背景，他们是国家收购和储备粮食的主要依靠力量，也是国家进行粮食宏观调控的重要工具。收购（批发）商和做市商（中间商）是粮食批发市场的核心，他们都须经国家粮食主管部门批准，才有资格入驻市场。收购（批发）商从产地组织货源，直接面对广大粮食生产者，在批发市场面向做市商、加工企业出售或自己加工后向零售商出售；做市商（中间商）则从批发商手中购进粮食，向零售商出售，其间也对粮食做简单的加工包装，当市场价格起伏较大时，吸储或抛售粮食，所以有平抑市场的作用。零售商则通常只能从中间商、收购（批发）商、加工商手中采购粮食，在销售终端的粮店、超市等直接销售粮食，不能参加批发、拍卖。

3. 政府

政府在粮食市场体系中的作用主要体现在调节、管理和服务。政府指导国有粮食企业在粮食批发市场中进行公开的市场操作，调节市场供求，平抑市场异常波动。另外，保证足够的粮食储备也是政府调节作用的重要体现。从宏观角度来看，粮食储备是宏观调控的重要手段和工具。从微观角度来看，政府储备以及购销行为具有平抑市场异常波动的作用。丰收年份启用储备收购计划有助于解决卖粮难问题，不至于出现大面积的“谷贱伤农”现象，维持了农民种粮信心和积极性。粮食供给不足，价格上涨时政府又可以动用储备干预市场，稳定粮食价格。这既可以满足人民群众基本粮食需求，又能够维持物价基本稳定，防止通货膨胀发生和加剧。

为粮食市场提供服务也是政府的重要作用。政府必须为粮食市场健康、有序、平稳运行提供各种组织、制度保障和风险防范机制，包括建立各级粮食市场管理部门，制定各种法律和规章制度，制定交易规则和商品标准，提供交易纠纷解决平台和机制，为市场运行提供基础设施，培养人才等（表2－1）。

表2－1　粮食市场主体及其参与形式

核心企业	基本形式	驱动形式	基本经验与做法
大型加工企业	农户（农场）＋大型加工商＋大型批发商	通过契约等外包形式和上下游企业之间建立起合作关系，以强强联合的方式，使每家企业都发挥各自的竞争优势	由大型加工企业协调供应链体系建设，指导一些种植者种植需求的产品，能够满足大型批发商、团购消费用户以及最终用户的需求，了解终端销售信息
农业协会	农户＋协会	许多农户集结和农业协会通过长期协议确保合作稳定进行，双方优势互补，信息共享、利益共享，风险共担	按照“入会自愿，退会自由”原则，组织种植户、流通户入会；开展生产购销、技术标准推广、品牌打造、开拓市场及价格预测
国有粮食流通企业	国有企业＋农户	收获的农产品直接从田间送到附近国营粮食储备库，国家提供粮食保护价收购政策优惠	不以赢利为目的，以平稳价格为目的，与农户签订现货合同，同时购买远期期货，把市场风险转给风险投机者
大型农产品中间商	农户＋中间商＋加工企业	中间商从农户处收取粮食直接卖给加工商或者储存起来适时出售以获取最大利润	大型中间商或代理人收购粮食后筛选，再卖给企业获取差价，或者在粮食刚入市时低价收购，待市场供给不足时高价卖出
批发市场	粮食流通主渠道	批发市场以交易会员制度、保证金制度、市场结算制度、履约监督制度等交易机制来约束交易双方	作为农产品批发市场，提供交易场地、仓储设施、结算服务、通信信息网络、质量安全检验检测等服务
直销店与大型超市	超市＋加工企业＋种植户	超市向农户提供销售信息，并提供优质种子、由专业技术人员传授相关技术，以保证特色农产品的质量	销售拉动型的供应链，通过契约买卖实现远期市场控制，在结算期完成交易，并以直销方式实现销售
农业信息网	公司（农户）＋信息网络＋市场	为农户提供相应的供求信息、价格预测信息等	以网络为平台，连接买卖双方形成供应链

三、粮食市场类型

经过几十年的发展，我国已初步形成涵盖粮食购销多个环节、多个市场主体、多种交易方式、多层次市场结构的粮食市场体系，在搞活粮食流通，保证市场供应，提高流通效率，调节粮食供求，配置粮食资源，保护种粮农民利益等方面发挥了积极作用。具体而言，粮食市场主要包括以下四种类型。

1. 粮食批发市场

（1）粮食批发市场保供稳价作用突出。政策性粮食批发市场主要由国家粮食交易中心及其联网的省级粮食交易中心共同负责运营，组成国家粮食交易平台体系。国家粮食交易中心是2014年经中央机构编制委员会办公室批准设立的事业单位，负责搭建国家粮食交易平台，承担交易系统的平台维护、运行管理、创新与推广；负责组织协调国家政策性粮食（含油）交易和出库，开展国家政策性粮食交易资金结算；指导和监督各省（自治区、直辖市）联网的国家粮食交易中心，按照“公开、公平、公正、诚实、守信”的原则开展粮食交易的相关工作；引导地方储备粮和社会贸易粮进场交易；负责粮食市场交易信息体系建设。

2018年，各省粮食交易中心通过完善拍卖交易机制、定向销售等形式，紧抓“去库存”政策性销售业务，全年通过国家粮食交易中心统一竞价交易平台成交国家政策性粮食12 559万吨，较2017年增加4 739万吨，增长幅度达60.6%，交易中心经营性效益明显提高，既有效降低了粮食库存，又促进了粮食生产结构性调整，增加了农民收入。

（2）竞价交易平台作用凸显。国家交易中心不断强化对全国粮食竞价交易平台及运行体系的业务创新与领导，推行交收库制度和物流、金融服务，为全面实施社会贸易粮交易进行了积极准备。同时，进一步加强与各省级粮食交易中心的联网运行，充分发挥行业龙头主导作用，重点推进稻谷、玉米的“去库存”业务，成效显著。国家粮食交易平台体系继续坚持立足做好政策性粮食交易，着眼于全产业链交易服务，创新完善平台交易、信息、物流、融资四项功能，发挥宏观调控载体、促进产销合作、提高流通效率、服务依法管粮四个作用。在积极响应国家粮食和物资储备局提出的“中国好粮油行动计划”和“五优联动”工程中，国家粮食交易中心联合各省级交易中心为主承办了新中国成立以来规模最大的首届中国粮食交易大会，国内外行业反响良好。

（3）交易模式不断创新。各级粮食交易中心居安思危，利用资金、资源及经营优势，在创新建立粮食大物流、仓单质押金融服务及粮食线上线下融合交易的新业态上进行探索。陕西市场与中粮集团深化紧密型合作，利用粮食仓库资源改造建设成品粮市场。浙江粮食交易中心主动对接南昌、河北、山东、吉林、黑龙江、福建等粮食交易中心建立主销区和主产区交易中心互为融合的粮食产销合作联盟，分别举办了浙赣闽、浙冀、浙鲁吉等多场粮食网上竞价交易会，通过 B2B、B2C 形式，把交易平台打造成永不落幕、产销对接的优质粮食商品网上交易会。

2. 粮食零售市场

（1）以超市为零售核心。随着改革开放后各地超市的迅速扩张，以超市为龙头的现代化粮食产品供应链逐渐形成。粮油食品通过公司有组织、成批量地进入超市，保证了品种、规格均一、高品质、高安全性的要求。物流较为稳定，超市粮食产品可以通过供应商配送或经超市配送中心配送等多种模式进行配送。同时，资金流和信息流通畅，超市有足够的资金作保障。

（2）新零售成为新趋势。新零售，即企业以互联网为依托，通过运用大数据、人工智能等技术手段，对商品的生产、流通与销售过程进行升级改造，进而重塑业态结构与生态圈，并对线上服务、线下体验以及现代物流进行深度融合的零售新模式。第一，面对信息爆发式增长、消费者购买行为日趋复杂、买方市场属性明显、消费者价值维度重塑等新的市场特征，突出消费者中心；第二，大数据助力新零售按需智能供货，消费端逆向牵引生产端，人工智能算法精准预测客户需求，货物实时监控助力库存管理效率实质性提升；第三，通过无人结账等智能化、场景化的移动支付方式，拉近和消费者的距离，打造新的粮食零售场景。

3. 粮食电商市场

（1）平台体系逐步完善。近年，我国粮食信息化建设步伐不断加快，粮食行业信息化技术、产品、服务日益丰富，推动了科技与粮食产业的创新融合。2017 年全国粮食统一竞价交易系统升级改版为国家粮食电子交易平台，与 29 个升级交易中心联网交易，共同组成国家粮食交易中心体系。平台每周安排国家政策性粮食、地方储备粮和社会贸易粮竞价交易，全年组织交易会 400 余场，交易会员数量超过 2.95 万家，累计成交各类粮油超 7 000 万吨，实现交易、签约、出库、资金结算、商务纠纷处理全程电子化。省级粮食管理平台加紧信息化建设步伐。河南省粮食局“粮安工程”智能化管理平台建设项目顺利通过验收，成为全国第一个投入运营的粮食仓储智能化省级管理平台。

（2）跨境电商日益兴起。近年，我国农业对外合作水平不断提升，农业贸易保持增长趋势，结构不断优化，有效服务了农业农村经济大局。我国农业贸易量巨大，已经成为全球第一大粮食进口国和第二大粮食贸易国。同时，我国每年有价值1 900亿美元的粮食进出口业务，粮食跨境电商将发挥越来越重要的作用。未来，农业对外合作机制将日益完善、农业国际交流将不断深入。依托“一带一路”倡议实施，粮食行业跨境电商助力粮食“引进来”与“走出去”，不仅是践行“一带一路”倡议，更是对我国农业发展的有力促进。跨境电商将释放沿线各国巨大的粮食市场需求，加快推进共建“一带一路”国家粮食贸易互通、互惠、互利，让沿线各国人民受益。

（3）粮食电商产业园发展日益规范化。衢州粮食电子商务产业园作为全国首家粮食行业综合性电商园区，秉承“互联网＋”思维，在国内网上粮食市场业务的基础上，采用全国粮食市场首创的集中管理模式，打造了“一站式”集仓储、物流、金融、电子商务等服务于一体的产业生态体系。及时向商户提供实时货物装卸及库存信息，提高作业效率，降低经营成本，提高场地利用率，让商户省钱更省心。粮食电商产业园的出现使粮食的生产、销售、加工三个环节融为一体，促进粮食线下、线上市场的协同发展，推动粮食电子商务产业健康发展，形成贯穿整个大宗粮食产业链的服务体系。

4. 粮食期货市场

（1）粮食期货机制功能日益丰富。随着小麦、白糖、菜籽油、早籼稻、大豆、玉米、强筋小麦和棉花等重要品种先后上市，我国粮食期货价格以及时的预测性、普遍的公开性、透明的准确性等特点，完善了作为期货市场应有的价格机制，更有效地把期货与现货市场结合起来。通过价格信号，利用套期保值功能对粮食生产者和经营者发挥引导作用，为管理机构提供决策的依据，使粮食种植者吃了“定心丸”，粮食经营者有了“避风港”，农业粮食种植结构调整有了“风向标”。

（2）服务“三农”和粮食产业。随着粮食期货的服务创新，服务内容扩充，服务方式改进，有效引领粮食产业升级。近年，郑交所广泛、有效地开展服务“三农”的“点基地”行动，完善粮食期货品种结构，拓宽了服务“三农”和粮食产业的广度和深度；扩大上市品种的流动性，增大期货市场服务功能，提高上市品种的知名度；实行订单生产、衔接产销，确保市场的平稳度；通过套期保值和“郑州价格”，确保农民增收的幅度。粮食期货架起了期货市场与现货市场相结合的“桥梁”，为“三农”和实体经济服务形式创新进行了探索，有效保障了粮食产业高质量发展。

四、现代粮食市场体系建设

1. 完善多层次粮食市场体系

加强现有市场资源整合，增强粮食批发市场服务能力，不断提高粮食市场交易能力，形成以粮食期货交易市场为引领，粮食批发市场为龙头，粮食收购市场和零售市场为基础的统一开放、竞争有序、高效便捷的粮食市场体系。粮食批发市场体系建设以国家粮食交易中心为龙头、区域性批发市场为骨干、城镇成品粮市场为基础，集仓储交易、物流配送、粮油检测、信息预警和电子商务于一体。加强粮食批发市场的基础设施建设，在仓储环节，建设适应散粮大规模装卸的立筒仓、浅圆仓等中转性质的粮食仓库；在物流环节，建设现代化的输送系统和设备，提高散粮的接卸能力。优化提升现货市场，建设一批大型仓储基地，实施现货交易市场数字化提升工程，提升粮食批发市场等大宗商品现货市场功能，推动期货与现货市场在仓单标准和质检机构等方面的统一，促进期现货市场协同发展。打造更加健全的粮食零售供应网络，粮食零售网点发挥满足城乡居民多元消费需求和应急供应作用，形成网点方便、质量安全、诚信规范的零售供应网络。进一步完善国家粮食电子交易平台体系，探索建立特色品种粮食交易市场，服务新型农业经营主体与大型加工用粮企业。

2. 打造粮食交易市场航母

围绕长江三角洲城市群、珠江三角洲城市群、京津冀城市群、中原城市群等12个国家级城市群，发挥城市群的中心城市作用，打造包括信息功能、价格功能、集散功能、储备功能、配送功能、质量检验功能、加工功能、结算功能和展示功能等一体化的粮食物流交易市场航母。支持北京、上海、天津、重庆、广州、深圳、武汉、郑州等打造粮食交易市场航母，提升城市群的粮食安全保障能力和应急保障能力。

3. 更好发挥粮食期货市场功能

夯实国内农产品期货市场体系，完善大宗商品市场准入制度，促进期货市场和现货市场有效关联，优化交易者构成结构，大力吸引实体企业和规范中介机构参与交易，加强与国际规则对接。着力推动以大商所、上期所、郑商所为代表的国内大型交易所的国际化步伐，加大产品体系创新力度，加快交割仓库全球布局，完善期货交易平台规则体系，拓展交易平台功能，发挥我国大宗农产品消费中心的影响力，逐步实现由国内定价中心—亚太区域性定价中心—全球定价中心的战略转变。

建设全球重要的大宗农产品定价中心和风险管理中心，健全完善粮食期货交易发现价格和规避风险的机制。重点在品种扩容、上市机制改革、期货市场对外开放、加强场外市场建设、扩大市场参与主体等领域开展先试先行，推动粮食保税交割时暂免征收增值税，探索设立境外交割仓库，推动期货交割仓库的全球布局，为期货国际化、市场化改革探索新途径。

4. 提升粮食市场数字化水平

大力推广"互联网+"，利用物联网、大数据、云计算等先进信息技术改造传统粮食市场。首先，创新线上营销支付方式。通过积分换购以及网上团购等活动，实现线上促销多样化，充分调动消费者的积极性，将线上消费者引流到线下；采用预购+周期购的购买方式，保证产品新鲜程度，提高客单价。提供多种网上支付方式，让网上支付手段做到与时俱进。其次，完善线下服务体验环节。在粮食电商中实行O2O模式，完善线下实体店的设施规划，开设实体店（旗舰店+加盟店）等线下服务点。最后，通过组建粮食行业电子商务协会、电商服务中心等多种方式，为互联网与绿色粮食产业深度融合，并提供专业人才保障。

专栏2-1　粮食销售配送应用场景建设

对传统电商零售加以改进与创新，让消费者体验、享受最佳的产品或服务，同时还融入云计算、大数据等创新技术，让用户在最短时间找到自己最合适的商品；让传统商家在最短的时间内找到精准的用户，将这些精准用户以云计算、大数据进行分析，实现商品精准推送给需要的消费者。通过数据分析，可以预测销量和补货量。

第一，建立粮食产品配送标准。由行业协会牵头制定省（自治区、直辖市）内粮食配送标准体系，并推进标准实施。通过对粮食配送企业制定评级体系，从基地及供应商管理、食品安全管理、仓储配送管理、信息化管理等方面对配送企业提出评级指标，并定期开展评级，建立行业准入门槛。

第二，推进粮食基地建设。粮食基地是粮食配送企业的上游资源，尽早抓住优质基地并建立长期合作，将为企业的发展提供产品保障。加强基地建设，逐步形成对基地环节的掌控能力，有利于形成从田园到餐桌的全程供应链管理体系，促进粮食质量安全，提升企业经营效率。

第三，提升信息化管理水平。努力引进优质信息系统开发单位，推荐优质信息化产品，加强信息化基础设施建设，为企业信息化工作提供技术支持。特别要结合粮食配送行业特点，引导企业推进供应链管理信息化建设，提高供应链管理、精细化管理能力。

第三节　粮食企业经营管理

一、 粮食企业的概念

粮食企业分为粮食种植企业、粮食收储企业、粮食加工企业、粮食销售企业等，涵盖了粮食从田间—加工—附加产品—销售等一系列过程，是有机结合和相互关联的动态链条，涉及不同的组织个体和相关子环节，以及物流、资金流、信息流等环节的整合。粮食企业包括上游环节，即种子、农资等生产资料的供应环节；中游环节，即粮食的收购、分级、包装、加工、储藏；下游环节，即粮食产品的储运、批发和零售。因此，粮食企业经营管理的特征也就具有明显的产业链条色彩。

二、 粮食企业的特征

1. 整体性

粮食企业作为构成粮食产业链上的各个组成部分，相互联动、相互制约、相互依存，各类粮食企业呈现出分离和集聚并存的趋势，它们在技术、经济等各方面具有高度的关联和制约。上游、中游和下游粮食企业之间有大量的信息、物质、价值方面的相互交换，同时也具有多样化的链接形式。因此，整个链条上任意一家企业的变化都会带动整个粮食企业链结构的调整。

2. 增值性

粮食产业链的价值增值不是依赖于某一家粮食企业，而是取决于整个粮食企业链条的有效链接。同时，当一家粮食企业能从产业链的角度来看待价值时，就能够更好地认识自身参与竞争的优势及劣势，比较调整发展战略和结构优化，拉动产业链不断优化升级，此时创造出的价值也能得到更好的体现。

3. 分散性

由于我国实施家庭联产承包责任制，造成粮食生产的分散，因此收购粮食难以形成规模化，而粮食产业链的最后环节面对的是广大消费者，只有少部分是单位集中购买，因此决定了粮食消费也具有一定的分散性。粮食产业链的这一特性给处于中游环节的粮食企业带来了更多机遇和挑战，如何完成产业链整合，扩大企业规模是粮食企业所面临的问题。

4. 网状性

粮食产业涵括了第一二三产业全过程，粮食生产是农业的范畴，粮食加工是工业的范畴，到下游的销售环节则涉及服务业。因此，整个粮食产业涉及多种产业。由于各个粮食企业在产业链的运行中对接烦琐，直接影响到整个粮食产业链的运行效率。

三、 粮食企业经营管理

1. 扩大粮食企业规模

树立“做大做强”的发展观念，加强粮食企业的产业联合和技术投入，积极引进先进的粮油储存设备、深化粮食加工、加快完善粮食流通企业的基础建设，优先发展效益大、技术强、见效快的项目，加快提升粮食企业的市场竞争力。通过企业兼并重组、强强联合等形式全面调整粮食企业经营结构，促进粮食企业向多元化和综合性方向发展，提升粮食企业经济实力。

2. 完善现代企业制度

（1）加快产权制度的完善。依据现代企业产权管理制度的要求，进一步优化粮食企业的法人治理结构、业务分配、人员激励、财务管理等一系列制度，改善粮食企业的运营机制，防止各种市场风险，促进粮食企业的健康、有序发展。

（2）完善企业人力资源管理制度。加强目标管理，实施粮食企业的综合监测和考评机制，优化粮食企业的人员结构，完善绩效考评体系，促进企业高效稳定发展，增强员工的企业认同感，进而激发员工的工作积极性，促进粮食企业的高速、高效发展。

3. 加强政府宏观调控

基于“双轨制经营”中出现的具体问题，相关主管部门需要加强宏观调控的力度和准确度。政府要依据当地的实际粮食产量以及市场经营状况制定合理的粮食议购价规划，简化审批手续，加快物流运输保障。加大议价经营的资金保障，建立健全议价粮食经营的存储场地，做好长期性经营准备，促使议价经营实现独立核算，促进平议粮油的健康发展。

4. 加快促进“钱粮统一”

各地需要保障完成国家粮食储备的基本定购任务，确保“钱随粮动”，保障农民利益，充分调动农民的粮食生产的主动性。另外，需要考虑好产销地区之间的经济平衡问题，实现计划销售及批量调拨，最大程度上保证调入与调出双方的利益均衡，降低钱粮脱节带来的巨大财政资金压力。平价粮食或节日供应方面，要切实保证“粮随钱走”，严禁未审批而增加调拨和供应。

5. 争取优惠性政策支持

粮食行业具有较强的政策性，使得企业发展必须依靠一个良好的政策支持环境，能够获得各种补贴、优惠政策。相关职能部门应加强对粮食企业的政策性支持，出台合理的调控政策和扶持政策，加强粮食企业的税费减免力度，加强粮食流通领域基础建设的财政支持、技术投入、政策调整。

专栏 2-2 浙江省粮食集团有限公司的经营管理实践探索

浙江省粮食集团有限公司组建于1999年，是目前浙江省内规模最大的国有粮食流通企业。2016年年底，浙粮集团拥有总资产39亿元，控股、投资的企业共计17家，产业涉及粮食收购、加工、储备、物流、贸易、房地产开发、金融投资和三产服务等。浙粮集团主要管理经验和成效如下。

准确定位，突出主业，做大粮油产业规模。浙粮集团在经营发展中坚持以处于主导地位的国有粮油综合型骨干企业为核心，集中优势资源、优质资产，全力发展粮油主业。目前，浙粮集团粮油主业经营规模占比达到90%以上。

不断完善和优化产业结构，构建优势粮油产业链。针对粮食、油脂加工和终端销售短板问题，通过在东北粮食主产区和浙江省内建设粮食加工基地，组建终端销售企业，迅速提升省内外自有粮油产品加工能力，努力构建浙江省内粮食物流配送和终端销售网络体系，做到上控粮源、中控渠道、下控终端，打造从田间到餐桌的全产业链。

推动服务贸易转型，加快形成粮食供应链。近年，浙粮集团全力整合粮源基地优势、进出口平台优势、资金平台优势和市场资源优势，加快服务贸易转型，加大经营模式创新力度，通过品牌创新、经营模式创新、经营品种创新、经营思路创新，加快市场横向联合，面向全国市场的粮食供应链初步成形。通过开展服务贸易，浙粮集团已经与嘉吉粮油、中海粮油以及广东、福建、江苏、江西、安徽、湖北、湖南等地规模用粮企业建立了稳定的业务合作关系，为做大做强粮油主业奠定了坚实基础。

不断规范企业管理，加强风险管控。专门成立了风险防控机构，提升企业经营管理能力，强化风险管控，成效显著。建立了客户资信评价体系，认真履行保证金制度，强化货权控制能力，坚持锁定价格、快进快出、不留库存，深入分析市场行情，民主科学决策，有效规避了市场经营风险；通过建立明晰的授权体系和分工协作体系，适度授权，合理监管，不断完善企业制度体系，确保了企业稳定发展。

第四节　粮食供给与需求结构

一、 粮食供给结构

1. 粮食生产的特征

（1）季节性。粮食生产具有很强的季节性特征，是季节性生产、常年消费的特殊物品。不同的粮食作物在不同的区域都有固定的播种与收获季节，这是一种自然规律，粮食生产必须遵循这种自然规律。二十四节气就是我国劳动人民在长期的农业生产实践中总结出来的。劳动人民在实践中总结了众多反映农业生产季节性的谚语，如“人误地一时，地误人一年”，山东、河南一带种植冬小麦是“秋分早，霜降迟，寒露种麦正当时”，北京一带是“白露早，寒露迟，秋分种麦正当时”等。

（2）弱质性。粮食生产的弱质性是指粮食生产在市场竞争中处于弱势地位，如果完全依靠市场进行资源配置，则会极大制约粮食生产。弱质性表现在粮食生产的自然依赖性强、抗御自然风险的能力弱、需求弹性小、比较利益低等方面。影响粮食生产的自然因素主要是土壤、雨量、阳光。土壤的类型、数量、肥沃程度都能影响粮食生产，如小麦、燕麦、玉米、蚕豆适种于黏质土或腐质沃土，陆稻、大麦、黑麦、荞麦、马铃薯、甘薯、大豆、花生等则适种于砂性土或较贫瘠的土壤等。除土壤外，雨量、阳光对粮食生产的重要性不言而喻，雨量过多则涝，雨量过少则旱。日照太少，作物生产缓慢等。粮食作物的自然灾害有旱灾、水灾和虫灾。同时，粮食投资也存在投资收益低、回收周期长、平均利润率低等特点。

（3）波动性。粮食生产呈现出明显的周期性波动，一般来说，3～5 年是一个周期。它是由粮食价格的变化导致粮食生产的变化形成的。每逢粮食丰收，就会造成粮价急剧回落；反之，则粮价上扬，这种粮食价格的变化直接影响下一年的粮食生产。粮食生产波动可以近似分为自然波动和经济波动。自然波动主要是由自然灾害的波动所引起的粮食生产的波动。经济波动主要是由粮食价格变化、生产资料价格变化等引起的粮食播种面积、总量和结构变化等。

2. 粮食生产的基本条件

（1）粮食生产的自然条件。粮食生产的自然条件主要包含气候、土地、水等自然资源。气候条件对粮食生产的影响是全方位和全过程的，对于粮食生产能够产生举足轻重的影响。风调雨顺的自然环境下，粮食生产取得高产相比自然灾害多发的条件下更加容易。高温、干旱、厄尔尼诺等与全球变暖相关的自然现象频发，是导致全球粮食产量波动的重要因素。

土地资源是粮食生产的基础，也是粮食生产的物理承载。随着人口的不断增长和城镇化的不断推进，耕地面积不断缩减、耕地质量持续退化已经成为影响粮食产量的重要因素。

水资源是粮食生产的命脉。自然界的水情呈现一定的时空分布不均匀性和动态变化规律，要使自然界水资源的动态与农业用水的动态相协调，成为可利用的农业水资源，就需要修建完善的农田水利工程设施系统。

（2）粮食生产的社会条件。粮食生产的社会条件主要包含劳动力、资本、技术、政策等社会资源。劳动力投入是粮食经济再生产的集中体现。随着社会经济结构的调整优化，农业劳动生产率不断提高，农业剩余劳动力向非农产业转移，适度规模化经营已经成为粮食生产的重要趋势，也使得提高粮食生产者科学文化素质和农业技术水平成为粮食增产的主要途径。

以农药和化肥、农业机械、水利设施为代表的资本投入是粮食生产的重要支持条件。实践经验表明，农药、化肥投入是粮食生产稳产增产最有效的途径，但长期使用将面临边际效益递减和生态环境破坏等问题。农业机械和水利设施的应用和建设是提高粮食生产效率和降低自然灾害影响的重要途径。

农业技术应用是改善粮食生产条件的根本性措施，主要包含农业育种技术、农业耕作技术、病虫害防治技术和土壤改良技术等。农业技术是提高粮食产量的根本性措施，而且可在一定程度上有效缓解恶劣气候、水资源不均衡或不充足、耕地面积缩减等不利影响，特别是新一代的分子育种技术的应用，为粮食生产带来了新机遇。

粮食政策是粮食生产的决定性影响因素，主要包含粮食生产补贴政策、粮食收购政策等。粮食产业作为一种关系国计民生的基础性产业，为了调动农民种粮积极性和保证粮食稳产、增产，必须适时地对粮食种植结构、粮食生产条件、土地经营制度等进行宏观调控。

3. 我国粮食供给结构

(1) 粮食供给总量变化形势。如图 2-1 所示，2000 年以来，我国粮食供给量的变化趋势大体上可分为两个阶段，变异节点出现在 2003 年。2000—2003 年，粮食产量处于不断下降阶段，2003 年粮食产量下降至最低点。连续 4 年的粮食大幅度减产，造成当年粮食产量不及消费量的情况，粮食供求缺口靠动用库存来弥补。2004—2020 年，我国粮食产量保持稳步上升的发展态势，从 2004 年的 46 946.9 万吨上升至 2020 年的 66 949 万吨，年均增长率为 2.24%，主要原因为 2004 年以来，由于政府采取了一系列促进粮食生产发展的政策措施，有效调动了农民种粮积极性，我国粮食生产不仅获得恢复性增长，而且粮食产量连年增长。粮食产量的连年提高，使得粮食供给和储备库存得到了进一步充实。

图 2-2 显示了 2000 年以来，我国粮食播种面积的变化形势。2000—2020 年，我国粮食播种面积呈现出先下降后上升然后再下降的波动变化趋势。2000—2003 年，我国粮食播种面积处于大幅下降阶段。2004—2016 年，粮食播种面积开始大幅增加，到 2016 年我国粮食播种面积达到最大值，为 11 923 万公顷；然而，2017—2020 年，粮食播种面积开始递减，2020 年的粮食播种面积为 11 676.8 万公顷，与 2016 年相比减少了 246.2 万公顷。

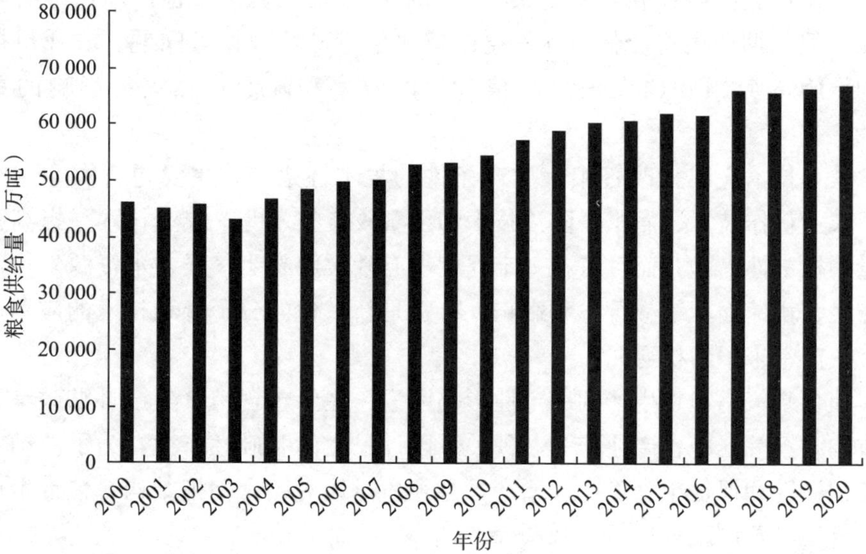

图 2-1　2000—2020 年我国粮食供给量

数据来源：历年《中国粮食和物资储备年鉴》。

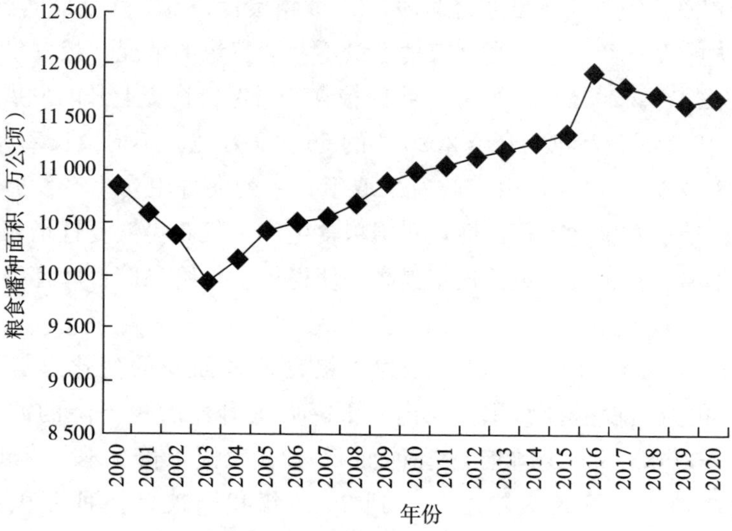

图 2-2　2000—2020 年我国粮食播种面积

数据来源：历年《中国粮食和物资储备年鉴》。

（2）粮食供给结构变化形势。我国的粮食作物主要包括稻谷、小麦、玉米、大豆等，不同的粮食作物呈现出不同的变动趋势。从各粮食作物的产量来看，如图2-3所示，2000—2020 年，稻谷产量大体上较为稳定，保持在16 000万～22 000万吨。2000 年的产量为 18 790.8 万吨，2020 年达到 21 186 万吨，20 多年间增加 2 395.2 万吨。2000—2020 年，小麦产量呈现出波动上升的变化态势，由 2000 年的 9 963.6 万吨下降至 2003 年的 8 648.8 万吨，随后又稳步上升，到 2020 年增加至 13 425 万吨，20 年间增加 3 461.4 万吨。2000—2020 年，玉米产量有了大幅度上升，除个别年份外，玉米产量处于持续增产状态，其间增长 15 467 万吨，增幅最大。2000—2020 年，大豆产量从 2000 年的 1 540.9 万吨波动下降到最低点 2015 年的 1 178.5 万吨，之后又持续上升至 2020 年的1 960 万吨，样本期内增长 419.1 万吨。

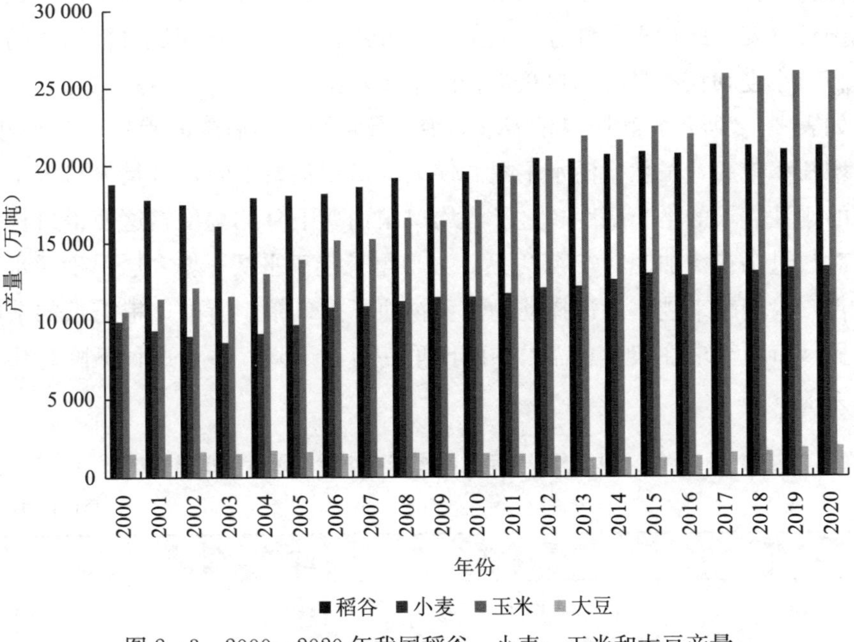

图 2-3 2000—2020 年我国稻谷、小麦、玉米和大豆产量

数据来源：历年《中国粮食和物资储备年鉴》。

从各粮食作物的产量结构来看，2000—2020 年，玉米在粮食产量中的比重增长最快，由 2000 年的 22.94%提升至 2020 年的 38.94%，提高 16 个百分点；而稻谷的比重在样本期内处于不断下降趋势，从 2000 年的 40.66%下降至 2020

年的31.64%；小麦和大豆的产量比重较为稳定，变化较小，其中，小麦的产量占比维持在19%～21%，大豆产量比重在1%～4%范围内波动。

二、 粮食需求结构

粮食需求是消费者在某一特定时期内，在每一价格水平上愿意而且能够购买的粮食的数量。粮食需求来自多个方面，包括口粮需求、饲料用粮需求、种子用粮需求和工业用粮需求、种子用途、出口需求等。改革开放以来，在人口持续增长，居民收入水平不断增加以及工业化、城镇化进程逐渐加快的情况下，国内粮食需求的构成发生了较大变化。

1. 口粮需求

口粮是人们直接消费的粮食部分，是人类赖以生存的最基本保证。口粮消费又称为直接粮食消费，是我国最主要的粮食消费途径，保障口粮消费也是保障我国粮食安全的最重要任务，其他消费方式都要在优先满足口粮消费的前提下进行。小麦和稻谷是我国口粮消费的主要对象。

如表2-2所示，我国口粮需求的绝对数量呈先升后降的趋势。2000年前，人口增长率较高，虽然生活水平提高使人均口粮消费下降，可是人口数量增长带来的刚性需求的增长幅度超过了人均口粮消费下降的幅度，这使得口粮需求的绝对数量仍在增加。2000年以后，人口增长趋于平缓，城乡居民生活水平不断改善，人们越来越多地选择动物性食物而不是口粮，所以口粮需求的下降趋势明显。口粮需求在粮食总需求中的比重一直在下降，并且这种下降趋势会持续下去。

表2-2 2010—2019年我国稻谷、小麦、玉米口粮消费量

单位：万吨

年份	稻谷	小麦	玉米
2010	15 950.0	9 320	965
2011	16 340.0	9 312	978
2012	16 600.0	9 610	990
2013	17 286.1	9 740	1 048
2014	17 367.3	9 730	1 065
2015	17 248.5	9 920	1 092

（续）

年份	稻谷	小麦	玉米
2016	17 224.2	9 850	1 150
2017	17 281.6	9 800	1 150
2018	17 264.6	9 700	1 150
2019	17 261.0	9 700	1 130

数据来源：布瑞克农产品数据库。

近些年，我国城镇居民人均口粮消费量和农村居民人均口粮消费量均不断下降。引起口粮消费不断减少的原因主要是生活水平提高引起的饮食习惯的改变。居民饮食结构中粮食直接消费逐渐减少，肉、禽、蛋、奶转化消费增加，蔬菜、水果等粮食替代消费逐渐增加。但由于人口数量的刚性特征，口粮消费减少到一定程度就将稳定在一个水平上。城乡居民口粮直接消费减少部分，足以解决新增人口的吃粮问题。随着城镇化步伐加快，再加上发达地区富裕起来的农民人数增多，替代口粮的食物消费比重增加，绝大多数人口的口粮直接消费减少，足以弥补新增人口的口粮消费。

城乡居民口粮消费量的变化有不同的特点。首先，城镇居民的口粮消费比重小于农村居民，这主要是因为经济的发展和生活习惯的改变。其次，城镇化水平的高低影响了人们的生活习惯，原本依靠土地种粮吃饭的方式转变为发展型消费方式，创造出了一些潜在需求。吃饭不仅是填饱肚子，更重要的是享受美食，城镇居民更多地选择富含蛋白质的食物，使口粮消费在城乡之间的变化有所不同。

2. 饲料用粮需求

饲料用粮又称为肉、蛋、奶转化用粮消费，来源于养殖业的需求，属于引致需求而不是直接食用，是通过转化被居民消费。人们生活水平的提高必然带来膳食结构的改变，具体表现为口粮消费的减少和畜产品、海产品等动物性食品消费的增加，居民对动物性食品消费的增加也会使得对饲料用粮的需求越来越大。养殖业的快速发展，带动了饲料产业的迅猛增长，饲料用粮已成为居民食用消费以外的又一主要需求点。

饲料用粮需求量变化分为三个阶段。第一阶段是 20 世纪八九十年代，属于中国粮食需求结构的转型阶段，从口粮占绝对比重到饲料用粮迅速增加，成为粮食需求的第二大来源。第二阶段是 20 世纪 90 年代至 2000 年，饲料用粮年均增速为2%，逐渐趋于稳定增加的状态。第三阶段是2000年至今，饲料用粮数量仍保持增长趋势，传统的农家饲料正在被工业饲料代替，传统的粗放型养殖方式正在被集约化、规模化的养殖模式取代，饲料消费结构变化和养殖模式转变都推动了饲料用粮需求进一步增加。

饲料用粮快速增长使部分粮食从口粮消费转到饲料消费上来。从饲料用粮的品种来看，传统上玉米是最重要的部分，占比较高。不过近些年，玉米所占比重却在下降，小麦对玉米的替代作用越来越明显，尤其是玉米运输成本高的南方企业更多选择价格较低的小麦作为饲料。

表2-3列出了稻谷、小麦、玉米这三大主要品种2000—2019年饲料用粮消费量。

表2-3　2010—2019年我国稻谷、小麦、玉米饲料用粮消费量

单位：万吨

年份	稻谷	小麦	玉米
2010	981.13	650	12 800
2011	1 000.00	1 800	14 583
2012	1 022.00	1 450	14 450
2013	1 083.25	800	15 205
2014	1 086.46	1 200	14 300
2015	1 086.44	470	16 128
2016	1 119.77	900	18 850
2017	1 125.23	480	19 300
2018	1 136.08	900	19 200
2019	1 300.50	320	19 000

数据来源：布瑞克农产品数据库。

3. 工业用粮需求

工业用粮是指将粮食作为主要原料或辅料的生产行业（如食品、医药、化工、酒精、淀粉等行业）用粮的统称，不包括饲料用粮。工业用粮主要包括大豆、玉米、谷物等，利用这些粮食原料生产豆、植物油、家畜饲料、乙醇燃料、酱油、醋等。储备粮超过储存年限或者变质后，也称为陈化粮，不宜再作为口粮食用，可以转化为工业用粮，作为工业用粮的替代。

近年，中国加工业不断发展，使工业用粮的需求成为中国第三大用粮渠道，仅次于口粮和饲料。根据国际经验，当一个国家的经济发展到了一定阶段时，粮食的间接需求会超过直接需求，这体现在工业用粮和饲料用粮比例的增加、口粮比例的下降。中国工业用粮的主体是国外采购而不是国内采购，这使粮食需求越来越依赖于国际市场，如果处理不好就会受制于人，在国际粮食贸易中处于不利地位，甚至危及国内粮食加工业的发展和粮食安全。

按照工业用粮的用途来分，一般认为，大豆作为工业用粮的第一大来源主要是用来压榨加工，占总加工用粮的近40%，成为第一加工消费大户。表2-4列出了稻谷、小麦、玉米这三大主要粮食品种2000—2019年工业用粮消费量。

表2-4　2010—2019年我国稻谷、小麦、玉米工业用粮消费量

单位：万吨

年份	稻谷	小麦	玉米
2010	876.54	450	5 300
2011	900.00	450	5 300
2012	924.00	450	4 690
2013	1 400.00	500	4 600
2014	1 410.00	500	4 400
2015	1 410.00	530	4 700
2016	1 420.00	570	6 500
2017	1 420.00	590	8 500
2018	1 410.00	520	9 200
2019	1 550.00	500	8 100

数据来源：布瑞克农产品数据库。

4. 种子用粮需求

种子用粮也是粮食需求的一个不可缺少的组成部分，其用粮需求主要由粮食播种面积和技术进步等因素决定。近年，我国的粮食播种面积波动幅度不是很大，所以每年的种子用粮数量都在一个较小的范围内波动，约占每年我国粮食总需求量的2%～3%。随着粮食播种面积的日趋稳定，农业科技进步以及农业基础设施的进一步完善，我国每年种子用粮需求量将呈现稳定或者逐年缓慢递减趋势。表 2-5 列出了 2000—2019 年稻谷、小麦、玉米这三大主粮的种子用粮消费量。

表 2-5　2010—2019 年我国稻谷、小麦、玉米种子用粮消费量

单位：万吨

年份	稻谷	小麦	玉米
2010	1 343.00	520	155.02
2011	1 340.00	500	157.49
2012	1 352.00	500	169.40
2013	1 400.76	510	178.00
2014	1 407.55	510	185.00
2015	1 400.59	510	188.00
2016	1 403.85	510	180.00
2017	1 400.50	510	180.00
2018	1 393.00	510	180.00
2019	1 384.85	500	180.00

数据来源：布瑞克农产品数据库。

5. 粮食损耗

粮食在生产、储藏、加工、运输过程中都有一定的损耗。我国农业生产的机械化水平低、粮食处理及粮食运输设备简陋、农户储粮分散、国家粮库设施相对落后，因此损耗率较高。以小麦为例，2000 年小麦浪费量占总产量的 0.73%，到 2019 年浪费量已经占到总产量的 1.72%。21 世纪以来，玉米一直保持在 2%左右的损耗率。

6. 贸易用粮需求

近年，世界粮食贸易活跃，贸易实物量趋于上升。北美和欧洲是世界粮食出口的主要来源，亚洲和非洲是世界粮食进口的主要区域，中国目前已跻身全球粮食贸易大国。就具体品种来看，稻谷、小麦和玉米都是主要的粮油贸易商品，且贸易数量仍在持续增加。

由于稻谷增产潜力较大，口粮属性突出，工业消费及饲用消费规模较小，世界稻谷供需相对比较宽松。近些年，我国稻谷连年丰收，消费增长缓慢。而且，稻谷是我国的主要口粮品种，涉及国家粮食安全，政策性保护较为严格。玉米的全球贸易量已超过 9 000 万吨，占全球粗粮贸易量的 3/4 左右，大部分用于饲料生产。世界小麦供给波动明显，消费需求刚性增加，再加上国内小麦产量下降及质量较低，使得小麦供需形势偏紧，净进口量可能还会继续增加。

三、 我国粮食供求的发展趋势

1. 食物需求结构持续优化升级

一般而言，食物消费与饮食结构有四个阶段变迁：第一阶段为主食中的杂粮和薯类等有色谷物的比例减少，大米和小麦增加；第二阶段为大米和小麦等主食减少，肉、蛋、水产和植物油等副食比例增加；第三阶段为副食中的动物性蛋白食品和酒精类的消费增加；第四阶段为能够缩短料理时间的冷冻食品、外食、家常配菜增加，进入简化饮食阶段，同时追求绿色食品、重视食品安全，此时也会出现将传统食品高级化的现象，饮食两极化是这个阶段的特征。

由于我国经济发展水平和人民生活水平的区域差异、城乡差异较大，虽然上述四种类型饮食并存，但总体上人们饮食消费结构已进入第三阶段或第四阶段，肉、蛋、乳、水产和植物油消费增加的趋势十分明显。粳米、优质小麦等高品质食品以及精细加工食品消费需求增加，并伴随食品包装化、品牌化趋势。随着人们收入水平提升和城市生活节奏的加快，中国人民对美好生活的向往有了更高的要求，粮食消费已经从“吃得饱”向“吃得好”逐步转变，“吃安全、吃营养、吃健康、吃特色、吃方便、吃文化”成为新趋势，对粮食产品的绿色、健康、营养等方面提出了新的需求。

2. 粮食供求结构发生变化

首先，不同粮食品种之间的替代性日益显著，影响粮食供求结构变化的不确定性增强。比如玉米转化为淀粉糖，替代食糖进入食品领域；或者小麦替代玉米，饲料用粮结构发生变化。

其次，“谷贱伤农”和“米贵伤民”现象交替出现，平衡粮食生产者和消费者利益难度增大。一方面，虽然农产品价格逐步上升，但农产品成本也在上升，农民种粮利益增幅远远低于成本上涨幅度，种粮比较收益不断下降，农产品增收前景非常严峻。另一方面，粮价上升给城市居民生活，特别是低收入群体带来较大影响，对保持物价总水平的稳定也带来较大挑战。事实上，食品价格的上升是近年直接推动 CPI 上升的主要因素。

最后，粮价波动的影响因素更加复杂，调控的难度越来越大。粮价除了受到农业成本上升、供求关系变化等传统因素的影响，还受到气候、能源化、金融化、投机炒作等非传统因素的影响。国际粮价的频繁波动非常不利于我国粮食价格稳定，我国粮食安全面临影响因素的复杂性使得政府调控越来越困难。

3. 未来粮食产量增加主要依靠单产潜力挖掘

随着工业化、城镇化的推进，依靠粮食面积扩大促进粮食增产的可能性越来越小，必须通过提高粮食单产水平增加粮食产量。目前，我国粮食单产水平与排在世界前 10 位的国家的平均水平仍然存在不小差距，提升粮食单产水平还有较大的发展潜力。

劳动力、化肥、农业机械投入等都是影响粮食单产的主要因素。农业劳动力减少是影响粮食生产的主要因素。随着我国城市化进程的逐步加快，农村劳动力从农业部门转移至非农部门的人数逐渐增加，未来我国的农业不仅存在农业科技和土地的供给不足，更为重要的是农业劳动力的缺失。化肥虽然会给环境带来污染，给粮食安全带来一系列的问题，但是加大化肥投入依然是促进粮食增产最为主要的因素。

4. 粮食进口成为国内供给有效补充

我国粮食安全新战略会集中力量保重点、保口粮，而适度进口也是新战略的重要组成部分。我国的谷物可以做到基本自给，缺的主要是蛋白类食物、油脂和动物饲料消费用粮。未来的一段时间内，玉米进口量仍将继续增加。从长期来看，玉米进口量的增长是大势所趋。2021 年我国进口大豆 9 651.8 万吨，占全国总需求的 85.5%，进口依赖度为粮食作物中最高。在保证一定的粮食自给率情况下，适当增加粮食进口，是对国内粮食供给的有效补充。

复习与思考

1. 简述粮食产业组织的概念与整合优化。
2. 简述粮食市场的功能与作用。
3. 简述粮食市场的主体。
4. 粮食市场类型主要包括哪几类？

5. 结合数字经济，谈谈粮食电商市场的发展趋势。

6. 简述如何加强现代粮食市场体系建设。

7. 简述粮食企业的特征。

8. 新时期如何提升粮食企业的经营管理水平？

9. 简述粮食生产的基本条件。

10. 近年我国的粮食需求结构有何变化？

11. 未来10～20年我国的粮食供求形势可能会怎样发展？

第三章 粮食产业区域分布

粮安天下稳。保障国家粮食安全，既需要以足够的粮食产量和合理库存为前提，又离不开相应的加工流通能力和产业链掌控能力。大力发展粮食产业经济，是我国兴粮之策、富农之道、惠民之举。但是，当前我国粮食产业经济的基础性强、涉及面广，如何科学认识粮食种植业、流通业、加工业的区域分布，优化粮食产业的空间格局，事关国家粮食安全和经济社会发展大局，事关粮食生产者、经营者、消费者切身利益，事关稳定粮食市场，保障粮食供应韧性。

通过本章学习，主要了解粮食种植分布、粮食品种分布；熟悉粮食生产和供求区域变化；掌握粮食加工、供应链情况及特点；了解粮食加工业区域分布及其发展态势。

第一节 粮食的种植区域分布

一、 分区域粮食种植特征

我国粮食作物种类多、分布广、地域差异大，生产水平不平衡且发展潜力大。我国栽培较普遍的粮食作物共有20余种，其中有些还有春播、夏播、秋种和冬种之分，而每种作物又有不同的品种，世界主要粮食作物在中国几乎都有分布。我国地域辽阔，不同区域和地理位置种植的作物和季节有所不同，地区分布很不平衡，内蒙古乌拉特中旗—乌审旗一线以东及长城以南、青藏高原以东地区，粮食播种面积和粮食总产量分别占全国的95%和96%；西部地区粮食播种面积不足全国的5%，粮食产量仅为全国的4%。主要粮食种植区分为秦岭—淮河以南及青藏高原以东地区、秦岭—淮河以北地区、东北三省地区和西部青藏高寒山区。

1. 秦岭—淮河以南及青藏高原以东地区

秦岭—淮河以南是湿润地区，东临东海，南临南海，包括江苏大部、安徽大部、浙江、上海、湖北、湖南、江西、福建、云南大部、贵州、四川东部、重庆、陕西南部、广西、广东、香港、澳门、海南、台湾、甘肃最南端、河南的信阳、南阳、邓州等地区。该区域地形以低山、丘陵为主，地形区主要包括四川盆地、长江中下游平原、横断山区、云贵高原、东南丘陵，属于亚热带湿润性气候和热带季风气候，以水田为主，主要以种植水稻、油菜、甘蔗为主，一年二至三熟，粮食耕地复种指数约195%。该地区的水稻种植面积占全国的95%，与越冬作物（小麦、油菜、蚕豆、豌豆）进行复种轮作，实行一年两熟或三熟制，稻谷占粮食总产量的70%～90%。

2. 秦岭—淮河以北地区

秦岭—淮河以北地区以小麦生产为主，偏南的冬麦区主要和夏作（玉米、谷子、大豆、绿肥）轮作，实行两年三熟或一年两熟，粮食耕地复种指数约150%，在其偏北的春麦区主要同糜子、谷子、马铃薯、玉米、豌豆等轮作，以一年一熟为主，粮食耕地复种指数约115%。

3. 东北三省地区

东北三省包括黑龙江省、吉林省和辽宁省，拥有三江平原、松嫩平原、辽河平原三大平原。东北三省地区土壤肥沃，地势平坦，土地资源丰富，气候温和湿润，雨热同期，农业生产条件较好，尤其是肥沃的黑土地，为东北地区的粮食生产提供了得天独厚的优越条件。东北三省人少地多，粮食商品率高，土地连片，适宜大规模机械化耕作，是全国最大的商品粮基地和粮食主产区。该地形以山地、平原、河流为主，分布的长白山、大小兴安岭是东北生态系统的重要天然屏障，具有巨大的经济价值和生态价值。东北三省大部分地区以玉米、大豆、高粱、谷子为主和小麦轮作，基本上实行一年一熟，粮食耕地复种指数低于100%。

4. 西部青藏高寒山区

西部青藏高寒山区的特点为：一是气候比较冷凉，作物生育期间有效积温低。二是生育期短，霜来得早。三是小气候明显，就同一地块而言，南坡、北坡气温亦有很大差别。四是低温早霜危害比较频繁。西部青藏高寒山区以青稞、豌豆、春麦为主，实行轮歇轮作，粮食耕地复种指数约95%。

二、 分品种粮食分布特点

我国国土广阔，地形、气候、土壤等条件复杂，社会经济技术条件区域差异大，为多种粮食作物的生产提供了条件。农业历史悠久，耕作制度多样，经过长期的自然和人工选择形成了丰富多样的作物种质，使中国成为世界上重要的作物起源中心。当前，我国粮食作物以小麦、水稻、玉米、薯类等作物为主，青藏高原地区主要种植青稞等其他作物。

1. 稻谷

我国稻作分布广泛，稻区从南到北跨越了热带、亚热带、暖温带、中温带和寒温带5个温度带。受纬度、温度、降水量、地形等影响，我国稻作区域分布呈东南部多而集中，西北部少而分散，西南部垂直分布，从南到北逐渐减少的格局。秦岭—淮河以南地区，温度高、雨量充沛、生产季节长，更适于稻谷栽培。其中，成都平原、长江中下游平原、珠江流域的河谷平原和三角地带都是稻谷的主要产区。秦岭—淮河以北地区，雨量逐渐减少，稻谷分布远不如南方集中，但仍较为广泛。北方稻谷日照时间长、生长季节内昼夜温差大，有利于养分的制造和积累，而且台风、暴雨等自然灾害较轻，有利于稻谷高产。

稻谷分为籼稻和粳稻两大亚种。籼稻主要分布于南方16个省（自治区、直辖市），其中，四川、重庆、江西、广西、广东、福建和海南水稻种植基本上是籼稻。按种植面积计，湖北水稻种植面积达87%以上、安徽省为70%以上、贵州省为92%以上、河南省为75%以上均为籼稻；浙江省的65%、云南省的32%、江苏省的17%为籼稻。粳稻分布地区主要有3个，即长江和淮河以北的北方粳稻区、以江苏省为核心的南方粳稻区及以云南省为核心的云贵高原粳稻区。我国商品粳稻平均年产量在800万吨以上，其中黑龙江省约占60%。粳稻的生产省份有24个，主要包括东北三省和江苏、浙江、安徽、云南四省，这7个省粳稻播种面积和产量约占全国粳稻播种面积和产量的85%。

2. 小麦

小麦与稻谷同属我国最重要的口粮作物，主要生产集中在华北地区（北京、天津、河北、河南、山西）；华东地区（山东、江苏、安徽北中部）；华中地区（江西、湖北）；西北地区（陕西、甘肃、青海、宁夏、新疆）；东北地区（辽宁、吉林、黑龙江）；西南地区（重庆、四川、贵州）；北方地区（内蒙古、新疆）。根据自然条件、耕作制度、小麦品种、播种期及成熟期的早迟等生产特性，小麦生产区可分为冬麦区、春麦区两大类型。从东北的大兴安岭到拉萨的400毫米等雨线以西属于干旱地区，雨量少、蒸发量大，以春小麦为主，并划分为东北春小麦区、北方春小麦区、西北春小麦区、青藏春麦区及新疆冬春麦区；长城以南、岷山以东地区以冬小麦为主，冬小麦主要集中在华北平原的河南、山东、河北，以及苏北、皖北、关中平原，并划分为北方冬麦区、黄淮海平原冬麦区、长江中下游冬麦区、西南冬麦区和华南冬麦区。

3. 玉米

中国玉米种植地区的形成和发展主要受到当地农业自然资源、社会经济因素、生产技术水平等影响。我国玉米种植区主要有6个，其中前三个区为主区，种植面积和总产量约占全国的3/4以上；后三个区为副区，种植面积较小。

一是北方春播玉米区。北方春播玉米区属寒温带、湿润、半湿润气候，包括黑龙江、吉林、辽宁、宁夏和内蒙古的全部，山西的大部，河北、陕西和甘肃的一部分。该区冬季气温低，日照充足，对玉米生长发育极为有利，是我国主要玉米产区之一，玉米种植面积占全国的30%，总产量占全国的35%。

二是黄淮海夏播玉米区。该区属暖温带半湿润气候，包括黄河、淮河、海河流域中下游的山东、河南的全部，河北的大部，山西中南部，陕西关中和江苏徐淮地区。该区气温较高，自然条件对玉米生长发育极为有利，是全国最大的玉米集中产区。玉米播种面积约占全国的30%以上，总产量占全国的50%。

三是西南山地玉米区。该区属温带和亚热带湿润、半湿润气候，包括四川、云南、贵州全部，陕西南部，广西、湖南、湖北的西部丘陵地区以及甘肃省的一小部分。该区土地多为丘陵山地和高原，以及少量河谷平原和山间平地，雨量丰沛，水热条件较好，但光照条件较差，有利于多季玉米栽培，玉米播种面积占全国的20%。

四是南方丘陵玉米区。该区主要包括广东、海南、福建、浙江、江西、台湾等全部，江苏、安徽的南部，广西、湖南、湖北的东部，属亚热带和热带湿润气候，气温较高，降水充沛，霜雪很少，适宜农作物生长，一年四季都可以种植玉米。但因该区降水较多，气候湿润，种植水稻产量较高，是我国水稻的主要产区，故玉米种植面积变化幅度较大，产量很不稳定，种植面积约占全国的5%。

五是西北灌溉玉米区。该区包括新疆全部、甘肃的河西走廊，以及宁夏河套灌区，属大陆性干燥气候，降水稀少，热量资源丰富，昼夜温差大，对玉米生长发育极为有利。但气候干燥，全年降水量多在200毫米以下，不能满足玉米最低限度的水分需要，是玉米生产的限制因子。该区历史上基本不种植玉米，随着农田灌溉面积的增加，现玉米种植面积约占全国的2%～3%。

六是青藏高原玉米区。该区包括青海和西藏，海拔较高，地形复杂，高寒是其气候的重要特点。西藏南部河谷地区，降水较多，可种植水稻、玉米等喜温作物。玉米是该区新兴的农作物之一，栽培历史很短，种植面积不大。

4. 大豆

豆类的主要产区在东北地区和西北地区，属中温带区。我国大豆的栽培面积大，分布广，主要集中在东北松辽平原和黄淮海平原，以内蒙古、安徽、黑龙江最为密集，山西、辽宁、吉林、上海、浙江、安徽、福建等地也有分布。大豆产区主要可划分为5个：一是北方春大豆区，包括黑龙江、吉林、辽宁、内蒙古、宁夏、新疆等省（自治区）及河北、山西、陕西、甘肃等省北部。该区分东北春大豆、黄土高原春大豆及西北春大豆3个亚区。二是黄淮海流域夏大豆区，分为冀晋中部春夏大豆亚区与黄淮海流域夏大豆亚区。三是长江流域春夏大豆区，分为长江流域春夏大豆亚区、云贵高原春夏大豆亚区。四是东南春夏秋大豆区，包括浙江省南部，福建和江西两省，台湾地区全部，湖南、广东、广西的大部。五是华南四季大豆区，包括广东、广西、云南的南部边缘和福建的南端。

5. 其他作物

高粱、谷子主要种植区域分布于我国北方的东北三省和华北各省（直辖市），是洼涝盐碱地区的主要作物。谷子是我国传统粮食作物，耐旱性强，全国95%的谷子种植面积集中于黄土高原、黄淮海平原、松辽平原及内蒙古西部和东南部。东北和西北以春谷为主，华北以夏谷居多。高粱具有抗旱、耐涝、耐盐碱、适应性强的特性，在我国分布很广，北方干旱地区、涝洼及盐碱地区多有种植，以东北平原最为集中，其次为黄河中下游和淮北平原一带。

第二节　粮食产销区分布及供求形势

一、 粮食产销区的分布及变迁

1. 粮食生产区域的变迁

汉代以前我国粮食生产区域主要集中在北方黄河流域，三国、两晋、南北朝时期北方战乱，南方农业得到数百年的大开发，到唐宋以后中国的粮食生产重心逐渐转向南方的太湖一代和长江流域，大规模修建的大运河成为连通南北粮食漕运的重要枢纽。“苏湖熟，天下足”，在漕运的巅峰时期，每年由南方运往北方的粮食，最高可达600万石。南方成为新的粮食生产基地，不仅可以自给自足，而且还大规模地供应北方所需。

在新中国成立之初，南方14个省份中有12个省份为粮食净调出省份，每年调出粮食2 000多万吨。1970年，我国提出尽快扭转南粮北调的目标，要求北方省份加快农业发展。但是南粮北运的格局一直延续到20世纪下半叶仍未打破。

改革开放以来，随着南方地区率先开始工业化、城镇化，粮食播种面积开始呈现“南减北平”的格局。自从中国施行粮食流通体制改革，依据各个省份粮食生产和消费的总体特征，综合考虑资源禀赋的差异和粮食生产的历史传统等，将31个省（自治区、直辖市）划分为粮食主产区、主销区和产销平衡区。1994年粮食主产省的概念第一次提出，2001年粮食主产区、粮食主销区、粮食产销平衡区的概念正式形成。2003年，划定黑龙江、吉林、辽宁、河北、河南等13个省（自治区）为粮食主产区。与此同时，我国粮食的南北格局开始对调，从南粮北调，转为北粮南运格局延续至今。粮食主产区是中国商品粮生产的核心区域，为保障国家粮食安全和提供食品有效供给起到决定性作用。

2. 主产区和主销区的分布及变迁

新中国成立以来，我国的粮食主产区空间格局变化较大。全国粮食生产区域由南转移向北，由东西部逐渐向中部靠拢，东南沿海地区的粮食生产急剧下降，东北地区和黄淮海地区形成了全国粮食增长区域。相应的粮食物流格局由南粮北运运转变成北粮南运。

一是粮食主产区。目前，我国有13个粮食主产区，分别是东北的辽宁、吉林、黑龙江，中部地区的河南、安徽、湖南、湖北、江西，以及河北、山东、内蒙古、四川、江苏。根据国家统计局数据，全国13个粮食主产区产粮总量排名情况（从高到低）为黑龙江、河南、山东、吉林、江苏、安徽、四川、河北、湖南、内蒙古、湖北、江西、辽宁。13个主产区粮食总产量占全国的75%以上，黑龙江、吉林、辽宁、内蒙古、河北、山东、河南这7个北方主产省区生产的粮食占全国约五成。

我国粮食的连续增收与粮食主产区是分不开的。如昔日的“北大荒”黑龙江省如今已变成了全国粮食产量第一的“北大仓”；曾经是我国粮食高产区的“长三角”“珠三角”现在却是高度城镇化、工业化、人口大量涌入的地区，成为最大的粮食主销区，需要大量调入粮食。但是，随着城镇化、工业化的加快，我国粮食主产区的生产潜力和综合生产能力也面临着新的危机，粮食调出省份在不断减少，13个粮食主产区中真正做到“家有余粮”，有能力调出粮食的省份只有黑龙江、吉林、河南、山东等5个北方省份，而辽宁、湖北和四川等主产省的粮食输出逐渐减少。这就造成了更大批量、更多批次的粮食长距离跨省运输需求，2019年粮食跨省运输量达到2.4亿吨，对粮食供应链的物流系统提出了更高要求。

二是粮食主销区。全国粮食主销区有北京、上海、天津三个直辖市，还有浙江、福建、广东和海南4个省份，这些地区经济发达，市场化程度高，经济作物种植面积比重大，粮食的生产能力不足，“非农化和非粮化”最先在这些地区发生。2022年中央1号文件提出，“严格粮食安全责任制考核……主产区、主销区、产销平衡区都要保面积、保产量”。随着地区经济发展，这些粮食主销区对粮食的需求量也在逐年增加，一旦发生粮食供应链危机，将会引发物价持续上涨和通货膨胀。

三是产销平衡区。产销平衡区共有11个省份，主要包括山西、宁夏、青海、甘肃、西藏、云南、贵州、重庆、广西、陕西和新疆。习近平总书记曾指示，主产区要努力发挥优势，产销平衡区和主销区要保持应有的自给率，共同承担起维护国家粮食安全的责任。确保我国粮食产销平衡区和主销区粮食的自给能力，对粮食供应安全和稳产保供可持续至关重要。产销平衡区和主销区定位不同，粮食自给底线设定可以有差异。产销平衡区在粮食供给方面，应至少满足常住人口的有效供给，满足口粮用途的消费自给。总之，三大区域要扛起保障粮食安全的重担，共同端牢14亿多中国人的饭碗。

二、粮食供求形势分析

1. 中国粮食供求形势变化

英国《经济学人》杂志旗下智库发布的《2019年全球食物安全指数报告》中指出，中国在全球113个参评国家中位居第35位，列入“良好表现”一档。新中国成立以来，中国用不足世界10%的耕地，生产了占世界25%的粮食，养活了世界近18%的人口，中国人均粮食占有量达到470千克左右，取得了了不起的成就，对世界做出了巨大贡献。

从需求角度看，人口的增长、收入水平的提高、城镇化进程的加快，均引起我国居民对粮食消费需求的快速增长。生活水平提高促使人们的粮食消费结构升级。随着我国城市化进程的加快，城市口粮需求不断增长，农村居民口粮需求有所下降。近年，由于畜牧业发展带来饲料用粮的快速增长，且超过口粮需求成为粮食需求的增长主体。工业用粮引起的其他粮食需求亦呈迅速增长态势，在粮食需求总量中已经占到14%左右。

从供给角度看，2004年以来，我国粮食总产量实现了十八连增，基本保持着增长的趋势（图3-1）。总体来说，我国的粮食供给是比较充足的。我国粮食单产也在逐年增加，主要原因在于品种的改良，农田基础设施的改进，农业技术的进步，国家鼓励粮食生产的政策等。数据显示，我国粮食播种面积在2010—2015年稳步上升。但是，尽管粮食单位面积产量已由2010年的5 005.69千克/公顷增加到了2021年的5 805.00千克/公顷，而其增速是逐渐放缓的（图3-2）。

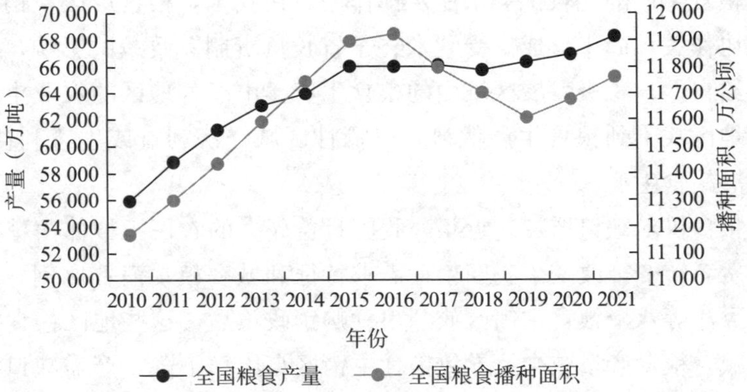

图3-1　2010—2021年全国粮食产量和粮食播种面积

数据来源：《中国统计年鉴2022》。

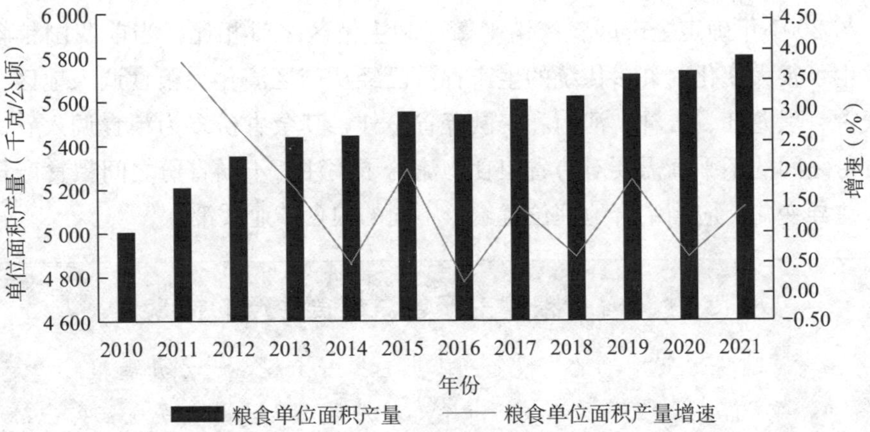

图3-2　2010—2021年全国粮食单产和其增长率

数据来源：《中国统计年鉴（2022）》。

2. 我国粮食供求的区域变化

一是粮食生产重心北移。东南沿海省份粮食播种面积大量减少，从粮食盈余或基本自给逐渐变为大量调入区；长江中下游地区虽是我国粮食主产区域，但调出量逐年减少；黄淮海地区成为小麦等商品粮的主产区；东北地区已成为粳稻、玉米等商品粮的主产地；西部地区随着退耕还林、还草实施，粮食生产能力有所下降。总体而言，南方粮食生产能力下降，北方粮食产量逐年上升。

二是粮食生产的比较优势未能发挥作用。在我国，粮食产区与销区之间稳定的分工协作关系尚未形成。受“米袋子省长负责制”政策的影响，各地区力求粮食供给自保，积极发展区域内的粮食生产。由于各地区的农业生产结构趋同，一些地区找不到粮食生产优势，以牺牲区域经济利益或生态利益为代价，来大力发展粮食生产。

三是粮食供求缺口增加。近年，我国日益庞大的农民工群体由粮食生产者向粮食消费者转变，改变了我国粮食需求特征和城乡粮食消费比例。自从率先在北京、天津等八个粮食主销区放开粮食购销政策后，这些地区粮食播种面积大幅度调减，粮食产量减少，导致粮食主销区自给率下降，产需缺口扩大。除了粮食主销区的粮食需求继续呈缓慢增加趋势，部分粮食主产省在粮食加工业的带动下，粮食需求也较快增长，粮食供求缺口也在增加。

3. 分省份粮食供需分析

与2001年确定主产区、产销平衡区和主销区之时相比，当前我国粮食产销发生了很大变化，许多传统的生产省份已经从产区演化为粮食调入地区。除内蒙古、黑龙江、吉林、河南和安徽等省份外，其余省份多为粮食调入省。产销省份之间的不平衡需要对跨省粮食物流给予关注，不同省份之间粮食产量和调入差异变化，应当结合地理位置给予不同的粮食产业政策。

专栏3-1　粮食主产省对粮食生产的贡献

黑龙江省深入实施千亿斤粮食产能巩固提升工程，大力开展粮食稳定增产行动，狠抓各项增产措施落实，粮食生产夺得特大丰收。黑龙江省自2011年成为全国粮食总产量和商品量“双第一”的省份，连续十一年位居全国首位，为保障国家粮食安全做出了突出贡献。据国家统计局数据显示，2021年黑龙江粮食总产量创历史新高，达到 1 573.54 亿斤，占全国总产量的 11.5%，新增粮食产量 65.34 亿斤，占全国增量的 24.47%。黑龙江进一步落实粮食安全党政同责，通过高质量备耕保农资、高标准春播夺全苗、精细化夏管促升级、高效率抗灾抢丰收，粮食生产喜获十八连丰，粮食作物种植面积达到 21 826.95 万亩，占全国的 12.37%。

山东省粮食生产条件不断改善，综合生产能力不断增强。山东省粮食总产量从新中国成立初期的不足 1 000 万吨，到目前已连续跨越了七个大的台阶，连续十八年实现增产丰收，涌现出了十多个整建制亩产过吨的产粮县（市、区）。山东省是原粮需求大省，稳定的粮源供应渠道有力地保障了全省食品加工业需求和消费需求。

吉林省地处东北地区中部，属温带大陆性季风气候，是国家重要的粮食主产区和商品粮基地。改革开放 30 多年来，吉林省粮食综合生产能力不断提高，2011 年粮食总产量首次突破 3 000 万吨大关，达到 3 171 万吨。2013 年，粮食总产量再创历史新高，达到 3 763.3 万吨。

2017 年，由国务院印发的《国务院关于建立粮食生产功能区和重要农产品生产保护区的指导意见》中指出，国家出台了一系列强农惠农富农政策，实现了粮食连年丰收，重要农产品生产能力不断增强；但是，我国农业生产基础还不牢固，工业化、城镇化和农业生产用地矛盾不断凸显，保障粮食和重要农产品供给任务仍然艰巨。为优化农业生产布局，聚焦主要品种和优势产区，实行精准化管理，亟须建立粮食生产功能区和重要农产品生产保护区。划定粮食生产功能区 9 亿亩，其中 6 亿亩用于稻麦生产。以东北平原、长江流域、东南沿海优势区为重点，划定水稻生产功能区 3.4 亿亩；以黄淮海地区、长江中下游、西北及西南优势区为重点，划定小麦生产功能区 3.2 亿亩（含水稻和小麦复种区 6 000 万亩）；以松嫩平原、三江平原、辽河平原、黄淮海地区以及汾河和渭河流域等优势区为重点，划定玉米生产功能区 4.5 亿亩（含小麦和玉米复种区 1.5 亿亩）。其中，划定重要农产品生产保护区 2.38 亿亩（与粮食生产功能区重叠 8 000 万亩）。以东北地区为重点，黄淮海地区为补充，划定大豆生产保护区 1 亿亩（含小麦和大豆复种区 2 000 万亩）。

专栏 3-2 河南省打造全国重要粮食生产核心区

河南是全国粮食大省，是全国粮食生产核心区，其粮食产量占全国的1/10，夏粮产量占全国的1/4，在保障国家粮食安全方面有着举足轻重的地位。近年，在国家惠民惠农政策下，河南省粮食产量不断提高。

2017年河南省上报国务院的《国家粮食战略工程河南核心区建设规划纲要》显示，河南省作为粮食生产核心区的建设工程正式纳入了国家粮食战略工程。按照要求，河南省粮食综合生产能力保持在1 300亿斤以上；坚决扛稳粮食安全重任，落实“藏粮于地、藏粮于技”战略，启动实施新时期粮食生产核心区建设；落实最严格耕地保护制度，坚决遏制耕地“非农化”，防止“非粮化”。2021年7月《中共中央 国务院关于新时代推动中部地区高质量发展的意见》提出，支持河南等主产区建设粮食生产核心区，确保粮食种植面积和产量保持稳定，巩固提升全国粮食生产基地地位。实施大中型灌区续建配套节水改造和现代化建设，大力推进高标准农田建设，推广先进适用的农机化技术和装备，加强种质资源保护和利用，支持发展高效旱作农业。

4. 分品种粮食供求情况分析

稻米供求基本平衡，依靠国内产量能够自给自足。国内稻谷产量稳定在2亿吨以上，稻米口粮消费缓慢中微有下降，工业消费增长先快后慢，消费总量保持持平，稻米国内总消费量达到1.9亿吨。

小麦作为我国居民的重要口粮，继续实施政策保护，最低收购价稳中上调。小麦总产量达到1.35亿吨左右，但是由于国内专用小麦存在产需缺口，进口将会增加。

玉米存在一定的产需缺口，需要进口作为补充。玉米产量继续高位增长，2021年总产量达到2.7亿吨。消费增长动力主要来自畜牧业养殖规模快速扩大以及玉米深加工产品升级，总消费量达到3.6亿吨。

我国的粮食供求的结构性矛盾主要是优质粮食的供给不足，需要大量进口满足国内消费和加工需求。特别是大豆、小麦、玉米。我国的油用大豆进口量保持世界第一，主要动力来自国内部分油料减少之后的替代，总进口量在1亿吨上下波动。根据海关数据，2021年进口大豆9 651.8万吨，占全国需求总量的85.5%，进口依赖度为粮食作物中最高，成为可能影响我国粮食安全的关键农产品之一。因此，要建设粮食产业强国，应当确保口粮的基本供给，深挖大豆和玉米的工业产品延伸，充分利用两种资源，适度进口，理性扩大出口。

5. 我国居民膳食结构分析

随着中国城乡居民收入的大幅增长，居民的生活质量不断提升，居民膳食消费水平也明显提高。膳食结构的转变主要体现在以下两个方面。

一是饮食趋向多元化。中国居民口粮、肉禽蛋水产品、蔬菜、瓜果的消费比例由1981年的62∶6∶31∶1转变为2018年的36∶22∶27∶15，膳食结构已由“粮菜型”转变为“粮肉菜果”多元型。整体来看，中国居民年消费的食物总量呈现减少趋势。1981年中国居民年消费口粮（原粮）、食用油、肉禽蛋水产品、奶类、蔬菜瓜果共计419.4千克，至2018年下降至356.8千克。食物消费总量的降低主要是由口粮消费量减少造成的，但是同时肉类食物量快速增加。中国居民人均肉禽蛋水产品年消费量在2018年达到了59.6千克，与1981年相比增长了2.7倍。

二是由传统家庭烹饪型向现代便捷型转变。改革开放初期，中国大部分居民的一日三餐均在家里烹饪。但随着中国居民的生活节奏不断加快，膳食消费的便捷性要求提高，主要体现在：首先是餐馆、食堂消费，其次是外卖消费，最后是半成品食物消费。1978年全国餐饮收入仅54.8亿元，2018年餐饮业收入已达到了4 2716亿元，占到社会消费品零售总额的11.2%。截至2019年年底，中国外卖消费者规模约为4.6亿人，同比增长12.7%。半成品菜具有可体验烹饪乐趣、方便快捷、卫生等功能，标准化、符合新生代生活节奏的半成品已经逐步成为中国当前膳食消费的一个重要市场。

第三节 粮食加工业区域分布

一、粮食产业发展态势

近年，我国粮食产业经济总量、质量和结构均得到显著提升，企业经济实力和竞争力不断提升，取得了一系列突出成效。据国家粮食和物资储备局数据统计，2015—2018年全国粮食工业总产值年均增长接近5%，销售收入年均增速超过7%。2018年，全国粮食工业总产值达到3.1万亿元，销售收入增幅为

7.8%，销售收入利润率为 6.9%（图 3－3）。

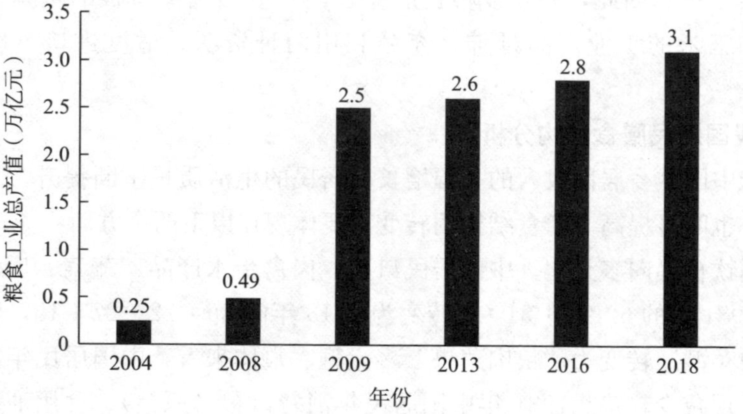

图 3－3　2004—2018 年我国粮食工业总产值的变动情况

数据来源：国家统计局。

分行业来看，传统的米、面、油和饲料以物理（简单化学）加工为主导的产业占比 70%，深度挖掘粮食价值的精深加工比例仅为 8%。分地域来看，山东、安徽、江苏、湖北、广东、河南、湖南和河北是粮油工业大省。粮食产业经济在各省份的区域布局不均衡，东部城市群地区的粮食企业数量较少、实力强，西部地区粮食产业整体比较落后（图 3－4）。

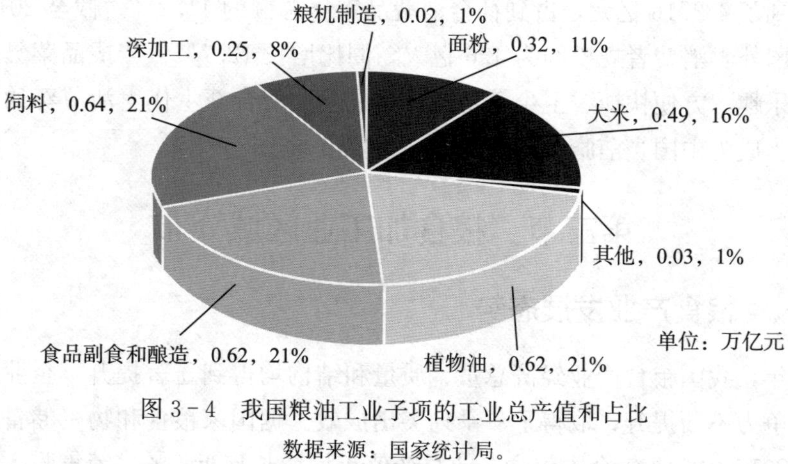

图 3－4　我国粮油工业子项的工业总产值和占比

数据来源：国家统计局。

专栏3-3 “滨州模式”——山东省滨州市粮食产业经济发展成效经验

近年，山东省滨州市以“粮头食尾”和“农头工尾”为引领，突出抓好粮食产业链、价值链、供应链“三链协同”，统筹建设示范市县、特色产业园区、龙头骨干企业、优质粮食工程“四大载体”，创造了可推广、可复制的粮食产业经济“滨州模式”。2018年，滨州市粮食产业工业总产值突破千亿元大关，成为全国唯一的粮食产业千亿元地级市，实现利税总额近60亿元，主营业务收入过百亿元的企业4家。

一是产业链延伸实现“全”。滨州市积极发展全产业链经营、产后服务带动、精深加工引领等模式，促进加工层次由粗到精、加工业态由少到多、加工链条由短到长。2018年，滨州市粮食加工转化量1 583万吨，较2016年增长14.6%。西王集团经过30多年的发展，由一家小型村办企业蝶变为中国企业500强，建立了从种植到收储、初加工、精深加工的完整产业链条。滨州市加快建设粮食物流枢纽和通道，创新营销方式方法，顺应“便捷”“直供”消费潮流，挖掘“互联网+”“自媒体”等新市场，粮油供给效率持续提高。滨州市健全现代物流体系，高速公路、铁路及滨州港开通运营，公路、水路、铁路运输相互支撑，打造“跨省粮食物流通道”“粮食物流节点城市”。

二是结构调整实现“优”。滨州市积极推动粮食生产由增产转向提质，满足群众消费提档升级需求。2018年，滨州市订单种植240万亩，优质粮食品种种植率高达99%。大力实施“优质粮食工程”，开展优质粮食育种繁育、基地种植、订单收购工作。以滨州中裕食品有限公司为代表的粮油加工企业，实行“三免一加”（免费供种、播种、收割和加价收购）、“五统一”（统一供种、统一施肥、统一指导、统一收割、统一收购），助推小麦种植向规模化、标准化、集约化迈进。2018年滨州市规模以上粮油加工企业达到153家，其中上市公司4家、全国500强2家、中国食品工业50强2家，培育出西王、香驰、渤海、三星、中裕等10家龙头企业。

三是品牌战略实现“兴”。品牌打造方面，滨州市借助“山东粮油产业博览会”平台以及省粮食和物资储备局打造“齐鲁粮油”品牌的有利契机，积极实施品牌兴粮战略，按照“1＋N”建设模式，打造滨州市粮油区域品牌。滨州市制订实施分层次、立体化企业品牌培育计划，放大西王集团、三星集团、香驰控股、渤海实业、中裕食品等领军型品牌效应，提升玉杰面粉、龙凤面粉等骨干型品牌影响，培育宇东面粉等成长型品牌。目前，滨州市粮食行业拥有中国驰名商标7个、中国名牌3个、山东省著名商标10个、山东省名牌10个、全国放心粮油品牌13个。

二、 分品种粮食加工业

1. 面粉加工企业

2018年，全国入统的小麦粉加工企业数量达2 590个，小麦处理能力为19 662.5万吨，小麦处理量为9 856.7万吨，面粉产量为7 303.5万吨。其中，专用粉产量1 757.4万吨，占比为24.1%；全麦粉产量1 503.5万吨，占比为20.6%；食品工业用粉产量270.2万吨，占比为3.7%，民用粉产量2 453.2万吨，占比为33.6%。分地域来看，河南省为1 690.9万吨，河北省为1 004.6万吨，山东省为1 613.2万吨，安徽省为796.9万吨，江苏省为659.6万吨。产能利用率高于50%的省份包括四川、河南、陕西、辽宁、福建、广东、广西、安徽、浙江。

2. 大米加工

2018年全国入统的大米加工企业数量达9 827个，稻谷处理能力为36 898.2万吨，稻谷处理量为11 080.3万吨，大米产量（含二次加工）为8 319.7万吨。分地域来看，黑龙江省1 308.2万吨，安徽省1 336.2万吨，湖北省达960.1万吨，江苏省869.2万吨。大米加工企业的产能利用率较低，均低于50%。

3. 植物油加工

2018年全国入统的食用植物油加工企业1 591个，油料处理能力为17 275万吨，油料处理量为9 430.5万吨；精炼能力为6 762万吨，精炼油产量为3 080.2万吨。广东、广西、福建、天津的产能利用率在80%以上。

4. 饲料加工

依据中国饲料工业协会数据统计，2018年全国饲料总产量为22 788万吨，万吨规模以上饲料生产厂达3 742家；其中，10万吨规模以上厂家数量达656家，饲料产量占总产量的49.7%。全国工业饲料十强省合计产量占全国比重为

71.3%。山东和广东的单省产量首次突破 3 000 万吨，远超第二梯队各省份。

5. 粮食深加工

2018 年全国入统的粮食深加工企业 459 个，其中酒精企业 89 个，淀粉企业 238 个，其他粮油深加工企业 132 个。年粮食处理能力为 11 701.2 万吨，粮食处理量为 7 982.4 万吨，其中深加工玉米用量 7 095.1 万吨，深加工产品产量 5 903.3万吨，其中商品淀粉产量占比为 49.47%，淀粉糖产量占比为 14.84%，发酵制品产量占比为 4.66%，酒精产量占比为 12.79%，大豆蛋白产量占比为 0.44%，多元醇产量占比为 0.36%，其他深加工产品产量占比为 17.44%。

三、 粮食加工区域分布

1. 稻谷和小麦加工

稻谷和小麦加工以就地加工为主，发展形成全产业链和循环经济模式。稻谷加工主要布局在长江中下游、东北、西南等稻谷产区，小麦加工主要布局在黄淮海平原、汾渭平原、河套灌区、新疆等小麦产区；在华东、华南、京津等主销区适当发展加工供应一体化模式，主要布局口粮加工。

2. 玉米加工

玉米加工以结合产地形成全产业链为主，玉米深加工主要布局在东北、黄淮海、西北等地区；饲料加工主要布局在东北、黄淮海等玉米主产区，畜牧业、养殖业发达的西南、西北地区，以及沿海地区。

3. 食用植物油加工

大豆加工主要布局在沿海沿江港口等地区，油菜籽加工主要布局在长江流域西北地区，花生加工主要布局在山东、河南和河北等产区。

第四节 粮食物流通道分布

一、 粮食物流通道的内涵及分类

1. 粮食物流通道的内涵

粮食物流通道是指粮食快捷、迅速地流入和流出的渠道，这种渠道包括国内市场粮食跨省流入和流出的通道、国际市场参与粮食的进出口通道，一般包括粮食收储、加工、消费通道和特殊性的粮食流动通道，是由满足粮食实体大批量、快速流动的各种物流设施、设备、组织机构和服务等要素构成。

2. 粮食物流通道的分类

第一，按照空间距离分类，粮食物流通道分为省内和省外流通通道。粮食物流的空间距离也影响粮食物流通道对相关基础设施、设备、工具和物流组织的选择。

第二，按照是否连贯进行分类，可分为直运通道和转运通道。直运通道是指采用一种交通工具就可以运输到达目的地；转运通道则要由多种交通工具在不同地点转换才能到达目的地。粮食物流直运还是转运的选择也受社会经济和地理条件的影响。

第三，按照一般性和紧急性分类。紧急通道是指满足一段时间内及时运输收储调拨原粮和成品粮的紧急调运通道。一般性通道是指满足粮食由各级各类储备库向加工厂和配送中心的正常供货通道。

第四，按照交通基础设施分类，可以分为水路通道、公路通道和铁路通道。如果距离很长、需要转运，需要几种通道的联结进行粮食运输，粮食流通需要建立相应的粮食转运节点设施，并协调好各节点的流量、流向和流速，通过无缝化衔接降低物流成本。

第五，按照信息化程度，可分为信息顺畅的通道、信息封闭的通道。信息顺畅的粮食物流通道可以实现收储、转运和加工的零库存与及时衔接，有效降低物流成本。信息闭塞的粮食物流通道使收购、储藏、运输和加工处于经验控制状态，增加粮食物流的成本，容易导致粮食物流的混乱。

二、 粮食物流通道与节点的分布现状

当前，我国骨干粮食物流通道基本成型，粮食流通成本明显下降，流通效率不断提升。主要粮食物流通道有四个：一是东北三省及内蒙古东部地区的粮食，主要运往东南沿海及京津主销区和南方玉米主销区；二是黄淮海地区的河北、河南、山东及安徽北部地区的小麦，主要运往华东、华南、西南、西北省区；三是长江中下游的湖北、湖南、安徽、江西、四川输出的稻谷，主要运往东南沿海及西南地区；四是东北粮食产区经海路运输的稻谷、玉米，以及从国外海运进口的粮食在东南沿海各省份港口登陆，经公路或内河转运。

目前，我国已经建成了一批实现公—铁—水无缝对接的现代散粮物流节点，具有暂存功能，实现了装卸和计量的自动化。粮食物流通道具有明显的地域特征，如东北通道主要是玉米、大米和大豆，黄淮海通道主要是小麦和面粉，长江

中下游通道主要是稻谷和大米，新疆地区主要是玉米流出。另外，在沿海的港口城市形成了如珍珠链的粮食物流装卸点，包括丹东、大连、营口、锦州、秦皇岛、天津、青岛、日照、连云港、上海、苏州、镇江、泰州、舟山、宁波、福州、厦门、漳州、汕头、深圳、东莞、广州、湛江、北海、钦州、防城等。素有“黄金水道”之称的西江航运干线，也叫南宁至广州航道，是我国西南水运出海大通道的重要组成部分，是目前广西最繁忙的航道，广西内河运量的90%需经过此段。

一是粮食物流总量。2018年全国粮食物流总量达到4.9亿吨，其中跨省物流量2.4亿吨。粮食物流骨干通道全部打通。

二是分品种粮食物流。小麦、稻谷、玉米是三大主要跨省物流品种，每年需要跨省调运玉米5 000万吨，稻谷4 500万吨，小麦3 300万吨。东北、华北的玉米主要满足华中、华南和西南等地的饲料加工业需求，流出形态全部为原粮。东北玉米通过海运和铁路流出，海运采用散货船和集装箱，输送目的地是华南沿海地区；铁路以包粮为主，使用敞车、棚车运输，接收省份为华北、华中以及西南各地区。华北地区能够调出玉米的主要是山西省，主要流向是西南以及河南、山东等地。新疆玉米主要流出目的地是西南地区。

黄淮海是主要的小麦调出地区，调出量在3 000万吨左右。黄淮海小麦是各地面粉加工厂的原料。由于地处中部，汽运是主要运输方式，如从河南省新乡市发送至河套一带。新的公水联运的路线是：河南、安徽、江苏小麦走运河至江苏靖江港集并后船运至福建、广东，每年运量在300万吨左右。小麦调出的另一个特点是成品粮逐年增多，面粉调出约有70%采用汽车运输，主要辐射范围是京津以及上海、浙江、东北等地。

黑龙江、江西、湖南、安徽、江苏等省份是主要的水稻调出省份。黑龙江每年调出稻谷1 800万吨，除少量是以稻谷、糙米形式调出外，其余以大米形式流出，集装箱运输供应全国各地。江西、安徽、湖南是浙江、福建、广东三省的稻谷供应基地，年调出量约1 600万吨，其中早籼稻多以原粮形式调运，每年700万吨左右，散粮运输和集装箱运输各半；成品大米多以集装箱形式运输。

大豆产地集中在黑龙江省，每年跨省运输量在600万～800万吨。每年自黑龙江输送至山东德州一带的量在250万吨左右，满足当地大豆蛋白加工的需求。广东是国产大豆的消耗大省，每年耗量在40万吨左右，主要采用集装箱运输。植物油的生产集中在沿海地区，运输方式包括毛油和小包装油。2016年，毛油铁路运输量在158万吨，2019年下降至不足100万吨，公路运量估计在400万～500万吨。小包装油是油品运输的主要形式，每年跨省运输量估计在1 600万吨左右，其中公路运输占比在9成以上。

三是分运输工具粮食物流。2015年铁路粮食运量5 590万吨，2018年为8 450万吨。水路粮食运输主要分为沿海货运、江海联运和内河航运。沿海货运主要由东北各港口至江苏、福建、广东、广西、海南等省份，沿海货运量为0.4亿吨；江海联运路线主要是黄淮海小麦通过运河在靖江集并之后送至广东、福建等地，运量250万吨以上；内河航运主要是长江、西江运输，运量为0.1亿吨。公路运输具有方便快捷和门到门的特点，1 000千米之内广泛使用。由于我国产区销区距离遥远，粮食运输需要多种运输方式相互链接。以全社会的粮食自生产者送至消费者手中的6亿吨粮食产量和1亿吨进口量为基数，公路运输占比约为68%，水路运输约为22%，铁路运输约为9%。

三、粮食物流存在的问题及对策

1. 粮食物流存在的问题

一是粮食物流业经营困难。粮食物流业包括粮食仓储业和粮食运输业，其中粮食仓储业主要依靠获取微薄的管理费苦苦支撑。粮食仓库一般规模较小，缺乏规模效应；南方雨水较多、湿度大、虫害较大、仓储管理成本较高；北方仓储设施简陋，粮食仓储损失较大。粮食运输业盈利能力非常一般，我国粮食运输主要依靠高成本的公路运输。铁路和公路运输仍以包粮为主，包装物和人力装卸成本都偏高，占据了粮食物流费用的大半，整个粮食流通费占粮食销售价格的30%～35%，粮食运输业收益微薄。成本低、收益高的“四散”（散装、散运、散卸、散储）运输，所占比例仅为25%左右。

二是粮食物流企业市场意识不强。粮食是大宗商品，粮食产业的发展严重依赖于物流业的发展。我国粮食物流企业的市场意识极为淡泊，铁路运输国家垄断性较高，市场化改革进展缓慢，市场服务意识较差；粮食收储政策性较强，粮食仓储进入门槛较高，“吃政策饭”的现象依然存在，缺乏进取精神。一些民营粮食仓储企业虽然已经意识到发展市场业务、提高服务的需要，如基于粮食仓储开展集粮食收购、仓储、加工、供应于一体的“粮食银行”业务，但由于种种原因，业务发展仍然缓慢。

三是粮食物流设施较为落后。其一，有效链接不同运输方式的大型综合货运枢纽、服务于区域或城市的物流基地、物流中心等粮食现代物流设施缺乏，严重影响粮食物流集散和运输效率的提高。其二，粮食物流设施结构不合理。低成本的粮食水运设施相对较少，迫使粮食物流选择高成本的铁路运输。其三，物流装备水平较低，各种运输方式之间装备标准不统一，物流包装标准与物流设施设备标准之间缺乏有效衔接。其四，我国粮食物流信息化、自动化、智能化水平较低，物流装备与信息技术结合不紧密。

四是粮食仓储设施较差。其一，粮食仓储容量严重不足。我国粮食仓储设施建设不能跟上我国粮食产业发展速度，粮食仓容不足现象在主产区尤其明显。如吉林省目前粮食产量稳定在700亿斤左右，仓房储存仅370亿斤左右，简易仓、罩棚及露天储存达530亿斤左右，粮食露天储存不仅加速品质劣变，同时也给安全生产、安全防火带来隐患。其二，仓储设施陈旧、“危仓老库”多。我国目前有1/3的粮食仓房是在20年前建设，还有一部分仓房是在20世纪50年代建成的，存在仓房老旧、条件差，不能安全储粮的问题。如河南省有效仓容达723.8亿斤，其中20世纪80年代及以前建设的仓房为193.5亿斤，需要报废重建。其三，民营企业建设的仓库标准较低。多数民营企业采用建设投资少、见效快的简易仓库从事粮食收购，仓房建设出现急功近利现象。

2. 推动粮食物流发展的对策

一是完善粮食现代物流体系。依托东北、黄淮海、长江中下游、华东沿海、华南沿海、京津、西南和西北八大粮食物流通道，对接国家综合交通运输骨干网络及枢纽布局，扩展、延伸和优化粮食物流重点线路，连接粮食进出口通道，完善全国粮食物流骨干网络。加强粮食物流节点和物流枢纽建设，整合布局一批资源整合能力强、运营模式先进、新技术示范的粮食现代物流园区，大力发展多式联运，构建互联互通的粮食集疏运体系. 促进粮食物流规模化、组织化、网络化、智能化、标准化发展，提高跨省粮食调运和进口通道衔接能力。鼓励大中型主食加工企业发展仓储物流冷链设施。

二是发展粮食物流产业园区。充分利用区域资源禀赋、区位交通优势、粮食产业基础等条件，发展供应链新型物流组织模式，深化产销衔接，整合优化存量设施，促进资源集聚，提高仓储物流运行效率。在粮食产业园区中结合粮食仓储、物流、加工、贸易、质检、信息等功能，注重多式联运和以运输单元标准化、专业化散粮运输为核心的多元运输功能建设，发挥中点项目的引领支撑作用。

三是推进粮食物流设施建设。加强铁路、码头、园区、企业等装卸设施、散粮接发能力提升，加强长江码头和其他内河码头等多式联运设施改造，加强平房仓高效环保进出仓设施安全节能环保改造，加强“散改集”、成品粮装卸设施、集装箱装卸设施等多元化运输改造，加强粮食物流信息化提升，促进粮食仓库、运输工具和中转设施之间的有效衔接，提高整体物流效率和物流能力。

复习与思考

1. 简述粮食种植区域的分布及其特点。
2. 简述粮食产销区分及其变动趋势。
3. 简述粮食供求区域的变化与发展趋势。
4. 试分析我国粮食品种供求分析及膳食结构的变化。
5. 论述我国粮食加工业的发展状况及区域分布情况。
6. 简述粮食物流通道的内涵及分类。
7. 简述粮食物流通道建设存在的问题及措施。

第四章
粮食产业集聚集群

加快粮食产业集群发展，依托产业园区建设提高各地粮食企业的空间集聚度，是推进粮食产业转型升级、跨越发展的必由之路。粮食产业集聚集群要以粮食全产业链融合为目标，以特色园区建设为抓手，着力推进粮食供给侧结构性改革，重塑产业链条，拓展新型业态，优化产业结构，实现粮食产业迈向中高端水平，为实现追赶超越发展和全面建成小康社会做出应有贡献。

通过本章的学习，主要了解产业集聚和产业集群的基本内涵属性；掌握粮食产业集聚和粮食产业集群的内涵、基本理论、发展模式及影响效应；熟悉近年我国粮食特色产业园区发展的经验成效；了解各地粮食产业示范县的典型做法与具体举措。

第一节　粮食产业集聚

一、 产业集聚的内涵

产业集聚作为一种经济地理现象，强调同一产业内各企业的集聚，即同一门类的众多企业在某个特定地理区域内高度集中，产业资本要素在空间范围内不断汇聚的一个过程。关于产业集聚的研究最早产生于19世纪末，1890年英国经济学家马歇尔在《经济学原理》中从产业专业化角度论述了产业区、内部经济和外部经济等相关理论。新经济地理学认为，产业集聚是相关产业经济活动在某个特定的地理区域内的聚集，是相关产业主体受到利益驱使向特定区域集聚或分散的过程，反映了空间和时间两个维度。

产业集聚区是指政府统一规划、企业相对集中、资源集约利用、溢出效应明显的区域，通常包括经济技术开发区、高新技术产业开发区、工业园区、现代服务业园区、科技创新园区、加工贸易园区、高效农业园区等。产业集聚区是以若干特色主导产业为支撑，产业集聚特征明显，产业和城市融合发展，产业结构合理，吸纳就业充分，以经济功能为主的功能区。产业集聚区的基本内涵主要是“四集一转”，即企业（项目）集中布局、产业集群发展、资源集约利用、功能集合构建、促进农村人口向城镇转移。产业集聚区是优化经济结构、转变发展方式、实现节约集约发展的基础工程。

二、粮食产业集聚的特征

粮食产业集聚是粮食行业立足产业基础和优势，积极实施“退城进郊”“退城进园”战略，加大招商引资力度，以龙头骨干企业为依托，以规模化精深加工为引领，大力培育产业聚集区，鼓励企业建园区、进园区，建成一批特色粮油产业园区，充分发挥粮食产业示范园带动产业经济发展。在粮食主产区，保障国家粮食安全、保护耕地是各省（自治区、直辖市）的政治责任。但是随着工业化、城镇化进程，各地产业发展、人口流入、基础设施建设不可避免地要占用土地。在新发展阶段，环境约束更强，资源供给更紧，粮食产业发展面临的形势将更加严峻，利用产业集聚的方式挖潜存量用地、节约新增用地资源、提升单位土地产出效率、优化土地利用供应结构与布局必然成为粮食产业高效发展必由之路。粮食产业集聚的特征主要体现如下。

第一，要突出“关联”。产业集聚不是孤立的，是联系的，是融合的，这是一个核心的问题。产业集聚不是各个企业简单的集中，而是各企业的链接、产城的融合、城乡的统筹，这是首先要把握的核心要义。因此，区内企业是否在生产要素共享、产业链衔接、物流配送、市场营销方面有关联，是产业集聚区与传统工业园区、开发区的根本区别。

第二，要推进“集中”。通过产业集聚区建设，来实现生产力的集中布局，促进资源的集约利用、生产要素的溢出效应凸显、污染物和废弃物的集中治理和综合利用，降低园区内所有企业的经营成本，增强竞争力。

第三，要“集约”发展。产业集聚区建设一定要体现绿色发展方式的转变，通过共享资源、减少物流配送环节、降低交易成本，真正体现“节约、循环、复合、紧凑”理念，实现集约化发展。

第四，要功能“集合”。“集合”要求产业集聚中要体现“产城一体”，产业聚集的产业功能要与城市功能融合起来，充分考虑与城镇发展的对接。粮食企业的发展要能够带动农民进城居住，实现人口流入、留住，以及城市公共服务、生活方式的扩散。

第二节 粮食产业集群

一、粮食产业集群的相关理论

1. 产业集群的内涵

产业集群是产业集聚的重要方式，它是由具有共性或互补性而相互联系的企业依托相关功能服务平台支撑而在空间上集聚，并形成强劲、持续竞争优势的经济群落。产业集群作为当代产业生存与发展最有效的组织形态，在集聚生产要素、优化资源配置、加快制度创新、营造产业生态环境等方面发挥着越来越重要的作用。

产业集群是现代行业发展的必然产物，是一系列具有经济关联性的企业、组织及机构组成的群体在地理上的集中。集群概念最早由韦伯于 1909 年提出，他将集群看作是在某一地域范围内彼此联系的集聚体。波特在《国家竞争优势》中论及产业集群，提出产生刺激创新效应的横向产业集群，以及产品连续加工的相关产业所组成的纵向产业集群对国家产业竞争优势的形成具有重要作用。

产业集群的重点在于不同产业的相互配合，分工协作。产业集群是指在特定区域中，具有竞争与合作关系，且在地理上集中，有交互关联性的企业、专业化供应商、服务供应商、金融机构、后勤保障机构等组成的群体。不同产业集群的纵深程度和复杂性相异，代表着介于市场和等级制之间的一种新的空间经济组织形式。许多产业集群还包括由于延伸而涉及的销售渠道、辅助产品制造商、专业化基础设施供应商等，政府及其他提供专业化培训、研究开发等机构，以及同业公会和其他相关的民间团体。

2. 粮食产业集群的内涵及构成

根据产业集群概念以及产业集群的聚集性、关联性、专业化和创新性等特征，再结合粮食产业自身的特殊性，将粮食产业集群定义为：在粮食产业生产具有比较优势的地区，以粮食种植业为基点，从农用生产资料（化肥、农药和农业机械等）、粮食育种等产前服务到粮食种植，再从粮食的种植向后延伸到粮食的加工与销售等关联产业，以及为粮食产业提供相关配套服务的物流、金融、研发、营销机构相互集聚而形成的集群现象。

粮食产业集群的构成主要是以种粮农户、粮食基地和粮食加工企业为主体，密切联系与粮食有关的服务商、供应商和专门机构，在共同享有信息、要素、技术和顾客的过程中，把和粮食产业有前向联系和后向联系的各个部分整合为一个有机整体。在这个有机整体中，各个不同的部分根据比较优势原则进行专业化分工，各司其职，形成相互联系和互相支撑的网络结构。如图 4-1 所示，种粮农户、粮食基地、粮食加工与流通企业是粮食产业集群的中枢；粮种、化肥和为粮食产业提供支撑的相关技术和信息服务是粮食产业的前向联系产业；粮食加工的相关设备加工、宣传和流通企业等是粮食产业的后向联系产业；这些产业增加了粮食产业的附加值并且拉长了粮食产业的价值链。科研院所、农业院校和金融组织等是与粮食产业发展相关联的支持性机构，为粮食产业集群的发展提供了智力或资金支撑。粮食产业集群发展到一定程度的时候，其与核心企业的关系就成为创新的关键环节。

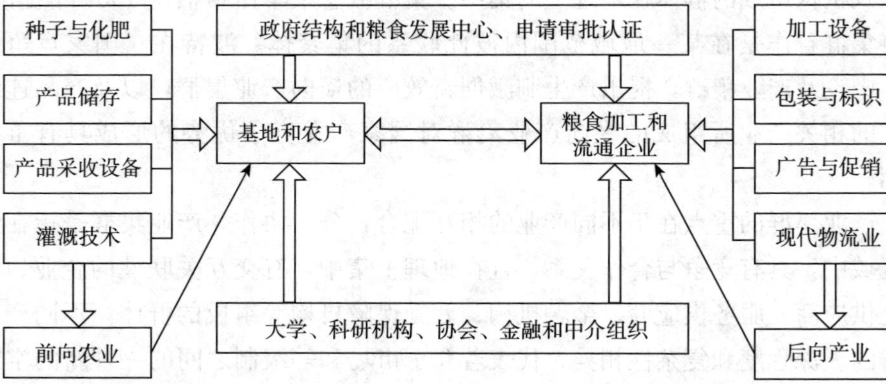

图 4-1　粮食产业集群的主体及相关支柱性产业

粮食产业集群的辅助层次是支撑体系，其中政府部门和集群利益的代表扮演着重要的角色。政府部门是可控环境因素的重要供给者。政府通过规定各种制度、颁布各种政策直接创建了制度环境与政策环境；通过对教育科研、基础设施等的投资，培育教育科研环境以及各类基础设施环境。集群利益代表同样可以在环境供给方面扮演重要的角色。集群利益代表是由若干主要企业或农户形成的机构，能够为集群的发展提供积极活动的行为主体。首先，集群利益代表可以通过游说政府部门，为集群制定有力的政策或提供必要的补助。其次，集群利益代表可以利用资本优势直接投资与集群产业相关的教育培训机构、科研机构和基础设施建设等方面。最后，最重要的是，集群利益代表直接参与集群形成因素的创造过程。

作为粮食集群基础层的主体，粮食种植农户处于粮食产业集群的最前端，是粮食生产的“第一车间”，为粮食关联企业提供生产原料。粮农生产能力的大小以及提供粮食质量的高低，直接决定着粮食加工企业及其他粮食关联企业的发展趋势和经济效益。可以说，粮食种植农户的行为、观念、技术不仅影响着企业最终产品的质量，也影响着粮食产业集群的发展。粮食加工农户和加工、销售企业是核心层次的主体。在市场经济中，形成产业集群的核心主体是企业，不仅包括制造商和垂直联系的上下游企业之间形成的供应商和顾客的竞争和合作关系，还包括既竞争又合作的水平联系企业。粮食加工业的深度决定着产业集群的深度，是粮食产业集群竞争优势的主要创造层。

3. 粮食产业集群发展理论

在粮食产业集群中，关联主体不仅包括专业化粮食供应商，还包括围绕粮食产业链出现的一些产后服务机构、农业协会、粮食贸易商会、金融机构等。粮食产业集群可以带来农业原材料、粮食产业资本、粮食技术、粮食人才、粮食物流设施等资源的空间积聚，形成外部规模经济效应，提高整个区域内粮食产业链的运作效能。当前各地建立的粮食产业园区为产业集群发展提供了空间载体，而区内是否具有行业领先的大型粮食企业发挥主导作用，成员企业之间是否形成紧密联系的产业链条，则是能否进一步形成粮食产业集群的关键。

二、粮食产业集群发展模式

1. 合作组织带动型

合作组织带动型的粮食产业集群是通过紧密连接经济实体、销售服务和科研开发等利益主体，促进科技与经济的结合，从而带动种粮农户进行专业化粮食生产，实现粮食的产、供、销一体化经营。与之同时进行的还有农村土地流转合作社。农村土地流转合作社是指在家庭承包经营的基础上，由享有农村土地承包经营权（或林地经营权）的农户和组织，为解决家庭承包经营土地零星分散、效益不高、市场信息不灵等问题，自愿联合、民主管理，把家庭承包土地（或林地）的经营权采取入股、委托代耕和其他流转方式进行集中统一规划、统一经营的农村互助性合作经济组织。

2. 龙头企业带动型

龙头企业带动型的粮食产业集群发展模式可以概括为“公司＋基地＋农

户”或“公司+农户”的形式。这种模式的粮食产业集群通常以具有比较强大的经济实力和辐射带动能力的龙头企业为主体。龙头企业与种粮农户通过合同契约或股份合作制等利益联动机制形成松散的或紧密的经营共同体，并共享利润、共担风险。其中，在整个集群中处于支配和主导地位的龙头企业带动种粮农户进行粮食的专业化生产，并最终将粮食的生产、加工、销售有机地结合在一起，实行粮食的一体化经营。在龙头企业带动型的粮食产业集群发展模式中，处于核心的龙头企业带动农户和粮食关联产业的发展，形成利益共同体。龙头企业、农户相互支持，共同发展。

近年，河南以优秀产业化龙头企业作为集群中的核心企业，打造了13类龙头企业带动的粮食特色优势产业集群：①以双汇集团为核心的全球规模最大、布局最广、产业链最完善、最具竞争力的猪肉产业集群；②以牧原集团为核心的全国最大种养结合、智能化生猪养殖产业集群；③以雏鹰农牧股份有限公司为核心的肉类高端品牌产业集群；④以伊赛集团、科尔沁牛业河南有限公司、河南恒都食品有限公司为核心的全国最大肉牛农牧一体化产业集群；⑤以河南永达集团为核心的肉鸡专用、专供食品产业集群；⑥以河南华英农业发展股份有限公司为核心的亚洲最大肉鸭养殖加工销售一体化产业集群；⑦以五得利面粉集团有限公司、益海嘉里金龙鱼粮油食品股份有限公司、中粮贸易河南有限公司为核心的面粉加工产业集群；⑧以想念食品有限公司、白象食品股份有限公司、河南省大程粮油集团股份有限公司为核心的高档营养面制品产业集群；⑨以思念食品有限公司、河南三全食品有限公司为核心的速冻食品跨国产业集群；⑩以正阳鲁花浓香花生油有限公司、濮阳训达粮油股份有限公司、鹤壁市淇花食用油有限公司为核心的花生油产业集群；⑪以河南蒙牛乳业销售有限公司、河南伊利乳业有限公司、河南花花牛乳业集团股份有限公司、科迪食品集团股份有限公司为核心的全国重要的健康乳制品产业集群；⑫以好想你健康食品股份有限公司、南阳张仲景大厨房股份有限公司、卫辉市通达果蔬有限公司为核心的果蔬产业集群；⑬以信阳文新毛尖集团有限公司为核心的信阳毛尖产业集群。

3. 区域经济增长极带动型

区域经济中的增长极是指具有推动性的主导产业和创新行业及其关联产业在地理空间上集聚而形成的经济中心。经济增长首先集中在具有创新能力的行业。这些具有创新能力的行业常常聚集于经济空间的某些点上，于是就形成了具有推动性的空间聚集特点的增长极。区域经济增长极带动型的发展模式是一种以点带面，以增长极为示范，同时辐射带动周边地区的发展。如山东省依靠粮食资源优势，打造了滨州、临沂、德州、威海等地区域粮油产业集群，支撑起其粮食产业第一大省的地位。

专栏 4-1 河南省打造粮食产业集群

粮食产业集群集聚发展是河南省粮食生产核心区建设的必由之路，也是实现河南省粮食产业做大做强、高质量发展的必然要求。根据河南省农业原材料、劳动力要素与自然地理禀赋特征，河南省各地市基于产业基础和发展规划，以核心区带动周边区域全面发展，打造若干分工协作、优势互补的现代产业集群。

一是面食产业集群，豫北、豫西发展以优质强筋小麦为原料的面条、面包加工企业；豫南淮河两岸发展以优质弱筋小麦为原料的饼干加工企业，郑州、周口、鹤壁、安阳、商丘等地市以小麦综合利用为主，优化产品结构，提高资源利用率。

二是肉制品产业集群，要重点围绕以漯河为核心的猪肉加工产业集群、以鹤壁为核心的禽肉加工集聚区两大集群，进一步优化产业布局与规划，提升产业集群的规模和层次。

三是速冻食品产业集群，郑州市以河南三全食品有限公司、思念食品有限公司、河南笑脸食品有限公司、河南四季胖哥集团、云鹤食品有限公司等企业组成速冻食品核心集群，焦作市以武陟县龙源冷冻食品厂、武陟县欣朝冷冻食品厂等企业组成 OEM 速冻食品生产集群，新乡市、封丘县组成外围集群，安阳市、商丘市、驻马店市形成周边生产集群。

四是推进许昌鄢陵食品产业园、商丘永城食品产业园等重点休闲食品产业园建设；以及南阳福森保健食品饮料、漯河功能型营养食品加工等重点特色化与功能化食品项目建设。

三、粮食产业集群效应

粮食产业集群对粮食产业发展的影响效应和作用机制主要包括以下几方面。

一是集聚效应。产业集群的集聚效应不仅能够通过集合各种生产要素和自然资源，有效地提高劳动生产效率，从而对比较优势产生正向促进作用；还可以通过在地理位置上扩大要素共享效应、溢出效应，提高知识创新能力，革新生产技术，优化生产要素配置，扩大产业群的潜在比较优势。

二是规模化效应。产业集群促使我国粮食生产资源往优势产区集中，增大了企业的规模，从而能够激发技术经济手段的有效创新，推进优势粮食产区的规模化生产，提高粮食产业的效率，进而促进粮食产业园的形成与发展。

三是专业化分工效应。产业集群形成的专业化可体现为两个层次：第一层是整个集群致力于同一产业，第二层是集群企业基于生产链的不同环节而分工生产。这种专业化分工生产不但可以铸就某一区域、某一产品的品牌价值，而且有利于不同区域、不同企业充分发挥各自的比较优势，在竞争与协作中扬长避短、共生共荣；更为重要的是，大量的企业横向集聚带来的外部经济性和规模经济，可以大大降低企业进入该行业的壁垒，提高原材料、资本、技能、劳动力的利用程度，扩展集群内企业的生存与发展空间。

四是资源整合的协同效应。粮食产业集群还强调区域发展要素和资源整合的协同效应。投入要素不仅包括一般意义上的资本、劳动力、自然资源，而且强调企业家资源的培育及其担当的作用，还有地方政府、行业协会、金融部门与教育培训机构对产业发展的协同效应。粮食产业集群除了积极寻求资本、技术、管理经验等要素作用外，更强调使区域成为有很强“学习能力”的学习型区域，使区域具有动态的竞争优势。

专栏 4-2　贵安新区特色生态食品加工产业园的集群效应

贵安新区遵循“高端化、绿色化、集约化”的发展理念，以改革创新的精神，践行新理念、开辟新思路、探索新模式，推进生态特色食品加工产业园建设，依托各城市功能组团联动性以及生态特色食品资源优势，重点打造“5+3”产业体系，助力全省打造千亿级生态特色食品产业，为巩固农村产业革命成果、决战决胜脱贫攻坚、接续推进乡村振兴做出贡献。

强基础，立足优势，大力发展粮油制品精深加工产业。凭借西南粮食城落户优势，贵安食品产业着力打造规模大、效益好的粮油制品精深加工龙头企业，形成每年原料加工和处理 40 万吨、各类主食化产品加工 3 万吨的粮食加工产业链。依托 10 万吨市级储备粮库、“贵州好粮油”线上线下展示中心、贵州省军民融合军粮供应信息化工程项目，推动园区做大做强。

促提升，发展中央厨房，推动区域餐饮集约化发展。贵安食品产业以贵州的酸汤火锅、酸汤鱼等特色餐饮为切入点，借助地域特色品牌优势，延伸上下游产业链，构建“生产基地＋中央厨房＋餐饮门店＋商超销售”的餐饮运营模式，形成年产荤、素菜品10万吨与速冻配餐产品2万吨生产能力的中央厨房产业；并依托园区冷链物流优势，进一步为周边学校、机关、部队等消费群体提供团餐消费服务，推动区域餐饮集约化发展。

拓发展，全方位发展方便休闲健康食品、特色畜禽肉制品。打造健康食品产业品牌。贵安食品产业着力整合培育以贵州酸粉为主打产品的方便米粉和粉丝加工产业，塑造贵州酸粉品牌。同时，依托“黔货出山进军营”资源优势，开发野外自热食品软包装主食系列、即食食品系列产品，以及基于罐头食品、脱水食品和压缩食品等形式的高营养耐贮藏军用野战方便食品。做深特色畜禽肉制品加工产业。重点发展优质冷鲜肉制品加工、进口牛肉精细分割、传统风味肉制品加工等产业，通过引进速冻、保鲜肉制品加工和进口肉分割保鲜加工领域的大型企业，精准招引一批建链、补链、强链、扩链项目，不断丰富产业业态。

贵安新区围绕“一品一业、百业富贵”发展愿景，加快引进食品产业项目落地建设，以高水平规划、高标准建设、高质量发展，打造贵安特色生态食品加工产业园。

第三节 粮食产业园区

一、 粮食产业园区的集群效应

以粮食产业园区为载体，可以利用地方政府优惠的土地、财税、金融支持政策，充分发挥资源优势和便捷的交通条件，吸引关联产业、配套产业、相关服务业形成粮食产业聚集，不断延伸产业链条，打造规模化、专业化、标准化、智能化的粮食产业集群，推动粮食产业经济高质量发展。

目前，我国粮食产业园区和基地建设加快、产业布局逐渐优化。各地大力推进大型粮油加工园区建设，产业布局进一步向粮食主产区集中，在主产区涌现出了一批具有特色的粮油加工产业园区或集聚区。东部主产区粮食产业园区普遍实现产值占本区域总产值的50%以上，中西部地区也涌现出一批特色产业园区。依托大型粮食企业，在粮食主产区、铁路、公路枢纽及港口等物流节点，建设一批规模大、功能全、科技含量高、辐射能力强的国家级粮食产业园区。积极培育园中园、共建园、特色园等新型园区，努力实现园区项目集中、资源集约、功能集成，提升园区现代化、规模化、集约化水平，将其建设成为粮食产业集聚集群发展的重要载体。

专栏 4-3 青白江粮食物流加工产业园区

四川省青白江现代粮食物流加工产业园区凭借便利的公路、铁路交通物流条件，依托大中型龙头企业集聚优势，形成粮食物流加工领域的“区位品牌”效应，不断吸引关联企业入驻，有效促进了粮食产业集聚、集约、集群发展。该园区位于成都市青白江区弥牟镇，地处成（成都）—德（德阳）—绵（绵阳）经济走廊的核心地带，园区毗邻西部铁路物流中心，宝成铁路贯穿全境，两条铁路专用线覆盖整个园区，具有便捷的公路、铁路网络，交通物流优势突出。园区目前已入驻世界500强企业新加坡丰益国际投资的益海嘉里米面加工项目、国家农业产业化重点龙头企业九三集团投资的食用油包装生产建设项目、北大荒集团投资的大米加工项目、民营上市企业湖南克明面业股份有限公司投资的面条加工基地项目等重点项目14个，投资总额达25.33亿元。园区一期项目全部建成投产后，可实现年加工稻谷76万吨、小麦108万吨、年分装玉米和高粱60万吨，年产食用油40万吨、饲料60万吨，年交易粮油及附产物340万吨，年货物吞吐量300万吨。园区的建设和营运有利于带动区域经济和现代粮食流通产业集约、集群发展，对确保四川乃至西南地区粮食安全有着重要的战略意义。

二、 粮食产业园区的发展趋势

作为支撑粮食产业集聚集群发展的空间载体和重要抓手，各地粮食产业园区要立足于健全粮食储备应急保供能力，突出抓好主责主业，全面加强对地方储备粮油的监管，落实市、区联管机制；要以加强项目建设作为突破口，落实好“藏粮于技，藏粮于地”，借助国家“优质粮食工程”“中国好粮油行动示范区”项目的有效实施，优化各地区粮食产后服务体系建设，发挥好国有粮食企业主渠道作用，打造成集“产、购、储、加、销”于一体的粮食应急保供综合服务体，发挥辐射服务作用。未来全国粮食企业将进一步加快向粮食主产区、粮食产业园区集中，产业集群化水平迅速提高。借助各地加快承接产业转移和产业集聚区建设浪潮，在地方政府优惠政策引导下，粮食企业和配套服务机构踊跃“退城入郊”，入驻粮食产业园区，形成粮食产业的集群集聚效应。

专栏 4-4 各地产业园区建设实践成效

安徽省：积极推动产业集聚，全省拥有食品加工、小麦加工、稻谷加工、玉米加工、糯米加工 5 大类 10 余个优质产业集群，为拉动当地经济社会发展增添新动力，全省粮食产业经济呈现出质量提高、效益提升的良好发展态势。安徽省充分发挥皖北等粮食主产区综合优势，重点发展专用小麦、玉米精深加工和大豆制品产业，着力打造长三角优质粮油加工集聚区。安徽省不断优化提升仓储、加工、物流、质检等配套服务功能，建设一批粮食产业经济发展示范园区，构建粮油加工业发展新格局。

山西省：建设杂粮物流园区，辐射带动产业扶贫。其杂粮种植区大多分布在国家级和省级贫困县，特别是在燕山—太行山区、吕梁山区等集中连片特困地区。针对该情况，山西省在集中连片特困地区布局集仓储、加工、物流、电商平台等为一体的杂粮物流园区，辐射带动杂粮产业扶贫。通过杂粮物流园区建设，解决制约杂粮产业发展的瓶颈，形成区域性杂粮收储、加工、销售集散地，建立“农户＋农民专业合作社＋基地＋龙头企业”模式，引导农民种植，促进精深加工，拓宽销售渠道，形成杂粮产业发展完整链条，推动贫困地区农民增产增收。

陕西省：先后建成了杨凌粮油食品物流产业园区、西瑞集团兴平粮油仓储物流加工基地、省储备粮华县直属库东秦物流产业园等项目，引导企业集聚集群发展。根据各地粮油资源禀赋、交通区位条件等，做好粮油食品加工区域布局。重点支持杨凌粮油食品物流园区、陕富集团富平粮油产业园区、商洛朝阳集团粮油产业园区等规模大、功能全、科技含量高、辐射带动能力强的粮油产业园区，努力把产业园区打造成粮油产业发展增长极。

湖南省：湖南粮食集团联合益阳市赫山区人民政府启动兰溪粮食产业园项目，以整合兰溪 200 余家大米加工企业产能、优化资源利用状况、延伸副产品米糠和稻壳综合利用产业链为驱动力，实行规模化经营、规范化生产、产业化运作，打造全新的融种植生产、收购储藏、综合加工、资源循环利用、现代营销于一体的现代粮食产业园。

第四节 粮食产业示范县

一、 粮食产业示范县的经验成效

依托优质粮食工程推进，我国近年支持计划建设了“中国好粮油”示范县389个。通过示范县的引领带动作用，一批龙头骨干企业做优、做强，一批好粮油产品和区域品牌形成较高知名度、美誉度，有效增加优质粮食供给，促进了农民增收、企业增效、消费者受益，有力推动了粮食产业高质量发展。

1. 怀宁县：打造“好粮油”供应链，促进粮食产业提质升级

近年，安徽省安庆市怀宁县高度重视优质粮食工程建设，以“增加优质粮食供给，促进农民增收、企业增效”为目标，扎实开展“中国好粮油”建设，通过提品质、增品种、创品牌，着力增加优质产品供给，粮食产业逐步走上高质量发展道路。

扎实推进，打造“好粮油”供应链。一是提升粮食生产能力。新增4.5万亩高标准农田，累计达到39.41万亩。二是培育产业化龙头企业。对市级以上龙头企业，以土地经营权等抵押融资的，按担保费的50%给予不超过50万元的补贴。对主营业务收入同比增长10%以上的，给予25%的贷款贴息。目前，全县共有龙头企业国家级1家、省级7家、市级10家。三是推进“中国好粮油”示范县建设。重点扶持安徽稼仙金佳粮集团股份有限公司、安徽省福宁米业有限公司两家企业，实施“中国好粮油”行动计划示范县建设，总投资7 588万元，中央财政补助2 330万元，县政府配套和企业自筹5 258万元。截至2018年6月底，建设优质粮食种植基地1.17万亩，订单农业基地10万亩；建设粮库2.8万吨，改造升级粮食加工生产线700吨/日。四是加强粮食仓储物流设施建设。重点支持怀宁省级粮食储备库等龙头企业，全县还建设了5家应急粮食加工企业、22家应急供应网，加强粮食安全保障调控和应急物流项目建设，提升粮食收储、物流、加工和应急配送能力。五是着力推荐公共品牌。构建“怀宁品牌+企业品牌”的粮食品牌体系，利用中央和安徽省对产粮大县的奖励专项资金，在高铁站、高速路高架以及融媒体上开展公共品牌宣传和产品推介，“稼仙”“福宁”已成为全国知名品牌。

多措并举，促进粮食产业提质升级。一是强化政策引领。采取补助、贴息、担保等手段，重点扶持粮食“五优联动”，明确扶持政策，扩大“稼仙”“虾稻香米”“闽福宁”等品牌在全国范围的知名度和影响力。二是突出典型带动。以设立粮食产业发展引导基金为抓手，对龙头企业在粮食种植、收购、加工、销售、物流等方面给予扶持。积极鼓励支持示范企业增品种、提品质、创品牌，提高企业生产集中度和品牌竞争力。努力推动龙头企业做强做大，切实发挥出龙头企业的示范带动效应。三是加强考核督导。把促进粮食产业发展纳入粮食安全行政首长责任制考核范围，把优质粮食工程和粮油精深加工、主食产业化纳入政府部门绩效考核细则，继续助力实施“中国好粮油”建设，做优做强“怀宁大米”区域品牌，积极争取中央预算及上级财政专项资金，在全县入统的购、销、加工企业中实行动态管理、落实激励奖补。

2. 讷河市：延长产业链条，促进粮食产业优化升级

近年，作为农业大县的革命老区黑龙江省齐齐哈尔讷河市紧紧围绕乡镇振兴战略，全力推进粮食产业经济发展，有力推进了农业农村现代化。

首先，延长产业链条，将优势资源转化为特色产业。讷河青色草原现代农牧业发展有限责任公司在农业生产、地力保护上实施规模流转、种植与经营实现新突破。2018年讷河市粮、豆、薯总产量跃居全省第三位，取得种植玉米亩产1 800斤、大豆亩产455斤的好成绩。建成“互联网+农业”示范基地32万亩，物联网覆盖农田51.6万亩，国家级绿色食品原料标准化基地发展到305万亩以上，绿色标识61个，粮食优质率超过80%，被评为国家农产品质量安全示范县。讷河市笙得利农业科技发展公司、讷河市福兴粮油有限责任公司形成12万吨大豆加工能力，产品全部出口欧美等国家和地区，并建成全省首家欧盟认证的大豆基地6.7万亩。同时，坚持市场导向，突出绿色、特色和品牌，推进农业“共营制”，组织农业供给侧联合体，落实企业原料基地，促进土地流转和规模经营，打造马铃薯和非转基因大豆主产区，创建绿色水稻、食用菌、小园粮等特色农产品优势区，每个乡镇建设1～2个典型示范村，让“一乡一业”“一村一品”成为讷河名片。

其次，“筑巢引凤”促发展，谋划产业“一盘棋”。讷河市把产业结构优化升级作为质量强市的主攻方向，充分发挥项目的“引擎”作用，抓住食品产业这个核心，围绕主导重点产业，在“粮头食尾”“农头工尾”上持续发力，建立产业项目库，加快引进一批科技含量高、带动能力强、税收贡献大的农副产品精深加工、秸秆综合利用等生态环保型产业项目。迎合当前市场对精酿啤酒的消费需求，在原讷河市三盛酒业有限责任公司生产传统白酒的基础上，引资1.1亿元建设年产2万吨高端精酿啤酒项目。抓住欧盟、美国药企及饲料企业对非转基因大豆粉的需求，引导笙得利公司投资5 100万元建设大豆膨化、压榨和豆油精炼3条生产线，年加工能力由2万吨提升至7万吨，原料基地由11万亩扩大至22万亩。

最后，鼓励农民创新，激发前行新动力。积极培育农民创业典型，鼓励农民工返乡创业，以带动当地劳动力就业。目前，创建农民创业示范基地10个，不断加强对农民创业就业的服务体系建设，并且搭建了四级网络化信息平台，确保农民在创业就业过程中得到全方位的优质高效服务，以此拉动乡村经济的快速发展，助力农业农村现代化。

3. 赫山区：打造优质粮油工程，加快产业转型提质发展

近年，湖南省益阳市赫山区粮食和物资储备局以实施乡村振兴战略为目标，深入推进粮食流通供给侧结构性改革，努力实现“优产、优购、优储、优加、优销、优服务”，连续跻身全国粮油工业百强县，并成功申报“中国好粮油”行动国家级示范县。赫山区粮食和物资储备局大力扶持粮食产业经济发展，率先在全市建立了现代农业示范基地，积极探索绿色有机、规模带动的农业升级之路。探索建立集智慧农业、生态循环、休闲观光、科技示范、稻虾稻鸭稻蛙等共生五位一体的集约集聚发展模式。全区发展13公顷以上的种粮大户、农民专业合作社等338户（家），承包面积达4.3万公顷，实现太阳能杀虫灯全覆盖和电子监控全覆盖，达到有机稻米从育秧、栽插、管理、收割全过程可视化，有效地保证了产品的质量可追溯。

赫山区实施绿色储粮工程，通过新技术、新技能的广泛应用，实现仓储库点智能化、生态化安全储粮，保证赫山大米的优良品质，让消费者吃到优质粮、新鲜粮、放心粮、安全粮。近年，赫山区粮食和物资储备局先后对湖南湘粮生态农业发展有限公司、益阳市赫山区国裕粮食收储有限责任公司等6家国有粮食收储企业近60万吨仓库进行了粮库智能化升级改造，建成了粮情监控、仓储信息管理、视频安防、智能出入库等粮库智能管理系统，省、市、县三级监管平台互联互通，基本达到了安全、绿色、生态储粮需求。

在绿色优质粮油产品消费渐成主流的形势下，赫山区以“赫山兰溪大米”农产品地理标志为抓手，加快粮油产品供给绿色化、优质化、特色化建设，提升品牌形象和品牌溢价。2017年，益阳市佑林米业股份有限公司、益阳市朱洪米业有限公司等5个品牌获第十五届中国国际粮油产品金奖，“赫山粮油”品牌的美誉度和知名度稳步提升，畅销广东、福建、云南、上海等10多个省外市场，年销往省外的粮油产品达80万吨。

二、粮食产业示范县的重点举措

一是持续加大对粮食产业示范县的扶持力度，提高示范县粮食综合生产能力。完善粮食主产区和示范县的利益补偿机制，合理评估示范县为保障粮食生产而错失发展机遇应得的补偿标准，按照“谁受益，谁补偿”的原则，由中央政府、各级粮食调入区政府、粮食调入区占用耕地单位等多元主体共同承担补偿责任，以示范县粮食调出量为依据分配补偿资金。提高国家对于示范县的奖补资金，用于支持农业发展。提高高标准农田建设标准，提升示范县农业基础设施水平，设置专项资金用于农业水利灌溉渠道管网的维护。通过强化政策扶持，完善示范县利益补偿机制，促进区域协调发展，提高粮食主产区和示范县综合生产能力。

二是以建设国家粮食安全产业带为契机，把粮食资源优势转化为产业优势和经济优势。示范县不仅需要利用现代科技、物质装备和经营方式确保粮食的稳产增产，还要推动粮食产业提质增效和提档升级，实现高质量发展。利用现代信息技术和电商平台，构建高效的市场监测体系、仓储物流体系和营销体系，坚持延伸产业链、提升价值链、打造供应链，实现“粮头食尾、农头工尾”，发展粮食精深加工，形成第一二三产业融合发展的农业全产业链融合发展格局，补齐示范县经济社会发展短板，提高地方财政收入和农民收入水平，提高示范县政府和农业生产者投入粮食产业的积极性。

三是建立小规模兼业农户离农机制，推进适度规模经营。从细碎化经营走向适度规模经营是解决我国“三农”问题的根本出路，当一个从事农业经营的家庭收入水平达到非农就业家庭的收入水平时，这个家庭的劳动力就会在农业中稳定下来，成为职业农民，此时的农业经营规模就是一个临界规模。只有达到或超过这一规模，农业经营成为农业家庭赖以生存的收入来源，农户才能够重视并加大对于农业经营的投入，从而提高产出效率。因此，加强顶层制度设计，建立小规模兼业农户离农机制，是改变目前示范县农业小规模经营问题的重要路径。逐步减少对于小规模农户的农业支持，消除粮食补贴的收入效应；要加强农村基础教育和职业培训，使农民获得知识、技术和技能，提升小规模农户的人力资本，提高农民获取非农收入的能力，为农民进城创造更好的制度环境、更多的就业机会，吸引入城农民在城市中长期稳定生活。

四是优化粮食补贴政策，保护粮食生产者利益。粮食补贴中的价格补贴政策对于提高种粮农民收入有直接影响，但以最低收购价为代表的价格补贴政策受到了 WTO 规则“天花板”的约束。在粮食产业示范县尝试改革增加直接补贴，将补贴从流通领域转向生产领域，保护粮食生产者利益。创新粮食直接补贴发放形式，按实际粮食种植面积或产量确定农户补贴标准，让真正种粮的农民能够享受到粮食补贴，提高粮食生产者收入和种粮积极性。持续增加适度规模经营补贴，按照种粮大户、家庭农场、农民专业合作社等新型经营主体的流转土地面积为基准，进行重点倾斜和专项补贴，使补贴资金能够真正对粮食生产发挥激励作用。

复习与思考

1. 简述粮食产业集聚和粮食产业集群的内涵。
2. 简述粮食产业集聚和粮食产业集群的区别与联系。
3. 简述粮食产业集群发展模式。
4. 试论述粮食产业集群的效应。
5. 粮食主产省粮食产业集群政策有哪些？
6. 当前粮食产业园区和粮食产业示范县的建设经验都有哪些？

第五章
粮食产业联动融合发展

粮食产业从农田的种植，到企业的收购、仓储、加工，再到市场的运输、销售，串联了第一二三产业的“产、购、储、加、销”各环节，具有以“三链协同”为导向、推进“第一二三产业融合”、实现“五优联动”的先天优势。推动粮食产业各环节上下联动，促进粮食种植、加工、流通融合发展，是提升粮食产业经济效益，在更高层面上保障国家粮食安全的必由之路。

通过本章学习，主要掌握粮食“三链”协同，第一二三产业融合“五优联动”的基本概念、理论规律、发展趋势及实践探索；熟悉当前粮食产业联动融合中存在的问题；深入理解推动粮食产业链向中高端升级、向上下游延伸、向注重质量效益转变的实现路径和具体举措；探索构建现代化粮食产业体系的具体对策。

第一节　粮食“三链协同”

一、延伸产业链

1. 粮食产业链的基本理论

1958 年赫希曼在《经济发展战略》一书中最早论述了产业链的概念。产业链是指各个产业部门基于特定的技术关联、逻辑关系和时空布局而形成的前、后向关联关系与网络结构形态。产业链理论强调产业链条的延伸拓展，既包括向上游延伸到基础原料生产环节和技术研发环节，又包括向下游拓展到流通渠道和市场销售环节。

具体到粮食产业链，特指以粮食产品为核心，由粮食龙头企业通过整合上游生产环节、中游加工物流环节以及下游销售环节等形成的相互联动的链状组织。粮食产业链主要是以大型粮油加工企业或流通企业作为核心，由政府和众多的专业化服务机构共同参与形成平台服务，在粮食生产与消费、生产与流通、流通与消费等环节之间形成紧密关联的链环，并通过链环的增加、延伸、提升、整合，形成贯通粮食产业全过程的协同效应和聚合效应。

粮食产业链反映了粮食产品从原粮种植到消费者的价值增值过程，是价值发现、传递和创造的过程。围绕粮食产业链的物质、信息、价值交换关系，相关经济主体（加工企业、经销商、物流商、农户等）之间对链条的收益分配、成本管理、风险分担等进行动态博弈。粮食产业链和价值链共生于粮食产业中，相互融合、促成一体。粮食“三链协同”的实现形式和融合程度直接相关到我国粮食企业是否具有竞争力，粮食产业是否强大、优化，以及国家粮食安全战略是否稳固。

2. 延伸粮食产业链的意义

国际四大粮商美国ADM、美国邦吉、美国嘉吉和法国路易达孚之所以能够掌握着全球80%的粮食进出口，形成近乎世界垄断地位，就在于其采取了纵向一体化联合的方式，掌控着从田间到餐桌的粮食全产业链体系，进而控制资源、获取信息、掌握价格来获取超额利润，并将这种模式拓展复制到各个产品领域。我国粮食产业经济要做大做强，也必须通过纵向延伸粮食产业链的形式培育大型粮商，提高粮食产业的盈利能力和竞争力。

众所周知，粮食种植、收储环节的增值额低于加工环节，而初级加工的利润率又要低于粮食精深加工和销售等服务业。近年，随着居民生活水平提高，人们对营养、健康、绿色、优质粮食产品及其配套服务的需求要远高于初级农产品。因此，无论是从适应市场需求角度，还是从提高行业盈利空间层面来看，粮食产业链向工业、服务业、消费端延伸是必然趋势。

3. 延伸粮食产业链的路径

粮食产业链的延伸主要包含三条路径：一是纵向拉长产业链。通过发展粮食产品的精深加工，开发衍生产品，循环利用资源，使粮食产业链向具有增值能力的后端环节延长，逐步增加下游产业链的长度及其在整个粮食产业链上的比重。例如，通过发展粮食循环经济，依靠低碳低耗、循环高效的绿色加工技术，可以有效提高粮食综合利用率和产品附加值；通过积极培育和引进粮食龙头企业，带动发展关联配套企业，建立加工贸易产业链。二是强化和补充粮食产业链的薄弱和缺失环节。当前，我国粮食产业链各环节的互动性和协调性不好，环节之间不匹配造成联结效应弱化。因此，应从粮食产业链的完备性出发，强化和补充薄弱和缺失环节，使粮食产业链能环环相扣，实现生产要素的有机整合。三是增加粮食产业链的紧密程度。以粮食产业链上的加工环节为中心，发挥产业集聚效应，降低粮食产业链上产品、信息、知识、资本等要素的交易成本。

总之，当前世界粮食产业竞争不再是某一生产单位或产品的竞争，而是粮食产业链整合带来的技术、规模、品牌等产业链合力的竞争。粮食产业链的延伸不仅有利于降低粮食企业的生产成本、打造“区位品牌”，而且能够促进产业创新氛围和新型企业集团的出现，是提高整个产业链的运作效能的关键。

二、提升价值链

1. 粮食价值链的概念

粮食价值链是指粮食企业为给顾客生产有价值的产品或提供有效劳务所开展的一系列创造价值活动的集成。粮食企业各种相互关联的“经济活动”或称为“增值活动”，构成了一个创造价值的动态过程，即价值链。

粮食产业联动融合的本质目的是使具有连续价值增值功能的上下游各项经营环节协调优化，使得产业由价值链低端向中高端升级，提升整个产业的价值增值。粮食加工或物流企业作为价值链的核心，为了降低原粮的收购成本和提升成品粮的销售价格，需要不断向链条的种植环节或消费环节拓展。这些核心企业基于产业链的收益分配与其他经济主体进行动态博弈。政府一方面要保障农户和消费者的利益，另一方面要扶持企业做大做强，所以又从政策支撑、资金扶持、直接投资等方面进行政策干预与引导。这些经济主体根据自身在价值链中的相对适应性来选择和调整各自的策略，最终达到动态平衡。

2. 粮食价值链提升的理论规律

根据产业结构升级理论，粮食产业的价值链提升规律为相关要素资源沿着粮食种植业—粮食加工业—粮食仓储与物流业—粮食销售业逐步向产业下游环节转移。这种规律的原因主要在于第一二三产业之间相对收入的差异。粮食产业涉及“产、购、储、加、销”第一二三产业全过程，在从生产到销售的粮食价值链上，越靠近消费端，利润率越高。农业的投资报酬要远低于具有“规模报酬递增”特征的工业和服务业；粮食种植、收储环节的增值额低于加工环节，而初级加工的利润率又要低于粮食精深加工和销售等服务业。以小麦产业链为例，有数据显示，把小麦加工成面粉可增值为原粮的1.2倍，加工成挂面增值到原粮的2.4倍，制成方便面增值到4.8倍，加工成锅巴增值到原粮的5.2倍，加工成饼干增值到原粮的5.9倍。随着居民生活水平的提高，人们对粮食精深加工产品和无形服务的需求要远快于初级农产品。总之，第二三产业的生产效率和利润率比农业利润高得多，粮食价值链由农转工、再由工转商提升是必然趋势，粮食价值链提升的目的就是以高附加值、高效益、高利润的粮食产品支撑粮食产业良性循环发展。

3. 提升粮食价值链的路径

作为第一产业的粮食生产环节中，价值链提升的关键是农业适度规模化经营。只有适度规模化经营，才能推进农业生产走向信息化、机械化、标准化，从而打造安全、优质、高效的现代农业产业集群。农业种植效益提升还要依靠农业科技进步，通过科学选种育种、基因改良等提升农产品的品质，为下游加工提供品质优良、品种统一、质量稳定的优质粮源。

作为第二产业的粮食加工环节，价值链提升的关键是整合粮食科技、资金、人才、信息等行业资源，打造粮食加工业的科技创新链，突破粮食产业过去“三低”（低成本、低效益、低技术）粗放发展方式，促进粮食产品的高新技术成果落地。建立高校—企业—消费者的产学研联盟，研发粮食深加工专有技术。中央、地方政府需要出台支持政策，促进粮食加工核心企业迅速发展，引导粮食科技创新，打造好粮油品牌，获得相应超额收益。

作为第三产业的粮食流通等服务环节，关键是通过发展购销服务、融资服务或休闲观光农业、连锁商超、餐饮等现代服务业与现代农业的融合，为农资供应商、粮食生产者、粮食物流企业、粮食零售企业等经济主体持续带来产业链增值的机会，统筹配置各环节资源，实现第一二三产业融合发展中产业链条效益的最大化。

三、 打造供应链

1. 粮食供应链的内涵与特点

供应链是指围绕核心企业，从配套零件开始，到制成中间产品与最终产品，最后由销售网络把产品送到消费者手中，将供应商、制造商、分销商、最终用户连成一个整体的网链结构。供应链的本质是将企业的生产活动进行前伸和后延，它的始端是供应的起点，尾端是消费的终点。

粮食供应链有狭义与广义之分：狭义的粮食供应链是指粮食企业与其供应商、分销商、物流服务商建立最佳合作伙伴关系；广义的粮食供应链是指以粮食物流为中心，包括种子化肥生产商、农户与农业种植公司、粮食加工企业、粮食经销企业、粮食物流服务商及最终用户在内的物流、信息流、资金流网络。总的来说，粮食供应链是指在粮食生产和流通过程中，从农业生产资料的采购、到农业种植、再到粮食加工，最后到将粮油食品及相关服务提供给最终消费者的网链状流程结构，如图 5－1。

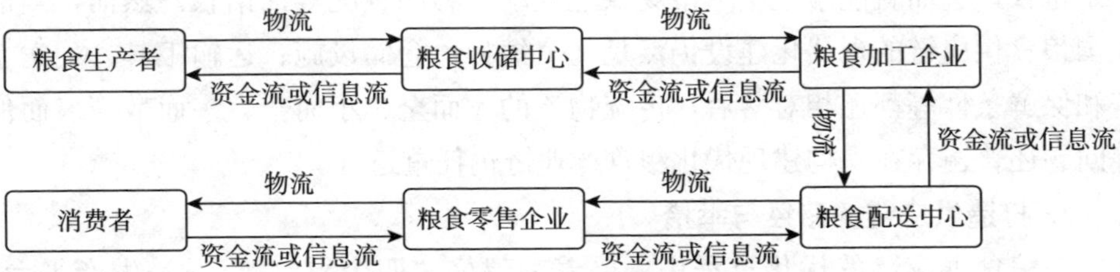

图 5－1　粮食供应链的流程

粮食供应链的特点主要有：一是粮食供应链属于有效性供应链。有效性供应链是以最低的成本将原材料转化成零部件、半成品、产品，以及在供应链中的运输等。因此，粮食供应链的经济目标应该是关注的重点。二是粮食供应链的时效性要求较高。粮食加工企业生产是连续性的，收购却是季节性的；粮食生产是地域性的，消费却是全域性的；粮食产品的有效存储期较短，但是消费者对品质要求却不断提高。这就要求粮食商品产出以后，必须在保质期内及时流通售出，确保粮食产品社会价值和经济价值的实现。三是粮食产业的特点决定了粮食供应链具有复杂性、动态性、快速性、交叉性的特点，众多的上下游企业必须形成更为密切的战略伙伴关系。

2. 打造粮食供应链的意义

打造稳固而安全的供应链对于粮食产业经济发展和国家粮食安全至关重要。顺着供应链从上向下看，种植环节中优质的种子品种、标准化的种植模式、严格的质量监控确保了原粮的绿色、优质；储运环节中先进的仓储条件、科学的环境控制、高效的物流配送保障了各家企业均能获取优质原料；加工环节的链条延伸实现人、财、物、资源的梯度挖掘和利用，为产品增值和满足高层次需求打下坚实基础。逆产业链从下往上看，粮食供应链末端的餐饮、商超等服务业直接面对消费者，在获取较高利润率的同时，能够切实感受消费者需求与习惯的变化，从而为上游加工业和储运业提供产品研发或品种结构调整的方向指引。加工储运环节的结构变化进一步反馈到育种、种植基地或种粮大户，使生产种植环节及时跟上市场革新步伐，更新优化粮食种植品种和质量。

近年，我国粮食供应面临需求刚性增长、资源环境约束趋紧、粮食增产难度提高等挑战。在气候变化影响日益加剧背景下，保障粮食供应链稳定的压力也在加大。在粮食等大宗商品领域有一个定律，即谁掌握了供应链，谁就拥有了定价权，进而就能掌握整个市场供应变动、利润分配等话语权。然而，当前我国粮食供应链的现代化建设仍然是一个短板，仓储设施、运输工具、配送系统和保鲜条件等都还相对落后，传统物流的大而全、小而全、多而散、多而低等问题还普遍存在，构建现代化粮食产业链仍任重道远。

3. 打造供应链的路径与举措

在粮食供应链的优化过程中，要着力建好“四个平台”：一是生产平台，打造一批专业化、标准化的粮食生产和加工基地，实现统一生产和统一管理。二是市场平台，建好粮食批发市场，引导小规模的粮食批发商通过重组合并，形成大型粮食批发集团，与农户、合作经济组织和加工企业组建购销联盟。三是信息平台，构建基于电子商务网站的信息网络系统，实现粮食生产基地、加工企业、物流企业、粮食批发市场的信息共享。四是机制平台，在粮食产业链的各经济主体之间建立有效的利益分配机制、激励约束机制和信任机制。粮食供应链通过各种物质、产品、信息环环相扣的循环往复，不仅可以大幅度提升资源利用率，节约供应链流转成本，提高产品质量；而且在此过程中服务业、加工业环节获取的利润能够通过各种惠农、支农政策，快速反哺到种植环节中，促进农民增收，最终实现以粮食供应链的良性循环促进粮食产业的可持续发展。

打造供应链的具体举措主要有：一是整合提升粮食物流网络。加快铁路专用线、散装车辆、码头及粮食接发散粮设施建设，做到中转库与储备库之间，铁路、公路、水路运输方式之间散粮运输的无缝连接，实现三种运输方式的连接和互动，为实现粮食流通“四散”作业提供设施保证。二是建立海外粮食生产基地或供应链。在“一带一路”倡议背景下，我国应进一步面向发展中国家寻求粮食合作，通过土地使用权租用、合作开发、粮食期货等多种方式，建立多元、长期、稳定的海外粮食生产基地或供应链，借助国外耕地、水源、粮食资源提升我国粮食供应链韧性。三是建立有中国特色的粮食应急供应网络。借助国家项目资金，建设应急成品粮等物资收储仓库、采购网点、应急加工企业、应急销售网点等，使得粮食供应链面对突发情况能够快速反应、科学调度和精准调控。

四、“三链协同” 路径

粮食产业链、价值链、供应链三者是一个有机联系的整体，不仅要分别做大做强，而且要实现“三链”在作业流程中的协同提升、在空间布局上的协调分布、在动力机制中的互相赋能。坚持“三链协同”，价值链是根本动力，只有将粮食产业的价值增值额在产、购、储、加、销各环节间合理分配，以科技创新推动粮食行业技术进步，才能有效激发市场主体的经营活力；产业链是支撑体系，以粮食产业链向上下游整合延伸带动价值链增值和供应链保障；供应链是最终目的，通过粮食产业价值增值和产业链完善可以全方位提升粮食（应急）保供能力，在更高层次上保障国家粮食安全。

“三链协同”的实现路径主要有：一是全方位延伸产业链。不仅要继续通过发展粮食产业化和粮油深加工，在加工环节延伸产业链，还要强化前向联系，向产前的投入品环节延伸产业链；不仅要纵向延伸产业链，还要围绕产中环节横向延伸服务链，把农业社会化服务囊括在内；不仅是延伸产业链和服务链，还要开拓新的业态和市场空间，多元化扩大粮食的增值领域。二是产业链整合带动价值链和供应链升级。要围绕小麦、玉米、稻谷和油料等大宗粮油产品，推动产业链由低附加值的产中环节和初加工环节，向附加值更高的产前研发和产后精深加工环节攀升，比如生物育种、生物医药等；同时要更加注重做好粮食市场和流通的文章，注重物流配送和产品销售，强化粮食供应链。促进产业链由线性的“单链”向非线性的“网链”转变，实现粮油产品多层次增值。三是促进三链融合化发展。以核心企业为引领，以产业集聚区、批发市场、农民专业合作社和区域品牌等具有市场优势的载体为主导，把分散的粮食经营主体、分散的环节和产品有机联结起来，打造一批具有规模效益和市场优势的一体化企业、产业联盟等。

专栏 5-1　崇州粮油储备公司的延链增值探索

四川崇州粮油储备有限责任公司是一家集粮油收购、储备、加工、销售、规模化种植为一体的综合性国有独资企业，具备中央储备粮和四川省省级储备粮（油）承储资格，承担了各级储备粮承储任务。近年，公司在确保各级储备粮安全的前提下，确立了立足储备、大力发展大米加工、建立营销网络、打造品牌、拓展农业规模化种植和观光服务的延链增值发展方向。具体举措成效包括如下。

参与规模种植，稳定粮食来源。从 2003 年起，公司开始在本地粮食种植区域试行优质稻谷订单收购，掌握粮源，再以企业身份主动参与粮食适度规模种植，大面积成片流转经营农村土地，与种粮大户、土地股份合作社广泛开展订单种植合作等。通过多点建立优质粮食种植基地，实现了适度规模下品种、技术、质量的统一，为粮食产业化提供了稳定的粮源，也为农户、合作社增收创造了条件。

加强院企合作，创立品牌形象。2009 年开始，公司与四川省农科院加强合作，在农业农村部水稻专家和研究团队的指导下，历时 3 年成功开发出富硒大米高端产品，经农业农村部农产品监测中心监测，加工优质富硒大米品质好，顺应了消费者对健康生活的需求，并连续三年获得成都市科技局示范项目支持。

做好多元化种植，增加经济收益。公司从 2013 年起，在农业专家指导下，将核心区 400 亩菜籽进行美化栽培造型，公司加强田间管理，油菜长势壮观，历年成都市油菜花节期间均吸引了周边大量游客观光、赏花，有效地增加了当地农民的经济收益。2014 年，公司探索在 10 万亩种植基地试行稻田养鱼、养鸭共生模式取得了成功。当前，公司核心区域养殖品种包括鳖、乌鱼、蟹、红田鱼、草鱼、鲫鱼、鲢鱼及稻田养鸭，面积 300 亩，为全国稻田综合种养现场会参观现场。

第二节　粮食一二三产业融合

一、 基本概念

1. 基本概念

随着经济全球化的不断推进，各产业间的联动与融合变得更加的频繁。粮食一二三产业融合是指在同一条粮食产业链中，以粮食生产为基础、加工运输为中介、销售为核心、信息业为配套，不同产业层次间相互渗透融合的粮食产业形态与增长方式。粮食产业具有串联第一二三产业的先天性优势。粮食从农田的生产种植到工厂的仓储加工再到市场的运输销售，正好横贯了第一二三产业，连接了城市与农村，服务生产与消费，在国民经济中具有特殊地位。粮食一二三产业融合聚焦企业经营形态创新，牢定粮食产业结构优化升级目标，依托企业市场竞争力增强，力求打破传统企业、行业间的界限，实现资源的流动与重组，推动产业一体化。

推进粮食一二三产业融合发展，是主动适应经济发展新常态的重大战略举措，也是加快转变粮食产业发展方式的重大创新思维。一是有利于拓宽种粮农民增收渠道，引导农民和企业深度联合，向产业链下游寻求盈利空间，分享产业融合的红利。二是有利于构建现代粮食产业体系、生产体系、物流运输体系、终端销售体系，加快转变粮食产业发展方式，探索中国特色农业现代化道路。三是有利于在产业融合中探索培育粮食新产业、新业态、新模式，形成国民经济新增长点，顺应国内外经济新常态趋势。

二、 做强第二产业

1. 做强第二产业的意义

粮食加工环节的附加值高、盈利能力强、承上启下联结产销两端，在粮食一二三产业融合中发挥着核心引领带动作用。国家粮食和物资储备局统计资料显示，粮食产业中食品及副食加工的销售利润率最高，全国平均为19.5%（不含酿酒），而小麦粉和植物油的销售利润率分别只有2.6%和2.1%。以粮食加工为中心环节，引领上下游紧密统筹联动，构建第一二三产业交叉融合的现代产业体系，是粮食产业高质量发展的必然要求。

2. 第二产业存在的问题

国外粮食加工企业大多走产—加—销产业链一体化的道路，通过控制从种子、粮源到收购、贸易的跨国供应链，以提高抗风险能力和竞争力。然而，当前我国粮食加工企业很少涉足粮食收购、物流、贸易、深加工等延伸环节，产业链短，抗风险能力弱。粮食加工总体上还处于“农业生产什么、工厂就加工什么、市场上就卖什么”的初级阶段。

第二产业的加工企业与第一产业的粮农只是单纯的买卖关系，没有形成多主体之间的利益分享机制。一方面，粮农在种植决策中缺乏品种改良的指引和激励，仍以种植普通品质粮食为主；另一方面，农业所提供的原料在品种、品质、规格等方面不能适应加工企业日益增长的优质原粮要求，产品利润率比较低。因此，粮食一二三产业融合亟须做强粮油食品加工业，依托加工企业强大的资金、技术、人员实力，引领带动粮食生产、加工与市场的深入融合，实现粮食价值链增值的最大化与产业链布局的合理化。

3. 做强第二产业的路径方式

做大做强粮食加工业首先应培育市场主体，通过产权制度改革和企业兼并重组，采取内涵改造、低成本扩张、本地企业联合等办法，培育一批粮食加工和购销龙头企业，引导发展一批专、精、特、新型粮食企业。其次，立足于科技兴粮、科技强粮，加强产学研结合，鼓励建立企业技术研发中心，加强与科研单位和大学院校的技术合作，从政策、资金、人力方面积极支持粮食科技创新，进而带动粮食产业经济向更高层次发展。最后，为粮食加工企业发展提供更多融资支持，立足粮食企业难点、痛点，利用政策粮融资渠道、供应链融资等多种方式帮助企业进行投融资。

三、 带动第一产业

1. 带动第一产业的意义

粮食加工或流通企业凭借资金、渠道、技术优势向产业链上游延伸，覆盖农业种植环节，不仅可以引导带动农业生产规模化、提质增效，带动农民增收致富；而且可以把控农产品原材料质量，控制稳定的优质粮源，避免原材料价格波动和品质缺陷，增强加工物流环节的增值额。

当前粮食企业主要通过土地流转、土地租赁、土地股份合作等方式对接协作新型农业经营主体，通过定向投入、专项服务、良种培育、订单收购、代储加工等方式，建设原料基地，引导“优粮优种”。粮食企业通过引导农户和新型农业经营主体开展适度规模种植、统一优良品种、推广先进生产技术、拓展销售渠道，不仅有效保障了农民种粮积极性，而且满足了企业自身对稳定优质粮源的需求，推进了企业、农户、新型农业经营主体的合作多赢。据国家粮食和物资储备局数据统计，截至2018年年底，全国粮食企业建立优质粮源基地面积达6 969万亩，关联带动农户数达1 296万户。

2. 加工带动种植的主要模式

粮食龙头企业主要通过“企业＋订单＋农户”“企业＋基地＋农户”“企

业＋合作社＋农户”等形式带动粮食种植业发展。

一是“企业＋农户”模式。作为初始阶段的产业化经营模式，企业通过乡镇政府或行政村，将订单直接签订到农户，并按合同规定的收购价格（或收购加价幅度）、收购方式、收购时间、收购地点、粮食质量标准等内容将订单粮食收购入库。粮食企业有两种类型：一种是加工企业，目的是通过订单获取稳定可靠原料。另一种是购销企业，收购后出售赚取差价，或事先寻求销售市场以满足粮源需求。这种模式的突出问题是企业和农户很难结成利益共同体，在市场形势多变的情况下，企业和农户无法应对粮食价格的剧烈变化，订单履约率较低。

二是“企业＋基地＋农户”模式。由粮食企业将农户的土地租过来，或承包大型农场，建立自己的原料生产基地，然后再把土地倒包给农民。企业统一引进种子，统一经营管理，统一技术指导，统一田间管理，统一收获。农民严格按要求操作，按承包土地的数量和粮食产量、质量获得劳务报酬，生产出的粮食归企业所有。农民事实上变成了从企业领取工资的工人。基地建设所需土地可以由地方政府做中间人向农民租赁，把农民的耕地经营权有偿租赁给公司，农民定期向公司收取租金。这种模式不仅有效解决了农民缺资金、缺技术、缺信息的困难，还为农户避免了自然灾害风险、市场风险及技术风险。

三是“企业＋合作社＋农户”模式。农民自发或在政府引导下，通过入股的方式组织起农民专业合作社，从事粮食生产、收购、运输、储存和加工等一体化经营。农民专业合作社作为产业化经营组织，具有明显的专业性、群众性、自助性和互利性。农民既是粮食生产者，又是加工、销售、服务合作组织成员，成为产业化的主体和主人。

四、延伸第三产业

粮食加工与流通企业依托自身仓储、加工、原材料、产品等优势，积极拓展物流、营销和市场网络等服务业环节，着力打造绿色、有机的优质粮食供应链。鼓励粮食龙头企业发展休闲观光农业、中央厨房、品牌快餐连锁、连锁商超等高附加值服务业，促进粮食产业经济规模化、集约化、体系化，丰富产业生态，拓宽销路，提升产业附加值，延伸粮食产业价值链。

1. 收储服务加工

福建、吉林等地粮食收储企业与加工企业联合，针对储备粮轮换量大、新旧价差大、财政负担重等问题，探索实施了“储加结合”“成品粮公共库”等合作模式。一些骨干收储企业发挥其储藏设施完备、储粮技术先进、承接联系供销两端的优势，拍卖带储备指标的仓容给加工企业，按照加工厂要求代收、代储特定优质粮食品种，提供市场化服务，按照协议收取费用。收储企业保有粮权，加工厂拥有使用权，提货价格根据入库价、价差补贴、装运损耗、合理收益率等确认。一些粮食企业积极提供"产后综合服务"，参与承担政策性粮食收储业务，参与粮食仓储物流设施建设，在粮食主产区和粮源基地广泛建立产后服务中心，为生产者提供"五代服务"。

2. 发挥品牌效应

品牌是粮油食品品质信息要素的载体和标识，品牌建设在粮食产业链中处于最下游、最末端，但是也最靠近市场，能够及时反映消费端结构变化和市场价值规律的作用。抓好品牌建设，一方面可以给予消费者可靠的质量保证和个性化满足，有助于消费者选购和识别；另一方面能够倒逼粮食产业的标准化、绿色化、科技化水平，增强整个产业链的附加值和竞争力，是提高产业利润率的重要抓手。品牌效应可以有效提高产品的销售价格，创造更高的利润空间。例如，市场上普通大米售价在 2 元/斤左右，而"五常大米"由于其地理资源优势、加工工艺优势形成了突出的品牌效应，带动市价高达 6～30 元/斤，有效提升了稻米产业价值链。

近年，各地粮食企业以品牌建设作为重要抓手，借助"中国好粮油行动计划"等政策支持加快打造企业知名品牌，有效拓展了粮食产业链、价值链。例如，江苏省将粮食质量安全保障嵌入品牌发展战略，引导企业建设从原粮、加工到出厂全过程的检测体系和信息追溯体系，共有 11 个粮油企业获得"中国名牌"，102 个粮油产品获得"江苏名牌"。

3. 农旅融合

近年，随着我国城市化、工业化进程加速，城市居民的居住密度增大、生态环境恶化、生活节奏加快、承受的心理压力和社会竞争压力愈发激烈。城市居民尤其是超特大城市居民普遍渴望体验和感悟自然、优美、静谧的农村环境，得以安心养神、舒缓压力。休闲观光农业旅游在这种背景下得到消费者欢迎，日益蓬勃发展成为城市居民的一种重要休闲方式。发展休闲观光农业旅游不仅可以增加农户收入，还可以间接带动农业农村基础设施建设，促进农业产业融合和乡村振兴。

当前各地发展农业旅游的路径和措施主要有：一是利用地域特色、文化优势和土特产品资源进行主题规划，加强环境保护力度，走规模化、集约化、特色化的道路。二是整合资源优势发展农旅领域的地方公共品牌，加大宣传力度，提高美誉度，以品牌效应吸引游客。三是和乡村振兴政策支持相结合，专注于完善道路、停车场、公共厕所等基础设施建设，并持续提升服务质量。四是建设各类农家乐、生态观光园、野营基地、种养沉浸式体验场所，让游客参与体验乡土气息的农村生活。

专栏 5－2 滨州中裕的三产融合之路

2017 年 9 月，国家粮食和物资储备局授予滨州市“全国粮食产业经济发展示范市”称号，以“政府引导、市场导向、龙头带动、科技支撑、融合循环、惠民安全”为特征的“滨州模式”对全国粮食产业联动融合发展具有示范引导作用。

作为“滨州模式”的典型代表，滨州中裕食品有限公司自 2003 年成立以来始终坚持地走第一二三产业融合的“全产业链”之路，经过 10 余年的发展，形成了一条涵盖高端育种、订单种植、粮食初加工、精深加工、绿色养殖、废弃物综合利用、冷链物流、餐饮服务、便利商超九大版块，解决了“粮头大食尾小”“农头大工尾小”的矛盾，实现了第一二三产的协调发展。

一是把小麦种植作为核心，坚持一产“抓优”。公司大力实施“种子工程”，同时按照“企业＋合作社＋基地＋订单农户”农业产业化合作模式，通过流转土地，建立了 6.5 万亩育种基地和 200 万亩优质小麦种植基地，建立农业专业合作社，并采取统一供种、统一播种、统一施肥、统一技术指导、统一收购的“五统一”管理模式，使小麦种植快速向规模化、标准化、集约化迈进。

二是把小麦加工业作为基础，坚持二产“抓深”。对小麦进行深度开发、综合利用，提升产品丰富度和优质化。公司引进德国、瑞士等国家先进技术装备，不断创新现代小麦制粉工艺；瞄准高端产品，根据人们的消费需求，不断提升精深加工水平，开发了 200 多种面食制品，谷朊粉、特级食用酒精、液体蛋白饲料等系列产品。

三是把市场消费作为导向，坚持三产“抓全”。构建全方位、一体化的服务体系和服务网络，在全国范围内与大型连锁超市、食品店对接，开展多元化合作，推进中裕产品入超进店。

第三节　粮食“五优联动”

一、“五优联动” 内涵特征

2018年8月，国家粮食和物资储备局提出加快实施以“优粮优产、优粮优购、优粮优储、优粮优加、优粮优销”为内涵的“五优联动”，将高质量发展要求贯穿到产业发展全过程、各环节。粮食产、购、储、加、销“五优联动”包括两个层次：一是粮食产业链各环节在生产经营中都要坚持质量第一、效益优先，加大优质高档绿色粮食产品供给；二是粮食产业链各环节的互促联动，以“粮头食尾”“农头工尾”为抓手，充分发挥流通引导激励生产，收储服务增强加工、加工辐射扩展销售、销售反馈引导加工等联动效应，连接城市与农村，贯通农户、企业与消费者。

“五优联动”的根本要求和目标是在产、购、储、加、销各环节主体之间建立起包括资金联系、产品联系、物流联系、管理联系在内的协同关系，构架覆盖生产、采购、储藏、加工、分销、物流、品牌推广、终端销售等全产业链的“优质导向”，构建现代化高质量粮食产业体系，从更高层面上保障国家粮食安全。

二、浙江省“五优联动” 经验成效

作为“五优联动”全国试点，浙江省储备粮公司等国有粮食企业通过盘活储备资源，探索实施了空仓拍卖、企业加价、订单收购、财政补贴的“空仓”招标模式，即收储企业拿出带有定量储备指标的国有空仓进行拍卖，面向粮食加工企业等进行公开招标，通过竞争性谈判进而签订“五优联动”协议。以试点品种优质晚稻为例，发改、财政、农业农村等部门同意安排6个月轮空期，当年9—12月收购，次年3—7月提货。代收代储的粮食性质仍为储备粮，由农发行提供收购资金支持，财政按照规定提供轮换价差补贴，即

竞标价格＝最低收购价－轮换价差＋优质加价

浙江省“五优联动”试点有效推进了分类收储、优粮优储、优粮优种、优粮优加，实现了政府、农户、储备企业、加工企业的“多方共赢”。

一是引导“优粮优种”，农户增收效应显著。将优粮订单落实到种粮大户和新型农业经营主体，通过引入市场竞争机制，一方面激励农户种优质、紧缺、专用粮，提高了粮源品质的稳定性和统一性；另一方面通过政府“订单粮食补贴”和优质加价，提高了优质农产品的市场售价和销路，有效增加了种粮农民收入。

二是带动“优粮优加”，助力加工企业减支增效。加工企业借助代收代储服务提前锁定优质原粮，不仅弥补了其收储能力不足、仓容设施落后等弱点；并且减轻了企业收购费用、存货费用、资金占款利息支出等，增强了加工环节盈利能力。

三是减少轮换差价，财政支出减负。通过轮换招标工作，提前固定了轮换价差，规避了后期市场价格波动风险。2020 年 6 月浙江省试点 20 000 吨晚稻轮换价差仅 3.2 万元，按照 2019 年度省级储备晚稻轮换价差 445.47 元/吨计算，共节省财政支出 887.74 万元。

四是激励粮食企业加快推进供给侧结构性改革。“五优联动”试点对粮食品质要求提高和轮换期缩短，客观上要求收储企业加快升级仓储设施和绿色储粮技术；加工企业更有动力研发新产品，生产销售绿色优质粮油食品，延伸产业链、提升价值链、打造供应链。

三、“五优联动” 长效机制

在“优粮优产、优粮优购、优粮优储、优粮优加、优粮优销”的“五优联动”实施中，逐步建立优质优价的粮食生产、分类收储交易机制和适应不同层级需求的现代粮食仓储物流体系。着眼“优粮优产”，引导支持粮食种植结构优化、适度规模经营，促进粮食产业绿色化、优质化、特色化、品牌化发展；着眼“优粮优购”，通过信息引导、产销对接、信贷协调等服务，实现“好粮卖好价，丰产又增收”；着眼“优粮优储”，推广绿色储粮技术，在更高水平上实现“广积粮、积好粮、好积粮”；着眼“优粮优加”，优化产能结构，发展循环经济，推广粮油产品适度加工；着眼“优粮优销”，办好“中国粮食交易大会”，推广“互联网＋粮食”和“放心粮店＋主食厨房”等模式，畅通优质粮油消费服务的“最后一公里”。建立粮食生产、收储、加工、运输及销售环节的衔接机制，促使产销区充分发挥各自优势，建立形式多样、长期稳定的粮食产销合作关系，促进区域间粮食供需平衡。

第四节　粮食全产业链发展

一、 粮食全产业链理论

1. 基本概念

粮食全产业链是指以大型粮油加工或流通企业作为网链结构的核心，通过兼并、收购、参股、控股等方式组建粮食产业集团，直接对接农业生产基地和市场销售终端，在粮食生产和消费、生产和流通、流通与消费等环节之间形成紧密关联的有机整体。粮食全产业链覆盖农产品种植与采购、贸易及物流、食品原料和饲料原料及生化、养殖与屠宰、食品加工、分销及物流、品牌推广、食品销售等多个环节，实现食品安全可追溯，打造"安全、放心、健康"食品产业链。

粮食全产业链的特征主要体现在：第一，粮食全产业链形成一个整体性公司，能往下游延伸、附加值高、上下游资源配置平衡。第二，粮食全产业链是围绕粮食产品增值提质目标而设计的多环节、多品类、多功能、整体运作的一盘棋。第三，粮食全产业链能对从源头到终端的每个环节进行有效管理，关键环节有效掌控。第四，粮食全产业链的各环节相互衔接，整个产业链贯通，相关功能通过整合形成战略性有机协同。第五，粮食全产业链是以客户和消费者引领的产业链。总之，粮食全产业链是以消费者为导向，从产业链源头做起，经过种植与采购、贸易及物流、食品原料和饲料原料的加工、分销及物流、品牌推广、食品销售等环节，形成安全、营养、健康的"由田间到餐桌"粮食供应全过程。这种整合不仅有利于降低粮食企业的生产成本、打造"区位品牌"，而且能够促进产业创新氛围和新型企业集团的出现，提升整体产业竞争力。

2. 粮食全产业链运营规律

粮食全产业链运营由大型粮食（集团）企业从产业链源头做起，在产业链及链条上每一环节企业之间建立起包括资金联系、产品联系、物流联系、管理联系在内的协同关系，构架覆盖生产、采购、储藏、粮食和油脂加工、分销及物流、品牌推广、食品销售等全发展路径，形成安全、营养、健康的粮油产品安全可追溯系统，最终实现粮食一二三产业融会贯通的供应链全过程。具体运营中普遍规律为：在国有资产监督管理委员会指导下，以国有资产投资公司作为主要出资人，以地方粮食龙头企业为核心母本，兼并整合当地及临近地区同行业及配套行业企业，建立起以终端消费品为引领、上下游结合、产业链打通的运营集团，打造新型高效生产经营体系。冯长利等（2012）认为，全产业链就是企业的纵向和横向拓展，企业在战略实施中的每一个措施都会反馈到企业价值上。黄磊等（2014）分析比较国际四大粮商的发展经验，认为全产业链是一种经济聚集，在提高企业剩余和经济价值的同时，也会增加成本支出。符亚男等（2015）指出，全产业链战略是企业长期经营而来的结果，而不是单纯的规模扩张。

二、作用和意义

粮食全产业链发展的优势在于向上控制农业种植，保障优质粮源；向下延伸产业链，拓宽终端销售市场；通过寻求价值链增值实现产业可持续发展，形成企业对全产业链的掌控能力。具体来看，粮食全产业链在促进粮食产业联动融合中的作用和意义如下。

一是延伸和形成粮食产业完整链条，完善利益机制，形成以消费者为导向、各环节融会贯通、各主体和谐共生的良好生态。推动粮食企业向上游延伸，对接新型农业经营主体，通过定向投入、专项服务、良种培育、订单收购、代储加工等方式，建设原料基地，引导“优粮优种”。向下游拓建物流、营销和服务网络，实现粮源基地化、加工规模化、产品优质化、服务多样化，着力打造绿色、有机的优质粮食供应链。

二是由大型核心企业引领，更好提升和推广粮食科技，推动农产品由初加工向精深加工转变。粮食产业高质量发展的显著标志是建成一批涵盖全产业链的粮食企业（集团）。例如，由浙江省农村发展集团与黑龙江省国资委合资重组的黑龙江新良粮油集团有限公司，就是现代粮食产业集团的典型代表。该公司建成300万亩的粮源基地、150万吨的收储仓容能力、15万吨营口港中转仓库和高效便捷的“北粮南运”物流通道，与主销区形成紧密的粮食购销服务关系。

三是建立贯穿粮食产业链全过程的质量风险监控体系，提高了食品安全的可追溯性。依托全产业链企业集团的资金联系、物流联系、管理联系、产品联系等，构建全国统一联网认证的粮油食品质量全程控制体系。利用区块链、大数据等信息技术，构建从田间到餐桌的“可视化、即时化、智能化、全程化”食品质量安全溯源系统，广泛应用到手机等移动客户端。进一步筑牢粮油食品质量“防火墙”，实现粮食产品质量信息可查询、安全可预防、来源可追溯、去向可跟踪、责任可追究，形成安全、高效、健康的粮食供应链控制网络。开展粮食全产业链信息监测和分析预警，加大供需信息发布力度，引导粮食产销平衡。

专栏5-3 中粮集团的全产业链战略

以中粮集团有限公司为代表的大型粮食企业通过推行全产业链战略，形成粮食“种植—收储—加工—贸易—品牌—分销”各环节融会贯通、各主体和谐共生的良好产业生态，实现“从田间到餐桌”的全产业链布局，既满足了居民食品消费升级需求，又有效保障了产业链安全，促进了粮食产业提档升级。

中粮集团的全产业链战略总体思路为：第一，以食品为主线，以消费品作为引领，通过多样化的产品服务组合，构建立体产业生态链。第二，以资本为手段，促成企业竞争新层次。第三，以协同为突破，实现集约式管控平台。在上游环节中粮集团以粮、油、糖、棉为核心主业，贸易全覆盖布局；在中游环节则是以酒、茶、肉食、乳制品为辅，食品加工一体化网络；在下游环节配套山野地产、酒店等消费终端开展线下零售供应。另外，中粮集团“从田间到餐桌”的纵向产业链策略避免了仅做贸易的风险，可以把控下上游资源，增加在国际粮油贸易中的话语权；通过建立“从田间到餐桌”的可追溯的全过程食品安全管理体系，实现生产与消费的真正对接，有效提高了企业经营绩效。

通过数年的大规模企业并购和对现有企业的技改、扩建，中粮集团已经发展成为下设粮油、食品、地产、土畜、包装、金融等9大业务板块，4家香港上市公司、3家内地上市公司，以及福临门食用油、家佳康肉制品、长城葡萄酒、中茶茶叶等众多品牌的大型粮油食品企业集团。

但是，业内对于中粮集团的全产业链模式也存在质疑：一是经营品类范围扩大和规模扩张后的利润率下降。2015年中粮集团净利润约合2亿美元，利润率不足1%。二是中粮集团作为行业老大，应当致力于和国外企业竞争，形成跨国的产业链掌控能力，而不是将精力放在和国内粮商打价格战。三是中粮集团集过度扩张产品线和延伸品牌，可能会持续造成品牌管控出现短板。以子品牌蒙牛为例，一些负面新闻凸显了其在品牌经营和渠道建设上的问题。

第五节　粮食产业联动融合中存在的问题

一、粮食种植风险高收益低，订单农业不稳定

粮食种植作为产业链的最上游，具有天然的弱质性和高风险性。分散种植的小农经济模式缺乏规模效益，劳动力、土地、农资成本费用难以分摊，先进种植技术普及困难，抵御自然风险与市场风险的能力较低，农民种粮收益低、稳定性差。

订单收购、价格补贴等传统“产销联动”模式多以粮食加工企业或收储企业为直接受益者，缺乏对上游生产环节的风险弥补和受益分享。一旦种植环节发生自然灾害或市场波动，种植成本上升、销量下滑、价格下降等风险很少向产业链下端传递，多由农户承担，最终导致订单农业的违约率高、随意性大、契约稳定性差。如何在农户与合作企业之间合理分摊风险责任，确保政策红利能有效传导给种粮大户，是进一步推进粮食产业联动融合的重要课题。农民专业合作社等新型农业经营主体引领带动作用不强，有不少合作社有名无实。优质粮食工程虽取得一定进展，但国家层面缺乏持续投入的长效机制，整体建设效能不高，对生产和消费的反馈引导作用有待进一步提升。

二、收储制度改革有待深入，价格机制不健全

近年，我国粮食收储制度改革进入深水区，大豆实行了目标价格改革，玉米实行了“价补分离，市场化收购”新机制。但小麦、稻谷收储制度改革还在探索，市场形成价格的机制还没有完全建立。浙江等试点改革地区的优粮收购价格仍然主要基于最低收购价确定，再考虑财政奖补、企业加价等因素，没有从根本上跳出传统体制局限。如何在确保“口粮绝对安全”和“市场形成价格”之间取得平衡，放松政府对价格的直接干预，建立以市场为基础的粮食价格形成机制，仍需深入探索推进。

在当前以最低收购价为核心的粮食托市收购政策下，原粮收购价格和入库成本被不断抬高，价格信号失真，国内外粮食价格倒挂，优质粮食的溢价效应不明显。这一方面导致各级储备部门以收储普通粮食为主，粮食收储业重量不重质，储粮品质普遍不高，分仓收储困难，储备轮换价差高，财政负担重，直

接影响“优粮优储”；另一方面，高收购价格还抬高了粮食加工端的原材料成本，挤压下游粮油加工业的利润空间，客观上加剧了行业亏损。

三、粮食精深加工占比较低，企业盈利能力弱

在国民经济体系中，粮食初级加工属于低端产业，整个行业技术含量相对较低，进入门槛较低，产业竞争激烈，企业盈利能力相对较弱，资本积累和自我发展的能力不足。当前，我国粮食加工企业的附加值普遍较低，产业链较短，产品研发投入不足，生产方式粗放。在一些地区，高污染、高能耗、高消耗的散、乱、小加工作坊还普遍存在。粮食产品普遍档次不高，品牌附加值较低，无法适应消费端对绿色优质健康高档粮油食品的需求。2018 年年底，全国共有粮食深加工企业 459 个，其数量仅占粮食企业总量的 2%。粮食加工业向精深加工和销售领域的延伸不足，对农业种植的引导不够，导致产业链的价值创造功能和增值驱动乏力，严重影响产业联动融合。

当前，粮油加工企业普遍规模过小，盈利能力不强，处于亏损边缘。据统计，2018 年我国粮食企业利润总额只有 2 177.6 亿元，除去制酒、副食品种，主粮品种的销售利润率均不到 3%。企业盈利能力偏低的直接后果是龙头企业数量少、规模小、产品档次不高、品牌效应不显，影响着粮食行业发展的内生性、抗风险性和可持续性。

四、粮食销售市场体系缺陷，品牌效应不强

粮食销售处于产业链最下游、最末端，不仅直接反映消费端结构变化和市场竞争结果，而且能够将市场供求和价格信息反馈到粮食生产、收储、加工等环节。当前，我国粮食销售的一些体制和市场缺陷影响着产业联动融合成效：一是各级批发市场在粮食流通制度多元目标冲突约束下，更多扮演着粮食宏观调控与行政干预角色，对市场价格形成的引导激励作用不足；二是零售市场在粮食电子商务等新业态冲击下，传统促销手段效果下降；三是高效的物流配送网络尚未形成，粮食物流通道和节点有待优化，物流信息化建设、冷链物流体系建设等有待推进；四是粮食企业的品牌效应不强，缺少具有自主知识产权和较强竞争力的粮食名牌产品，导致对终端销售网络的掌控能力较弱。

五、产业主体间的利益联结协作机制不健全

包括农户、合作社、收储企业、加工企业、销售企业等在内的粮食产业各

主体处于依赖共存关系，某个主体的生产经营出现问题，都会影响到上下游关联方。然而，当前各产业主体之间的利益联结不密切、互动协作不健全，主要体现如下。

一是流通引导生产方面，粮食企业仍主要采取“公司＋基地（合作社）＋农户”等契约形式，合作关系稳定性不足；真正实现公司与种粮大户合办联营企业集团，分享剩余索取权，共担经营风险，实行股份制等紧密利益联结方式的比例较低。

二是收储服务加工方面，“储加结合”“成品粮公共库”等模式的协议条款和执行程序的稳定性、规范性有待改善，信息披露、监督机制、法律责任等不完备，收、储、加各主体在合作中面临较大的信用风险、市场风险及操作风险。

三是产销联动方面，由于企业对销售网络掌控力不强、品牌效应不明显、市场增值额不高，导致销售对生产的回馈能力和增强效应不足。产销两端没有形成良性循环，无法“优粮优销”，直接影响优质绿色粮食产品的研发供给能力。

第六节　粮食产业联动融合的路径与举措

一、增加绿色优质粮源供给

在种植端，粮食产业联动融合的推进重点是发挥流通对种植的引导激励作用，促进农业生产的绿色化、优质化、特色化、品牌化，增加绿色优质粮源供给。

一是拓展产销联动高级形态。推动粮食企业和新型农业经营主体实施股份制、股份合作制、产业联盟、联营企业集团等深度合作模式。粮食产后服务全方位介入农业种植决策和运营，通过定向投入、专项服务、良种培育、订单收购、代储加工等方式，建设原料加工基地，探索开展绿色优质特色粮油种植、收购、储存、专用化加工试点。将粮食产后环节的增值收益传递到种植环节，让农民分享剩余索取权，激励农民多种粮、种好粮。

二是推进适度规模种植、成片集中种植。粮食企业要扶持新型农业经营主体，广泛建立优粮种植基地，带动农地流转，引导规模化、单一化、标准化种植，做到“优粮优种”，为粮食收储加工提供口感、色泽、营养、价值稳定统一的原粮。例如，滨州泰裕麦业有限公司以“公司＋基地＋农户”的形式，推行“五统一”（统一供种、统一播种、统一施肥、统一技术指导、统一收购）和“三免一加”（免费供种、免费播种、免费收割、比市场价加价15%～20%收购）的管理模式，种植优质小麦200万亩，大大提高“订单粮食”覆盖率和履约率。

三是优化种植品类结构，推动农业由增产向提质导向转变。在良种选择推广上，提高绿色、优质、特色原粮种植面积，在一定区域内做到粮食品种品质相对单一集中，便于农户种植管理和产后分档收购、分仓储备、分类加工，有助于“优粮优价”。

二、健全粮食价格形成机制

随着我国粮食流通制度改革持续深入，小麦和稻谷两大口粮品种的收储市场化改革势在必行，也是推进粮食产业联动融合的重要制度保障和内生动力。

一是积极稳妥推进粮食价格形成机制改革，激活市场价值规律作用。总结借鉴玉米“价补分离”改革成效，进一步完善小麦、稻谷最低收购价政策，综合考虑国际粮食价格、不同粮食品种间的比价关系确定补贴标准，逐步增加主粮市场化收购比重。根据浙江省经验，适时推广“企业优粮加价”“空仓拍卖招标”“竞争性谈判”等方式，在收储环节引入市场竞争机制，进一步形成“优质优价”导向，充分发挥市场机制对粮食价格、供求、品质的自发调节作用。

二是促进收储主体的多元化。随着供给侧结构性改革和粮食收储制度改革的不断深化，多元市场主体共同入市收购的新格局正在形成。“五优联动”推进依赖于培育一批实力强、信誉好的民营粮食购销企业、粮食经纪人、种粮大户和合作社。各级粮食主管部门要深入“放管服”职能转变，为民营企业提供粮食信息发布、产销对接、融资协调等服务，吸纳民营企业介入政策性粮食收储业务，加快培育多元市场购销主体。

三是在确保“口粮绝对安全”和“市场形成价格”之间探索粮食收储制度改革的动态平衡点，为产业融合推进提供制度支撑。一方面，坚持以保障国家粮食安全为首要政策目标，解决好“卖粮难”问题，激励农户种粮积极性。另一方面，兼顾追求效率，适度放开粮食价格管控空间，以“优质优价”引导农户“优种”，激励企业“优加”。

三、 发挥国企储备资源优势

在粮食产业联动融合中，国有骨干粮食企业应进一步统筹利用粮食仓储设施资源，有效盘活粮食仓储设施，扩展粮食仓储服务范围，多渠道开发现有仓储设施用途，优化储备粮轮换机制，引入市场化运作，盘活储备资源。充分利用好财政奖补资金和信贷扶持政策，以收储为抓手将产业联动融合形成优质导向下的闭环运行。重点任务包括：一是加强中央和地方财政投入，推动各地老旧仓容改造扩容升级，推广绿色、低温、智能储粮技术设施，实现粮食“保质保鲜”“常储常新”。二是建好用好智能粮库，运用物联网、区块链、大数据等新技术，加强库存粮情、粮食质量、安全防护等动态监测，实现储粮管理远程化、智能化、现代化。三是积极创造条件，在收储企业中推行优质粮食分类专仓储存、绿色低温储存，满足精深加工需求。

四、 推进粮食加工延链增值

针对我国粮食加工业普遍存在的规模小、产业链短、价值链低、产能过剩等问题，按照产业联动融合要求，主要改进措施如下。

一是发展粮食精深加工，推动粮食加工逐步由初级产品向高端产品、特色产品转变。激励企业延伸产业链，生产利润率高、市场销路好的高端粮食、健康食品、特色食品等。同时，提倡稻谷、小麦等口粮品种适度加工，控制精度，减少资源浪费和营养流失。

二是推广粮食循环经济，提高粮油副产物综合利用率。首先要“高效节能”，利用节能技术设备减少粮食生产中的水、电、气等资源消耗。其次要“变废为宝”，全面推广秸秆、玉米芯、稻壳、米糠、麦麸等粮油副产物循环、全值和梯次利用。最后要“治污减排”，减少生产中的污染物排放，保护生态环境。

三是加快粮食产品提档升级，适应消费端追求休闲、快捷、健康的新变化。进一步加大研发投入，探索发展营养健康食品、休闲食品、功能性食品、医药保健食品、特色食品等高附加值新品种，促进产业链向生物技术产品、保健品、化妆品等外围增值环节延伸。加快引导主食产业体系由家庭传统蒸煮制品向便利、快速、营养制品转变，大力发展半成品、熟食制品、方便食品、冷链物流等。

五、 培育优质粮食品牌

培育优质粮食品牌不仅可以增强企业对销售网络的掌控力，促进“优粮优销”；而且还能通过品牌增值效应激励粮食企业生产更多绿色优质粮油产品，引导健康粮食消费观念，带动农民增收致富，推进粮食产业联动融合。

一是加强粮食品牌建设的顶层设计和政策扶持。通过规划引导、自主创新、品牌创建、商标注册、特色产品认定等，着力维护提升一批“老字号”，深度开发一批“原字号”，培育壮大一批“新字号”。

二是挖掘区域性文化因素，打造维护“齐鲁粮油”“吉林大米”“广西香米”“山西小米”等一批凸显地方文化特色的公共粮油品牌，促进品牌整合，提升品牌长远价值。支持一批具有名牌企业争取获取“绿色”“有机”“无公害”称号，获得国家地理标志。

三是推进“互联网＋粮食”行动，积极发展粮食电子商务。推广“网上粮店”“网定店取”“网定店送”“主食厨房”等零售新业态，降低企业销售费用，畅通优粮销售服务的“最后一公里”。将区块链、大数据等信息技术和粮食产业相结合，构建“从田间到餐桌”的“可视化、即时化、智能化、全程化”粮油食品质量安全溯源和防伪系统。

六、 推进多元主体紧密联结协作

粮食产业联动融合的承载主体包括企业、农户、新型农业经营主体、各级政府等。其中，大型粮食龙头企业在产业联动融合中处于主导核心地位，既能通过跨产业的供应链协同网络以快速响应市场需求，又能依托物资流、资金流和信息流的全面融合进而提升整个产业价值链。粮食多元主体紧密联结的前提基础是有一个或若干大型粮食龙头企业，中小主体和服务商、配套商围绕在这一龙头企业周边，发挥龙头企业的资本、人才、运营和资源优势，甚至通过兼并、收购、参股、控股等方式组建粮食产业集团或产业联盟。

多元主体间应当形成“产销一体、收益共享、风险共担”的紧密利益联结机制。如图5-2所示，通过流通引导生产、收储服务加工、销售反馈加工等途径，强化产、购、储、加、销各环节协调联动，使粮食产业链的优质导向和价值链的反向回馈形成“双循环”，达到“农民增收、企业盈利、政府减亏、消费者获益”的多赢目标。一是“带动一产”，鼓励粮食购销加工企业与农户、合作社等建立稳固的利益联结机制，让农民合理分享全产业链增值收益。二是“延伸三产”，鼓励粮食企业拓展销售网络，打造知名品牌，凭此丰富产业生态，促进粮食产业体系化、链条化。三是强化流通对种植的反馈激励机制，让价值增值和政策红利在各主体间顺畅传导，避免上下游利益链割裂。农业合作主体应规范协议内容，严格合同管理，提高订单农业的稳定性和履约率。

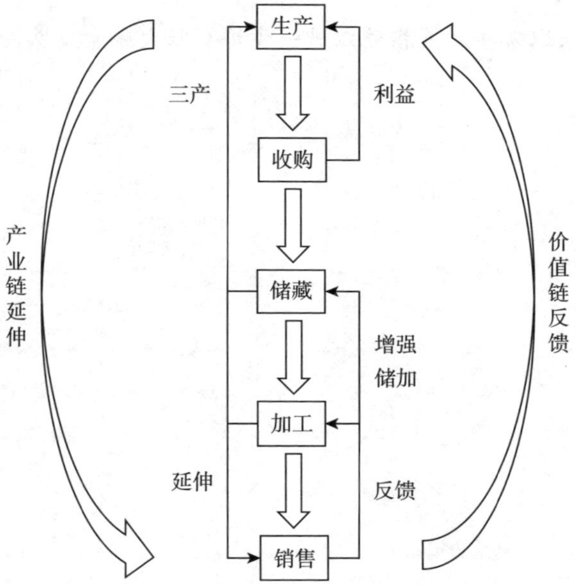

图 5-2　粮食产业联动融合的“双循环”发展路径

复习与思考

1. 为什么说延长粮食产业链是我国粮食产业经济发展的必然趋势？

2. 粮食产业链延伸的路径方式主要有哪些？

3. 粮食产业的价值链提升规律表现为什么？为何会出现这种规律？

4. 简述粮食企业带动农业生产的主要模式和特点。

5. 粮食企业抓好品牌建设、打造知名品牌有何作用和意义？

6. 试论述粮食产、购、储、加、销“五优联动”如何实现政府、农户、储备企业、加工企业的“多方共赢”。

7. 结合中粮集团的实践经验，谈谈粮食全产业链经营在促进粮食产业联动融合中的作用和意义。

8. 简述我国粮食收储制度改革取得的成效和未来发展趋势。

9. 简述如何发挥国有粮食企业的储备资源优势，以促进粮食产业联动融合。

10. 简述推广和发展粮食循环经济的主要路径措施。

11. 结合数字经济发展趋势，谈谈如何创新“互联网+粮食”新业态、新经营模式。

12. 谈谈应采取哪些对策措施以进一步培育壮大粮食龙头企业。

第六章 粮食产业新业态

随着订单农业、农产品电商、休闲观光农业等深化发展，粮食产业新业态、新形态、新模式逐步成为推动我国农业转型升级和实现农业现代化的重要抓手。在粮食产业经营各环节链条中融入新的生产、经营、营销要素和技术，把产业链、价值链和供应链等现代组织方式引入粮食生产，促进第一二三产业融合，有利于积极推进农业结构调整，实现由“生产导向”向“消费导向”转变。

通过本章的学习，主要了解粮食产业新业态的内涵，掌握粮食产业新业态的理论基础；熟悉粮食电子商务和主食产业化的发展概况及推进举措；理解粮食循环经济的概念与目标、模式；深入理解粮食质量追溯体系内涵及其区块链应用，探索推进粮食循环经济和粮食质量追溯的实践措施。

第一节 粮食产业新业态的基本理论

一、粮食产业新业态的内涵

1. “三新”的内涵

新产业、新业态、新商业模式即所谓的“三新”。其中，新产业指将一些新兴的技术和研究成果融合进传统经济活动从而出现新产业。新业态指跟随时代发展步伐，发展多元化、个性化的产品或者服务以更好地满足消费者要求，并且将高科技运用到当前产业或领域中从而衍生出的新环节、新链条、新活动形态。新商业模式指为使得企业持续盈利同时实现用户价值，整合和重组企业内外要素以形成独具竞争力的商业模式，具体表现为将互联网与产业创新融合，提供消费、娱乐、休闲的一站式服务等。

2. 农业新业态

农业新业态是我国农村经济发展进程中的产物，指以涉农第一二三产业为基础，基于现代信息技术进行分化、嫁接、重构的新生产组织形态或服务形态。与传统业态相比，农业新业态具有引导性强、附加值高等优点，如休闲农业、观光农业、体验农业、创意农业、田园综合体等。农业新业态不仅可以延长其原有的产业链，将其原价值链的容量扩大，而且新业态还会分化、再造及扩大原有产业，不断创新原有产业的组织。农业新业态为农村经济发展注入新活力，也成为促进粮食产业提质增效的起点。

3. 粮食产业新业态

粮食产业新业态是指利用粮食产业新技术、新理念、新产业组织的革新，把原来粮食产业链延长、粮食价值链扩量、粮食供应链扩容，形成对传统粮食产业的进一步分化、再造和放大。在数字经济背景下，粮食产业新业态主要体现在依赖互联网、大数据、区块链等信息技术，对传统行业经营活动展开改造升级，将传统粮食产品发展成为多元化、多样化、个性化的农产品或服务，满足人民日益增长的新需求。

二、粮食产业新业态的理论基础

1. 产业融合理论

产业融合（industry convergence）指的是不同行业的同一产业之间或者不同产业之间相互联系，不断融合，最终发展成为新业态或新模式的动态变化过程。产业融合方式多样，如产业中融合了信息技术、产业内结构的融合、产业间的相互融合等，因此，可以从多维度理解产业融合：从产业信息化角度看，是基于信息化与新技术而产生的融合；从产业组织结构来看，是因改变产品的功能而使得同一产业间相互竞争的公司或机构的边界趋于模糊。从产业融合理论视角探讨粮食新业态，主要是从农业与粮食加工、粮食流通业之间存在的技术、产品、市场的交叉、延伸、渗透和融合等多视角，通过边界的扩展形成农业新业态。可以将其归纳为以下类型：粮食产业链下子产业间整合融合型新业态、高新技术对粮食产业的渗透融合新业态以及农业与工业、服务业交叉融合型新业态。

2. 农业多功能性理论

“农业多功能性”第一次出现是在联合国1992年发布的《21世纪议程》

中。1996年《世界粮食安全罗马宣言》和《世界粮食首脑会议行动计划》中提到，为促进农业可持续发展要发展农业的多功能性。农业多功能性理论主要研究的是农业产业化发展对经济、社会、生态、文化、政治所产生的影响。该理论认为，人类身体所需食物及营养可以通过农业生产获得，农业可以给人们提供舒适的环境，也能使文化传统得以保留。农业具有产生经济效益、缓解就业压力、提供社会保障、促进生态文明、丰富文化生活、维护社会政治稳定等一系列功能。多功能农业不仅体现生产功能，还要附加农业生产、休闲经济带动功能，以及增加农村劳动力就业，保障社会稳定的社会功能，同时还具备环境改善、保护生物多样性的生态功能以及传承文化等其他多种功能。

3. 新经济理论

新经济是随着科技的进步以及信息技术的发展，在实际生活层面将技术运用到为了满足消费者日益增长的文化与物质需求中，使得新技术在各个产业中不断渗透与融合从而出现农业新业态，促进农业领域的发展，并将农业新业态逐步融入整个社会，且不断延伸至新的组织形式和社会关系中，使得人们的生活方式及农业经济的运行模式发生改变。

第二节　粮食电子商务

一、粮食电子商务的内涵

粮食电子商务是指粮食企业依托互联网新业态延伸产业链，将电子商务系统运用到粮食的生产、销售等环节，搜集价格、需求量等相关信息，以农产品生产与物流配送为基础，提高粮食成交量，并使得上游农业、储存、加工环节通过销售端的增值而得到反馈，以达到提高整体价值链的目的。在传统粮油超市、连锁商超等形式外，粮食电子商务所涉及的中央厨房、配送中心、网上粮店、品牌快餐等新业态层出不穷，“网定店取”“网定店送”“直播带货”等零售方式不断创新，极大丰富了粮食产业活力，方便了人民生活。

二、粮食电子商务发展概况

1. 平台体系逐步完善

近年，我国粮食信息化建设步伐不断加快，粮食行业信息化技术、产品、服务日益丰富，推动科技与粮食产业的创新融合。其中，国家粮食交易中心体系由升级后的国家粮食电子交易平台与29个交易中心联网交易联合组成，目前会员数量已超2.95万，粮油成交量累计达7 000多万吨，全年组织交易会400余场，且交易、出库、资金结算等过程均已实现电子化。省级粮食管理平台加紧信息化建设步伐，河南省粮食局“粮安工程”智能化管理平台称为首个通过验收的粮食仓储智能化省级管理平台。

2. 跨境电商日益兴起

目前，我国每年的粮食进出口交易额可达1 900亿美元，粮食跨境电商的重要性日益凸显。中国因其巨大的贸易量而成为全球第一大粮食进口国和第二大粮食贸易国。未来农业对外合作机制将日益完善、农业国际交流将不断深入。依托“一带一路”倡议实施，我国一方面将在海南、辽宁等优势区域不断发展跨境电商，引入海外优质粮源，补充调剂国内粮食品种供应余缺；另一方面，将助力国内粮食企业“走出去”，在海外建立种植基地、粮食物流枢纽或粮食交易市场，与共建“一带一路”国家在粮食贸易中互惠互利。

3. 粮食电商产业园发展不断规范化

粮食电商产业园发展模式可以在空间层面上使粮食的生产、销售、加工三个环节联通为一体，促进粮食线下市场和线上市场协同发展，形成贯穿整个大宗粮食产业链的服务体系，促进粮食电子商务协同发展。以我国第一家粮食行业综合性电商园区——衢州粮食电子商务产业园为例，其将互联网不断渗透进生产、销售等各个环节，集电子商务、仓储物流等于一体，及时提供库存等信息，降低仓储等各项成本，提高工作效率，给予客户更大程度的便利。

4. “互联网+粮食”带动模式发展良好

“互联网+粮食”带动模式是指以互联网为媒介，以现代科学技术为基础，拓宽农户、农民专业合作社、粮食企业产品的销售渠道，大幅降低企业经营成本，是典型的产销对接模式。“互联网+粮食”带动模式的主要优势是以互联网平台为基础，使生产者与消费者之间的对接更为直接，产品在流通中的增值收益也基本能归生产者所有。但是也存在一些因素限制此模式的发展，如交易双方对互联网技术运用的熟悉程度、产品质量保证、货源是否稳定等。

三、粮食电子商务发展举措

面对经济新常态下数字经济蓬勃发展背景，粮食产业亟须加快信息技术、电子商务等新动能的融入推广，为粮食产业改革发展、转型升级提供创新途径和新空间。

第一，创新粮食电子商务渠道。鼓励粮食经营主体引入互联网思维创新营销模式，通过自建电子商务平台或借助现有电子商务平台，大力发展“网上粮店”，积极推广粮食网络交易会、双品牌运营、OPO电商、众筹电商等零售新业态、新模式，促进线上线下融合发展，打造“从田间到餐桌”的快速、保鲜、绿色营销链。

第二，完善线下服务体验环节。完善粮食电商所配套的线下实体店设施规划，开设实体店（旗舰店＋加盟店）和社区服务点配对等线下服务点。开展粮食产品制作展等体验活动，进行品牌推广，将线下的客户引流到线上渠道。推广运用质量追溯的二维码技术，不仅可以提供从种植到加工和流通的信息，使消费者吃到全程质量可追溯的放心粮，而且还可以及时反馈、追责粮食安全问题。

第三，创新线上营销支付方式。通过积分换购以及网上团购等活动，实现线上促销多样化，充分调动消费者的积极性，将线上消费者引流到线下。采用预购＋周期购的购买方式，不仅为买家提供价格优惠，还可以保证产品新鲜度，提高客单量。提供多种网上支付方式，随时更新增加网上支付手段，保证O2O模式顺利运行。

第四，将粮食三产融合与粮食电商相结合，强化发挥信息技术、电子商务、大数据等粮食产业新动能。一是加快粮食产业信息化项目的建设进度，督促各省份加快粮库智能化升级改造进度，广泛应用大数据、物联网等新技术推动“数字粮仓”和“智慧粮库”升级改造。二是推广安全绿色储粮新技术，建设储备粮信息管理系统、视频监控系统、粮情数据统计分析与监测预警系统等，实现粮食信息共享化、粮食业务协同化、粮食监管动态化。三是完善各级粮食电子交易平台体系，促进粮食物流和电子商务融合发展，在电子交易平台下拓展物流运输、金融服务、电子商务等模块，推广新型粮食零售业态。

第三节　主食产业化与主食厨房

一、 主食产业化的内涵及意义

1. 主食产业化的内涵

2009 年 9 月，由工信部、国家粮食局、农业部共同起草的《粮食加工业发展规划（2010—2020年）》规划中定义：主食品是指供应居民一日三餐消费、满足人体基本能量和营养摄入需求的主要食品。我国传统主食品包括面制主食和米制主食，如馒头、饺子、油条、米饭、米粉等。随着食品加工工艺的进步，主食的品种和样式也变得越来越丰富。

主食产业化指的是在一定的标准和规范下，运用现代科技成果，努力提升主食品的加工工艺；用标准化、机械化和智能化的加工设备，去代替手工和半手工的加工；引入全新的现代营销理念，建立健全农产品从种植到百姓消费的完整的产业链体系，创造全新的现代主食产业。在生活和生产中，一般认为由小麦、水稻等粮食加工的食品都称之为“主食”，因此产生了“泛主食”“类主食”等广义主食概念。但从工业的角度看，也将大米、面粉等主食基本原料归入主食概念。“主食产业化”从提出到初具规模已经历经20年时间，2017年实现产量760万吨。分品种来看，面食主食包括馒头、挂面等约500万吨，米制品110万吨，速冻类米面主食142万吨，其他品类主食8万吨。

2. 推进主食产业化的意义

民以食为天。主食是城乡居民生活必须食用的主要粮食制成品，在食品中具有重要地位，既包括米饭、面条、杂粮等主食制品，又包括大米、小麦粉等主食原料。主食产业化是在构建从田间到餐桌的粮食全产业链过程中形成的，以主食加工工业化、粮食生产基地化、营销供应社会化为主要特征，极具中国膳食特色。主食产业化可以有效发挥我国在农业上的资源优势，使粮食转换获得增值，并直接推动农业增效、农民增收、农村稳定。推动主食产业化，能提升人民生活的生活质量。随着消费群体和消费需求变化，由家庭传统蒸煮米面制品向便利、快速、营养的米面制品转变。

在我国全面建设小康社会的过程中，推动主食产业化意义重大。一是适应居民尤其是城市居民饮食消费方式的升级，满足居民快节奏、低成本、省时省力、营养健康的饮食需求，是保障主食供应安全的“民生工程”；二是推动粮食行业健康发展、调整粮食产业结构、加快粮油加工业转型升级的重要举措；三是使粮油产品的附加值得到提升，以及推动农民增收的十分有效的手段；四是促进新型工业化、城镇化和农业现代化协调发展的重要方法。

二、 主食产业化的实践

近年，我国主食产业经历了工业化起步、规模化扩张、产业化提速等阶段，初步形成了主体多元化、原料产品规模化、主食产品多样化、产供销一体化、工艺科技化、品牌特色化的发展新格局。当前，主食产业化呈现了蓬勃发展的良好态势，但与世界发达国家和地区主食产业化水平相比有一定差距，存在着产业化程度偏低、装备和技术落后、主食品安全有待加强、市场占有率不高等亟待解决的问题。

近年，各地根据自身经济条件和资源环境状况，积极探索主食产业化推广的技术路径和实践模式。重点是按照粮食生产基地化、主食加工工业化、营销供应社会化的方式发展粮食主食产业化，以此带动粮食产业经济发展。通过推进主食产业化发展，培育粮食产业增长的“乘数因子”，推进粮食产业“几何式增长”，破解粮食产业规模小、产业链短、加工业发展滞后、结构性矛盾突出等问题，做强做大粮食产业经济，达到粮食转化增值、农业增效、农民增收的目的。

专栏 6－1　安徽青松食品有限公司的主食产业化

安徽青松食品有限公司是一家专业从事主食研发、生产、配送、销售为一体的综合型主食加工配送服务企业。其主要业务涵盖城市早餐工程、社区老年助餐工程、大型超市连锁专柜、高校食堂、会展商务餐、净菜加工、节令型产品等。公司以“为耕者谋利，为食者造福，用良心做美食”为理念，坚持“一流的品质、优质的服务”宗旨，贴近民生、依托民生、服务民生，为民众提供更安全、营养、美味的主食产品。

该公司是合肥市高新区重点招商引资的专业从事政府早餐工程、主食产品加工、检测、仓储、配送、销售为一体的综合型食品公司。2009 年获商务部首批“国家级主食加工配送中心试点企业”。企业坚持主业做精、做专并不断拓展，已涉及产品种植、早餐工程、主食加工、冷链配送等多个板块，正由一个传统的食品加工餐饮服务企业转型为现代化的综合性商贸企业。企业经过多年的发展，以省会合肥为中心，以早餐工程、主食加工为核心业务载体，现已发展全资子公司 6 家，并先后在淮南、安庆、六安投资建设主食工厂，即将在阜阳、蚌埠、池州进驻早餐工程业务。目前，集团现已建成城市早餐工程网点 1 600 多个、大型连锁超市主食专柜 300 多个、主食连锁专卖店 80 多家及便利店系统供应 500 多家，形成日供应 50 万份的主食产品规模，在全国主食产业化领域处于领先水平。

三、推进主食产业化发展的举措

1. 丰富主食产品品类和质量

加快方便主食新产品开发，向多品种、营养化、高品质方向发展。在蒸煮食品和速冻食品方面，重点发展方便米饭、米粉、粽子等米制食品，强化馒头、面条、饺子等面制食品的工业化生产。不断总结工艺和配方，使产业化水平提高，并且让优秀品牌的市场份额得到保障。加快推动城市食品物流渠道建设，努力掌握产品保鲜、品质评价、物流配送等关键技术，提高主食品质量及其市场竞争力。

大力支持和培育主食厨房企业，注重把“主食厨房”工程、“放心粮油”与应急体系等融合发展。加快推进以传统蒸煮米、面制品为代表的主食产业化进程，努力构建现代化主食产业体系。支持推进米、面等主食制品的工业化生产、社会化供应等产业化经营方式。形成一批集冷藏、物流、连锁专卖为一体的供应网络，建立健全食品粮油应急加工和供应体系，倡导功能化、便捷化、营养化的消费需求，并努力适应个性化、体验化、高端化消费需求，开发营养、健康、便捷、实惠的主食产品。运用现代生物和营养强化技术，针对一些特定人群生产与之相对应的主食产品。研制生产一批传统米面、杂粮、预制菜肴等产品，引导居民扩大玉米、杂粮、马铃薯、净菜等主食产品消费。

2. 深挖主食加工业的增值效益

一是以质量为首位，坚持适度加工。粮油产品的质量影响国家粮食安全，因此粮油加工企业必须将产品质量安全放在第一位。在产品安全的前提下，以“适口、营养、健康和方便”作为主食加工的发展方向。要继续倡导“适度加工”，提高纯度、合理控制精度、提高出品率，最大程度保存粮油原料中的固有营养成分。下大力坚决纠正粮油产品的过精、过细、过白和油色过淡等“过度加工”现象。

二是积极转变发展方式、调整产品结构。主食加工企业要把“提高质量和效益”作为中心工作，首先要加快组织结构的调整，继续引导企业通过兼并重组、产业园区建设提高企业的集中度，做强做大；要加大企业技术改造的步伐，积极采用先进实用、高效低耗、节能环保的新工艺、新装备，发展先进产能，淘汰落后产能，积极调整产品结构。

三是丰富主食产业链条。为方便百姓生活，加快开发“系列化、多元化和营养健康”的粮油产品；提高名、优、特、新产品的比重；扩大专用米、专用粉和专用油的比重；积极发展全麦粉、糙米、杂粮制品和特种油脂；要进一步发展有品牌的米、面、油小包装产品，尤其是要加快发展小包装食用油。积极探索基于人群膳食营养健康及个性化需求大数据分析基础下的食品营养靶向设计和健康食品精准制造技术。统筹城市销售终端建设，便利主食产品销售。

第四节　粮食循环经济

一、粮食循环经济的概念与目标

1. 循环经济的内涵

循环经济被认为是建立在物质的不断循环利用上的经济发展模式，是一种“资源—产品—废弃物—再生资源”或“资源—产品—副产品—资源”的闭环反馈式循环过程，使整个系统产生极少的废弃物，甚至达成零废弃的终极目标。循环经济主要有三个基本原则：一是减量化原则，即在完成既定生产目标和消费目的的条件下，从源头上减少资源的投入，减少对环境的污染；二是再利用原则，即再生产过程中通过先进技术使得资源能够被重复使用，提高产品的利用率；三是再循环原则，即利用高效管理和先进生产技术使产品在完成使用功能后以及生产过程中所产生废弃物还能转化为新资源或能源，重新投入使用。

2. 粮食循环经济的内涵

在加快推进生态文明建设环境下，随着人们环保意识的提高与环保形势的严峻化，粮食产业作为传统劳动密集型产业、高消耗行业，也亟须向绿色型、集约型、循环型经济模式转型，以适应越来越严峻的人口、资源与环境约束。

粮食循环经济是循环经济规律在粮食领域的具体运用，按照循环经济的基本要求，以粮食资源的高效利用和循环利用为核心，在粮食生产、储存、运输、加工、消费的各个环节，体现减量化、再利用、低消耗、低排放、高效率的要求，达到粮食经济活动的生态化运行。粮食循环经济主要的形式是粮油加工废弃物或副产物的综合利用，它可以极大地减少或避免粮食产业对环境的影响。随着近年人们环保意识的提高与环保形势的严峻化，发展粮食循环经济、推动粮食行业节能减排、低碳发展成为行业的客观要求。循环利用粮食资源，推动粮油加工业向食品、医药、饲料、生物化工、有机肥料等链条拓展，不仅可以降低粮食加工成本，提高粮食产品附加值和经济效益，而且也是粮食行业对治理环境污染、促进集约发展的重大贡献。

3. 粮食循环经济的目标

随着城市化、工业化不断推进，资源短缺、环境污染及生态质量恶化日益严峻，与粮食生产流通的粗放性之间矛盾日益突出。在当前生态文明建设背景下，粮食产业也亟须加快向生态化、绿色化、集约化、节约化转型升级，加快发展粮食循环经济，促进粮食综合利用，以应对越来越严峻的人力成本上升、自然资源紧缺与环境承载力不足等压力。粮食循环经济秉持环境友好、资源节约的生态文明理念，按照“吃干榨净、循环发展”原则，循环利用粮食资源。粮食循环经济的主要目标如下。

一是“高效节能”，推广应用各类高效节能环保技术装备，节约水、电、气等资源能源消耗，降低粮食生产流通中的物质能量损耗，促进企业集约化发展，大幅提高经济效益。推进清洁生产技术理念，将节能减排理念贯穿粮食产业链各环节，逐步建立低碳低耗、循环高效的绿色粮食产业体系。

二是“变废为宝”，积极推进粮食废弃物循环利用，加强粮油副产物循环、全值和梯次利用，提升秸秆、玉米芯、米糠、麦麸、油料等粮食副产物综合利用率。鼓励企业综合循环利用粮食副产品、废弃物，以小麦、稻谷、玉米副产物为原料，生产稻米油、米糠等派生产品，电力、沼气等能源产品，酒精、纤维素、有机肥料等化工产品。一方面有利于满足环保要求，发展绿色生态粮食经济；另一方面提高粮食价值链，助力企业提质增效。

三是“治污减排”。通过发展绿色循环经济，减少粮食企业的污染物排放，减轻粮食生产对生态环境的负面影响。彻底解决加工、物流、养殖过程对水环境、大气环境、土壤质量的污染问题，做到经济与生态效益的“双赢”。例如，养殖产生的粪污通过技术手段生产出沼气，沼气转化为蒸汽，为养殖和深加工提供热能；沼渣、沼液发酵为有机肥料，直接输送到小麦种植基地，彻底解决养殖业过程中的污染问题。

二、粮食循环经济的实践经验与模式

1. 粮食循环经济的实践经验及成效

浙江、四川、湖北、山东等省在粮食循环经济领域先行先试，逐步实现粮食生产方式向绿色、生态、节能、减排、智能型转变，取得了丰硕成果。如浙江省储备粮公司联合国家粮科院、湘粮集团、浙江农林大学等专业院企，积极开展“仓顶阳光工程”相关应用技术开发，研制光伏组件，设计新型仓型，打造示范电站与相关仓储工艺示范库点，在太阳能光伏发电与粮库绿色化改造等方面取得了突出成效：一是清洁能源成本下降，粮库单位能耗降幅颇大；二是隔热控温，拓宽粮食仓储方式；三是光电建筑一体化，广泛应用光伏技术；四是防风防漏，缩减维修费用；五是改变能源消费结构，释放环境容量。

山东省滨州市坚持粮食全产业链发展模式，将“吃干榨尽，循环发展”融入粮食生产各环节，出现了多个遵循循环经济原则的粮企，如滨州中裕食品有限公司、山东香驰集团等。中裕公司经过多年的发展已形成了绿色高效农牧循环产业链。中裕再造小麦加工工艺流程，解决粮食生产“废料”问题，公司将种植、养殖和废弃物的利用等良好结合，形成了上下游严密承接的闭合式循环链。香驰集团不断加大对基础设施的投入力度、配套副产品综合利用产业、提高废弃物的利用水平，目前已建成了以原料、副产品、水、废弃物、能量为主的五大循环利用圈，其资源的综合利用率达到了99%。

近年，许多省份推广了“仓顶阳光工程”“稻壳发电”等新能源项目、对秸秆等废弃物利用以及对米糠膨化、稻壳灰加工建材等副产品利用的项目。这些项目致力于实现粮食产品“吃干榨净、循环发展”，不仅减少物质损耗，加大对副产物等的利用程度，提高了粮食产业的经营效率，而且减少了粮食生产的废水、废气、固体废物的排放强度，有利于保护生态环境，减轻环保评价压力，促进生态绿色发展。

2. 循环经济带动模式

循环经济带动模式是指依托核心粮食企业，以“吃干榨净、循环发展”为原则，发挥粮食产业园区的集聚效应，提高粮食综合利用能力，加大对粮食加工副产物的循环使用力度及对废弃物的梯次利用，支持粮食企业建立低碳、环保、绿色的循环经济系统，以实现生态效益、经济效益双赢。

专栏6-2 中裕公司的粮食循环经济带动模式

循环经济带动模式在滨州中裕食品有限公司比较典型，该公司成立于2003年，经过十余年的发展，从小微型的小麦粉加工企业发展成为集良种种植、精深加工、快餐经营、畜牧养殖、有机肥生产、副产物循环使用等为一体的大型粮食加工企业，目前已实现了资源的循环利用与全产业链发展，是目前国内最长最完整的优质小麦循环经济全产业链。中裕公司实施循环经济带动模式的做法如下。

一是从加工环节向前延伸。建设优质小麦种植基地，设立收购网点且进行不限期收购，以其规模化的仓储和物流系统为基础，使得企业的小麦可以专收、专存和专运。

二是加工环节做大、做深、做精。通过产品创新拓宽延长产业链，不仅生产高档面粉产品，还生产挂面、烘焙以及速冻食品等；通过技术创新提升价值链，大力发展小麦精深加工，生产小麦蛋白粉、小麦变性淀粉以及特优级食用酒精等高附加值产品。

三是从加工环节向后延伸。建立快餐连锁店和连锁超市，将产品直接送到了市民的厨房、餐桌。中裕公司依托强有力的加工环节，构建起了“从田间到餐桌”的全产业链，做到了整个产业链各个环节都有产品，将小麦深加工做到了极致，实现了全产业链的增粗拉长和循环经济的持续发展。

四是废弃物资源化利用。为实现小麦的吃干榨尽，一方面将小麦筛下物的杂质作为优质“林下饲养”的鸡饲料，进行畜禽养殖；另一方面将其他的一些废弃物进行发酵，产生污泥和沼气。污泥经过处理后加工成生物有机肥，输送到企业的优质小麦基地进行土地改良和培肥，而发酵产生的沼气经过企业自有的沼气锅炉全部转换成蒸汽，为企业深加工生产提供热能。

五是构建农牧循环发展模式。将加工小麦所产生的酒槽用于加工液体蛋白饲料，饲料则可以养殖畜禽；畜禽的粪污与种植产生的秸秆用于生产生物有机肥，有机肥用于企业的种植基地，形成了农牧结合的循环模式。在制备生物有机肥的同时，企业将产生的沼气再进行高值化利用，提取出生物天然气（BNG），不仅作为清洁能源供企业自用，还销售给周边的企业。

中裕公司秉持循环经济发展理念，“吃干榨净”形成循环不浪费，从基地到餐桌保证食品的质量，从低端到高端提高附加值，不仅实现了全产业链循环，还实现了子项目的循环，做到了生态高效、绿色循环。

三、发展循环经济以推进节粮减损

粮食节约与减少损耗从长期来看相当于“增产”，能够在一定程度上助力保障粮食安全。因此，必须坚持开源与节流并重、增产与减损并行，以实现习近平总书记所提出的“中国人的饭碗牢牢端在自己手中”的目标。绿色循环经济是促进节粮减损的重要途径。从产业层面讲，循环经济要求闭合产业链，避免粗放型生产与增长，在全产业链条提升资源、能源的利用效率，减少浪费。该模式在降低成本的基础上，可以通过产业链延长提升粮食产品附加值，增强粮食企业的竞争力。从安全层面讲，粮食循环经济对确保粮食安全发挥重要作用，在粮食“紧平衡”的大背景下，加之新冠疫情导致的级联效应，降低粮食浪费率，提高循环利用水平，对提升粮食保供能力具有重要意义。发展粮食循环经济以推动节粮减损的措施如下。

一是从立法方面设定相关资质，要求粮食企业后终端消费者必须达到一定的绿色指标并承担一定的循环责任，推进淘汰粗放型产能。可以对特定产业的循环经济模式给予退税、补贴等激励措施，如绿色补贴等。通过积极的社会引导，减少消费端浪费，引导消费者绿色消费偏好，如引导群众对过度抛光加工大米的迷信。争取做到“吃干榨尽”，打造“无废车间”“无废流通”“无废生活”，全面推进节粮减损的绿色循环经济。

二是全链条推动节粮减损，促进粮食增产增收。在粮食收储环节，完善粮食产后服务体系，继续推动农户科学储粮，提升仓储设施功能，推广绿色低温储粮技术，实行粮食分品种、分等、分仓储存。在粮食物流环节，提高原粮散储、散运、散装、散卸程度，发展多式联运。在粮食加工环节，以适度加工为突破口，开展全谷物食品研发，加强粮油加工副产物高效循环利用。在粮食消费环节，强化爱粮节粮宣传教育，在全社会营造共同节约粮食的良好氛围。发挥科技创新支撑作用，积极开展减损技术和装备研发，实现高水平综合减损。

三是建立健全节粮减损长效机制。制定促进节粮减损、反对浪费的配套政策措施。建立政府主导、全民参与、社会协调推进的机制，制订节粮减损的技术标准和设计规范。建立健全节粮减损、反对浪费工作责任制，认真组织开展节粮减损专项检查。发挥行业协会等社会团体的作用，引导全行业企业和职工自觉履行爱粮节粮责任。加强宣传引导，普及节粮知识，开展爱粮节粮宣传教育，积极倡导文明、健康、科学的饮食文化和饮食习惯，在全社会营造“爱惜粮食光荣，浪费粮食可耻”氛围。

四、加快发展粮食循环经济的措施

1. 加强粮食副产物综合、全值和梯次利用

鼓励采用生物技术等，加大对秸秆、稻壳米糠、碎米、麦麸等副产物的利用程度。推动副产物综合利用示范，鼓励开发具有特定营养功能特性、高附加值的多元化产品和新能源、新材料等新产品。鼓励粮食企业大力发展循环经济，依托产业园区等载体，构建粮食种植、收储、食品加工、饲料加工、畜牧养殖、有机肥生产、污水处理、废弃物综合转化、能量再回收利用的循环产业链，大幅减少产品能耗，提高资源综合利用率。同时，加大对节粮减损、节能环保设备的推广力度，开展稻壳发电等清洁能源项目，推进清洁生产和节能减排，推动粮食产业绿色低碳循环发展。

2. 推广发展绿色循环粮食经济

绿色循环粮食经济符合环境友好、资源节约的生态文明理念，有利于节能减排，推动粮食产业的可持续发展。粮企应加快对低碳、环保、集约循环经济系统的建设，多途径探索粮油加工副产物的全值和梯次利用，减少单位产品的能耗，提高粮食行业盈利率。当前，推广绿色循环粮食经济的难点在于粮食生产废弃物循环利用的成本过高、规模效益较差。一是要加大粮食循环利用实用技术的研发投入，加快开发出低成本、高效率、易推广的循环利用技术。二是依托粮食产业集群化建设，鼓励中小粮食加工企业使用废弃物循环生产设施，提高循环生产设备利用效率。三是完善扶持绿色循环粮食经济发展的补贴制度，弥补秸秆综合利用、新能源等“外部性”效应明显的项目推广成本，实现社会效益和企业效益的双赢。

3. 各地积极规划建设粮食循环经济产业园

依托产业园区，以粮食企业的集群集聚创造循环经济运营的必需条件和推广基础。引导粮食企业集聚集群发展，发挥园区同类企业集中带来的规模经济效应，克服粮食综合利用技术设施单位投资成本高、使用率低、规模效益差等困难。推动园区内中小粮食企业联合开发、共同投资、共享使用循环经济设备与设施，提高绿色基础设施利用效率。以绿色粮源、仓储、工厂以及园区为核心，大力推广粮食循环经济，延伸价值链，构建绿色粮食产业体系。

4. 建立健全粮食循环经济的扶持政策体系

粮食循环经济除了营利性外，还具有节能减排、降低物质能量损耗、减少环境污染损害等“公共物品”和“外部性”属性。因此，各级政府及所属发改、粮食和物资储备、农业农村、财政等部门在制定执行发展规划、产业政策及奖补政策时，应将绿色循环粮食经济指标和表现纳入考量，提高对粮食产业节能减排、提质增效的宏观指导和扶持作用。

第五节 粮食质量追溯体系与区块链应用

一、 粮食质量追溯体系的内涵

粮食质量追溯体系是指提升粮食质量的信息化管理水平，建成布局合理、层次分明、功能完善、信息共享的全国粮食质量安全检验监测体系。健全粮食质量安全管控制度，提升企业粮食质量安全检验能力，严控粮食收购入口关、储存管理关和销售出库关。建立健全被污染粮食处置长效机制，开展试点示范，实现对责任主体、产品流向监管检测等的快速追查，建立覆盖产、购、储、加、销全链条的质量追溯平台，营造安全放心的粮油消费环境。

二、 区块链在粮食质量追溯中的应用

1. 区块链的内涵

区块链作为去中心化的分布式系统，利用不同信息数据节点和数字密码，形成数据区块。区块链上的节点相互连接，共享分类账本，共同维护数据，并通过时间戳与数字加密技术来保障数据不被篡改。

2. 区块链的相关应用

一是区块链在粮食质量安全监控中发挥的作用。基于物联网、“一货一码”编码技术和云计算，建设粮油质量管理和溯源平台系统，构建面向监管部门、企业和消费者的多角色信息共享、各阶段用户全程参与、社会共同治理的追踪溯源系统，能够对食品质量进行监管评估，把好质量关，创建品牌形象。政府层面应推动区块链防伪追溯实现更全面的立法保障，与电商平台、超市等企业建立起更多产品的市场准入制度，推动更多产品实现全程追溯，更好地解决食品安全问题。相关部门出台支持鼓励政策，如政府补贴或税收减免政策等，切实缓解企业尤其是中小企业在部署区块链防伪追溯服务的成本痛点，推动食品

安全追溯体系更好地落地实施。

二是构建重点粮食品种全产业链质量安全溯源体系。将现代信息技术和区块链技术应用于粮食溯源防伪和流通领域，建设小麦、水稻等重点粮食品种追溯系统试点，完善全过程信息化可追溯体系建设，构建基于开源区块链的联盟链技术实现粮油食品溯源防伪服务平台，支持大规模数据并发上链和安全共享，构建基于区块链技术、磁性标签和App的粮油食品溯源防伪体系，研制粮油食品流通溯源防伪和数字化交付一体化应用服务系统，打造粮油食品“从田间到餐桌”的全链条、全周期、全覆盖安全流通追溯体系。凭此显著提高粮油食品的安全性与溯源性，提升消费者对食品安全性的信心，并有效规避应急突发公共卫生风险。

三是发挥“互联网＋”的作用推进粮食电子商务。推进“互联网＋粮食”行动，积极发展粮食电子商务，推广“网上粮店”“网定店取”“网定店送”“主食厨房”等零售新业态，降低企业销售费用，畅通优粮销售服务的“最后一公里”。将区块链、大数据等信息技术和粮食产业相结合，构建“从田间到餐桌”的“可视化、即时化、智能化、全程化”粮油食品质量安全溯源和防伪系统，实现粮食产品质量信息可查询、安全可预防、来源可追溯、去向可跟踪、责任可追究。

三、 提升粮食质量追溯能力的措施

1. 建设粮情实时直报体系

以骨干粮食收储企业、粮食批发市场、规模化粮食生产主体等为依托，建设粮食质量安全直报点，重点加强在线快检能力建设，设立家庭农场、种粮大户或合作社等监测点，重点监测重金属、真菌毒素、农药残留等污染物含量，实现监测数据实时联网直报、及时汇总分析。

2. 提高粮食质量检验监测能力

建构粮食安全多维监测预警体系和平台，建立健全涵盖国家、省、市、县四级监测预警体系，运用现代化数字技术对粮食风险进行预测，为粮食安全提供决策建议。对粮食生产、需求、库存、储备、价格和国内外市场动态以及相关突发事件进行实时监测和动态分析，及时发布粮食生产、流通、消费、价格、质量等信息。成立粮食市场监测预警联席会议，建立粮食市场监测预警的部门协调机制。建构以大数据技术为支撑的粮食安全监测预警平台，为跨区域粮食应急治理的科学决策提供精准可靠的数据支撑。构建以智能决策为核心的粮食应急调度系统，实现国家储备粮紧急调运决策的及时化、在线化和智能化。

3. 加快粮食质量安全追溯平台建设

加强粮食收购、储存、销售、出库等环节质量信息采集，形成粮食安全监测点在线快检组网能力，推进质量数据实时联网直报；依托“中国好粮油”品牌建设，引导生产企业提升粮油品质管控能力，逐步形成粮食全产业链质量数据仓库。开展粮食质量安全风险识别、监测预警、过程控制以及应急处置基础模型研究，研究粮食中污染物形成的调控机制，开展真菌毒素、重金属等污染粮食的安全利用研究及产业化示范，建立粮食污染识别和防控技术体系。

复习与思考

1. 简述粮食产业新业态的内涵及特点。

2. 简述粮食电子商务内涵及发展概况。

3. 简述主食产业化的内涵及意义。

4. 简述推进主食产业化发展的举措与实践。

5. 粮食循环经济的概念与目标及经济带动模式。

6. 论述粮食质量追溯体系内涵及区块链中的应用。

7. 结合粮食绿色发展，谈谈如何发展粮食循环经济。

8. 结合粮食安全与食品安全，谈谈如何提升粮食质量追溯能力及对策措施。

第七章

粮食产业发展绩效评价

粮食产业高质量发展需要以生产、流通、加工、科技等环节经营绩效的定量测评和实证结论作为基础性依据。通过构建粮食产业发展的评价指标体系，利用多元统计或计量方法定量评估粮食产业发展绩效，进而比较分析以系统评价粮食产业发展状况，不仅有利于进一步厘清粮食产业发展特征与趋势，而且可以为提升粮食产业发展质量提供精确依据和决策参考。

通过本章学习，主要掌握构建粮食产业评价指标体系的原则与方法；熟悉常用的多种评价方法；理解我国粮食产业发展绩效的演进特征和发展趋势，依据定量研究结论探索推动粮食产业高质量发展的具体对策。

第一节 评价指标体系的构建原则

一、粮食产业发展绩效评价的意义

粮食产业是一个国家的基础性产业，提高粮食产业发展绩效，保障国家粮食安全，不仅是重要的理论和实践问题，也是实施乡村振兴战略和实现国家粮食安全的根本选择。在新发展阶段，我国粮食生产和流通所涉及的要素禀赋条件都发生了深刻变化，粮食产业发展的绩效指标和评价标准也面临着诸多新转变。准确测度粮食产业发展绩效是全面掌握我国各省（自治区、直辖市）粮食产业发展水平的基础性工作，不仅能够以定量方式明确粮食产业发展所处的状态、粮食产业发展的动力与阻碍因素，明确我国粮食产业的发展程度、区域特征与地区差异；而且可以诊断出各地区粮食产业现代化发展过程中所存在的主要问题，更精准地把握提升粮食产业发展水平的目标和方向。因此，有必要构建新发展阶段下粮食产业发展绩效评价的指标体系，利用实证分析方法定量评析粮食产业发展绩效，为保障粮食产业高质量发展提供政策依据。

二、 评价指标体系的构建原则

1. 科学性原则

指标体系构建的科学与否直接关系到粮食产业发展绩效评价结果的准确程度，理论与实践的结合是科学性原则核心，指标选取既要有理论层面的规律机理支撑，同时也需要反映评价对象的客观实践情况。在理论层面，粮食产业发展绩效指标体系的构建必须遵循粮食产业经济规律，依据国内外产业发展的成功规律和普适规律，有针对性地建立评价指标体系。在实践层面，指标体系必须能够反映我国粮食产业发展的政策目标、经营业绩、发展趋势和指导思路。

2. 系统性原则

粮食产业发展绩效涉及粮食产业基本活动、资源利用、生态环境和科技创新等多个系统，这些指标构成了一个有机的体系。因此，粮食产业发展绩效指标体系的构建需要从系统整体角度出发，充分考虑到种植、加工、流通等各系统内部不同基本要素以及不同系统间相互作用机制及强度，分析粮食产业发展对我国社会、生态、经济系统等方面的影响能力，从全局角度统筹各方面的关系，全面完整体现粮食产业的发展绩效。

3. 可操作性原则

可操作原则体现在指标可量化以及数据的可获得性两个方面。在指标可量化方面，粮食产业发展绩效涉及粮食产业基本活动、资源利用、生态环境和科技创新等内容，可能存在部分内容难以使用量化方式表示，为使粮食产业发展绩效的评价更加准确，需要尽可能减少定性指标的使用。此外，部分定性指标可以通过转化实现指标的定量化，但其转化过程中往往伴随着信息失真，必须采取特定的统计方法加以修正。在数据的可获得性方面，由于存在部分测量指标尚未被统计、统计口径的不一致或者由于涉密等因素未被发布，因此指标的可操作性要求尽可能选择来源可靠、统计连续性强的数据。

4. 典型性原则

根据指标选取的典型性原则，一方面，所选择的指标要尽可能准确地反映评价对象在区域方面的个性特征，确保评价结果更加准确；另一方面，指标个数并不是越多越好，而是运用最少的指标去全面反映粮食产业发展绩效的最核心特征，既要避免粮食产业发展绩效指标体系过于复杂，出现指标冗余的情况，同时也要避免指标体系过于简单，忽视了核心要素。

第二节 常用综合评价方法

对粮食产业发展绩效进行多元评价的重要前提在于科学合理确定各指标的权重。指标赋权方法按是否受主观因素影响可分为主观赋权法和客观赋权法。主观赋权法是指根据主观的重视程度来决定各指标的权重，如层次分析法（AHP）；客观赋权法是源于客观环境所提供的原始信息来决定指标权重的方法，如因子分析法、变异系数法、熵值法等。

一、层次分析法

1. 基本原理

层次分析法（analytic hierarchy process，简称 AHP）是将决策有关的元素分解成目标、准则、方案等层次，在此基础之上进行分析的决策方法。层次分析法是由美国学者萨蒂（Saaty）于 20 世纪 70 年代提出的一种多目标决策分析方法。美国运筹学家、匹茨堡大学教授萨蒂在为美国国防部研究“根据各个工业部门对国家福利的贡献大小而进行电力分配”课题时，应用网络系统理论和多目标综合评价方法提出的一种层次权重决策分析方法。这种方法的特点是在对复杂的决策问题的本质、影响因素及其内在关系等进行深入分析的基础上，利用较少的定量信息使决策的思维过程数学化，从而为多目标、多准则或无结构特性的复杂决策问题提供简便的决策方法，尤其适合于对决策结果难于直接准确计量的场合。其基本思路是，首先建立有序的递阶指标系统，然后构造判断矩阵，再根据判断矩阵进行数字处理及一致性检验，进而获得各指标的相对重要性权数。

2. 主要步骤

（1）对指标进行两两比较，构造判断矩阵。判断矩阵是同一层次中各评价指标相对重要性的判断值，它是由若干专家根据一定客观现实所做出的主观判断。考虑到专家直接对指标赋权有一定难度，层次分析法在确定两个指标间的相对重要性程度时引入了九分位的比例标度，使任何一对指标根据专家意见可以形成一个判定值。全部 P 个指标成对比较后形成一个判断矩阵 B，B 的数据结构如表 7－1 所示。

表 7-1　判断矩阵 B

指标	x_1	x_2	…	x_p
x_1	b_{11}	b_{12}	…	b_{1p}
x_2	b_{21}	b_{22}	…	b_{2p}
…	…	…	…	…
x_p	b_{p1}	b_{p2}	…	b_{pp}

矩阵 B 中元素 b_{ij} 表示指标 x_i 对 x_j 的相对重要程度，用1～9 的 9 个数字或其倒数表示。b_{ij} 越大，表示指标 i 比 j 越重要。判断值一般取 1、3、5、7、9，而取 8、6、4、2 或其倒数 1/8、1/6、1/4、1/2 则是处于上述两相邻判断值的中间值。比如，x_i 比 x_j 重要，但又不是很重要，即处于重要与很重要之间，所以 b_{ij} 可以取 6。根据以上分析，很明显有：$b_{ij}=1/b_{ji}$，i，$j=1$，2，…，p（表 7-2）。

表 7-2　矩阵具体含义

取值及其含义	取值及其含义
9 表示 x_i 比 x_j 极重要	1/9 表示 x_i 比 x_j 极不重要
7 表示 x_i 比 x_j 很重要	1/7 表示 x_i 比 x_j 很不重要
5 表示 x_i 比 x_j 重要	1/5 表示 x_i 比 x_j 不重要
3 表示 x_i 比 x_j 稍重要	1/3 表示 x_i 比 x_j 稍不重要
1 表示 x_i 比 x_j 一样重要	—

（2）计算各指标的权重。层次分析方法的原理表明，判断矩阵 B 的最大特征根所对应的特征向量就是各指标的权数向量。这样，计算各指标的权数就归结为求矩阵 B 的最大特征根所对应的特征向量。求解这一特征向量的方法很多，简单实用方法即行向几何平均数的归一化方法。首先，计算判断矩阵 B 的每一行元素的积 M，公式为

$$M_i=\prod_{j=1}^{p} b_{ij}\ (i=1,\ 2,\ \cdots,\ p)$$

其次，求各行 M_i 的 p 次方根（即行向几何平均）

$$w'_i=\sqrt[p]{M_i}$$

最后，对 w'_i 作归一化处理，即得各指标的权数

$$w'_i = \frac{w'_i}{\sum_{j=1}^{p} w'_j}$$

（3）对判断矩阵进行一致性检验。用层次分析法给指标赋权的重要前提是专家对各指标的相对重要程度的判断要协调一致，不要出现相互矛盾的现象。例如，在三个比较指标 x_1、x_2 和 x_3 时，会发生 x_1 比 x_2 重要，x_2 比 x_3 重要，x_3 又比 x_1 重要这种明显的矛盾。这种情况在评价指标较多时，是很容易出现的。所以，在使用层次分析法确定指标的权数时，要检验判断矩阵的一致性。一致性的条件是矩阵 B 的最大特征根 λ_{max} 等于指标的个数。据此可设置一致性检验指标 CI 和 CR 来检验判断矩阵偏离一致性的程度。其基本步骤是：首先，用权数向量 $W=(w_1, w_2, \cdots, w_p)'$ 右乘判断矩阵 B，得到一个 p 阶列向量 BW，再按公式

$$\lambda_{max} = \frac{1}{p}\sum_{i=1}^{p} \frac{(BW)^i}{w_i}$$

可求得判断矩阵 B 的最大特征值 λ_{max}，公式中（BW）$_i$ 代表向量 BW 的第 i 个分量。其次，计算衡量判断矩阵偏离一致性的指标 CI，公式为

$$CI = \frac{\lambda_{max} - p}{p-1}$$

由此可知，一致性指标 CI 与指标个数 p 有关。最后，为了得到不同指标个数均适用的检验一致性的标准，还需计算随机一致性比率 CR，$CR=CI/RI$，其中 RI 为随机一致性指标，其值如表 7－3 所示。当 $CR<0.10$ 时，一般认为判断矩阵 B 具有满意的一致性，否则需要调整判断矩阵 B，直到通过一致性检验为止。

表 7－3　随机一致性指标

P	RI	P	RI
1	0.00	8	1.41
2	0.00	9	1.46
3	0.52	10	1.49
4	0.89	11	1.52
5	1.12	12	1.54
6	1.25	…	…
7	1.35		

(4) 综合各层次的权数，就可求出各指标的最终权数。假定中间层相对于最高目标有 m 个因素，它们的权数分别为 a_1，a_2，…，a_p，而第 i 个中间层因素包含 p_i 个评价指标，它们的权数分别为 w_{1i}，w_{2i}，…，$p=\sum_{i=1}^{m} p_i$。则指标体系中各评价指标相对于最高目标权数为

$$w_i = \sum_{j=1}^{m} w_{ija} \ (i=1, 2, \cdots, p)$$

(5) 总的一致性检验。设中间层第 i 个因素的一致性指标的随机性为 CI，随机性一致比率为 CR，则总的随机一致性指标为

$$CR_i = \frac{\sum_{j=1}^{m} a_j CI_j}{\sum_{j=1}^{m} a_j CR_j}$$

如果 $CR_i < 0.10$，则认为各评价指标的最终权数的确定具有合理性，否则需要调整判断矩阵 B 的数值。

上述的分析研究过程仅仅是只有一位专家进行判断后得到的判断矩阵进行处理的简单情况。实际工作中往往是多位专家对于多个指标进行判断的情况。这时，应按上述步骤分别通过一致性检验，运用几何平均法或算术平均法将各专家确定的权数综合平均，以得到反映各评价指标的相对重要权数。

二、因子分析法

1. 基本原理

因子分析法是从研究变量内部的依赖关系出发，在尽可能不损失信息或少损失信息的情况下，将多个变量减少为少数几个潜在的因子，由这几个因子高度概括大量数据中的信息，达到既减少变量个数，又再现变量之间的内在联系的目的。因子分析法是一种典型的降维统计方法，可以将较多的影响指标归为若干个主要影响因子，根据各主因子对总目标的贡献程度来确定它的因子载荷，进而对评价对象进行定量分析。

因子分析法的基本思想是将观测变量进行分类，将相关性较高，即联系比较紧密的分在同一类中，而不同类变量之间的相关性则较低，那么每一类变量实际上就代表了一个基本结构，即公共因子。对于所研究的问题就是试图用最少个数的不可测的所谓公共因子的线性函数与特殊因子之和来描述原来观测的

每一分量。

2. 主要步骤

(1) 将原始数据 x_{ij} 标准化为 z_{ij} ，以消除指标量纲和数量级的影响。

(2) 计算标准化指标的相关系数矩阵 R。

(3) 用雅可比方法求 R 的特征根λ（由大到小排序）及其相应的特征向量 $\xi_i=(\xi_{i1}, \xi_{i2}, \cdots, \xi_{ip})'$ 。

(4) 确定公共因子数：选择特征根大于或等于 1 的个数 m 为公共因子数或根据累计方差贡献率大于或等于 85%的准则确定 m。

(5) 计算初始因子载荷矩阵 $A=(a_{ij})$，其中

$$a_{ij}=\sqrt{\lambda_j}\xi_{ij}\ (i=1, 2, \cdots, p; j=1, 2, \cdots, m)$$

这一步实际是求解因子模型

$$Z=AF$$
$$Z=(z_1, z_2, \cdots, z_p)'$$
$$F=(F_1, F_2, \cdots, F_p)'$$

(6) 解释公共因子的实际含义。当初始因子载荷矩阵 A 难以对公共因子的实际意义做出解释时，先要对 A 阵实施方差最大正交旋转，然后再根据旋转后所得到的正交因子载荷矩阵做出说明，即是根据指标的因子载荷绝对值的大小、值的正负符号来说明公共因子的意义。

(7) 计算相关系数矩阵 R 的逆阵 R^{-1} ，根据公式 $\hat{F}=A'R^{-1}X$ 估计出各被评价对象的因子得分。

(8) 求综合价值，即求得总因子得分估计值

$$\hat{F}=\sum_{i=1}^{m}w_{ii}$$

其中，$w_i=\lambda_i/\sum_{j=1}^{m}\lambda_j$ 是第 i 个公共因子 F_i 的归一化权数。

(9) 根据总因子得分估计算值 $\hat{F}$ ，可以对每个被评价对象进行排序分类和比较分析。

三、 变异系数法

1. 基本原理

变异系数法是指根据各个评价指标数值的变异程度来确定评价指标的权重

的方法。变异系数法是一种客观赋权法，直接利用各项指标的原始信息，计算得到指标权重。具体表现在评价指标体系中，指标取值差异越大的指标，更能反映被评价单元的差距，则权重相应越大。

在通过多项指标进行综合评价时，如果某项指标的数值能明确区分开各被评价对象之间的差异，则说明该指标在这项评价上的分辨信息丰富，因而应给该指标以较大的权数；反之，应给该评价指标以较小的权数。极端地，如果某项指标在各被评价对象之间根本没有差异，那么在这项评价中就无法排列出各被评价对象的优劣，因而理应给这项指标赋以零权或者从确定的评价指标体系中剔除。基于上述认识，可根据各指标数值的变异信息量的大小来确定权数。在统计学中，描述评价指标的变异信息量的指标较多，如极差、平均差、方差（标准差）、变异系数等，最为常用的是方差（标准差），但由于各指标的量纲和数量级通常都是不同的，使得各指标的方差不具有可比性，因此，应选用更具有可比性的变异系数，将各指标的变异系数作归一化处理就可得到各指标的权数。

2. 主要步骤

设有 n 个被评价对象，且被评价对象由 p 个指标 x_1，x_2，…，x_p 来描述。先求出各指标的均值 $\bar{x}_i$ 和方差 s_i^2

$$\bar{x}_i = \frac{1}{n}\sum_{j=1}^{n} \bar{x}_{ji} s_i^2 = \frac{1}{n}\sum_{j=1}^{n} (x_{ji} - \bar{x}_i)^2$$

式中，x_{ji} 表示第 j 个被评价对象在第 i 项指标上的取值。

则各指标的变异系数 V_i 为

$$V_i = \frac{S_i}{\bar{x}_i} \ (i=1,\ 2,\ \cdots,\ p)$$

对 V_i 作归一化处理，便可得到各指标的权数

$$w_i = \frac{V_i}{\sum_{j=1}^{p} V_i} (i=1,\ 2,\ \cdots,\ p)$$

四、熵值法

1. 基本原理

熵值法是根据熵值的原理和计算公式来确定指标的重要性权数的方法。熵最初是根据热力学第二定律引出的一个反映自发过程不可逆性的物质状态参

量。物理学上指热能除以温度所得的商，标志热量转化为功的程度，科学技术上泛指某些物质系统状态的一种量度，社会科学中用以借喻人类社会某些状态的程度。在信息论中，熵表示不确定性的量度。信息量越大，不确定性就越小，熵也就越小；信息量越小，不确定性越大，熵也越大。熵值法是多指标综合评价最常用的一种客观赋权法，广泛应用于可持续发展评价及社会经济等研究领域。根据熵的特性，可以通过计算熵值来判断一个事件的随机性及无序程度，也可以用熵值来判断某个指标的离散程度，指标的离散程度越大，该指标对综合评价的影响越大。

2. 主要步骤

（1）指标的“同趋势化”。当正向、逆向和适度指标并存时，应当将逆向指标、适度指标正向化。

（2）对指标实际值按比重法换成评价值，公式为

$$b_{ij}=\frac{X_{ij}}{\sum_{i=1}^{n}X_{ij}}$$

式中，x_{ij} 为第 i 个评价对象的第 j 项指标值；n 表示被评价对象的个数。

（3）计算第 j 项指标的熵值 e_j

$$e_j=\frac{1}{lnn}\sum_{i=1}^{n}(b_{ij}lnb_{ij})\ ,e_j\in[0,\ 1]$$

（4）判断及差异系数的计算。计算指标 x_j 的差异性系数 $g_j=1-e_j$ 。如果指标 x_j 在各被评价对象间的数值 x_{ij} 的差异越小，则越大。极端地，当指标 x_j 在各被评价对象之间根本没有差异，即 x_{ij} 全相等，则 e_j 最大为1，相应地，差异系数 $g_j=0$；反之，如果 x_{ij} 的差异越大，则 e_j 越小，差异系数 g_j 越大。基于上述分析，可以对差异系数 g_j 作归一化处理，从而获得指标的权数。

（5）指标 x_j 的权数 w_j 按如下公式获得，p 为评价指标个数

$$w_j=\frac{g_j}{\sum_{j=1}^{n}g_j}\ (j=1,\ 2,\ \cdots,\ p)$$

第三节　我国粮食产业发展绩效的实证分析

一、评价指标体系构建

对粮食产业发展质量或绩效进行评价的标准依据是多元化的，相应指标是

多维的，单一指标仅能体现粮食产业发展的局部事实，因此必须通过构建粮食产业发展绩效的评价指标体系对其进行全面系统的评价。借鉴相关研究成果，根据指标体系的选取原则，构建粮食产业发展绩效的评价指标体系主要由产业活动、资源利用、生态环境和科技创新四个子系统构成，从粮食生产、粮食加工、粮食流通、粮食消费、资源保障、环境保护和供给效率 7 个维度选取 18 个指标反映粮食产业发展绩效水平，具体指标体系见表 7-4。由于部分粮食生产投入的相关数据无法直接获取，本书使用系数法将粮食的要素投入从农业中剥离出来，具体构造 2 个系数，其中，A 系数=（粮食播种面积/农作物播种面积）×(农业产值/农林牧渔业产值)；B 系数=粮食播种面积/农作物播种面积。

表 7-4 粮食产业发展绩效的评价指标体系

子系统	维度	指标	指标说明	指标属性
产业活动	粮食生产	粮食单位面积产量	粮食总产量/粮食播种面积	+
		粮食人均占有量	粮食产量/年末常住人口数	+
		粮食产业收益	粮食每亩利润	+
	粮食加工	粮食加工规模	粮食加工企业工业总产值	+
		粮食加工效益	粮食加工企业产品销售收入	+
	粮食流通	粮食流通量	收购量+销售量	+
		零售价格指数变动	粮食零售价格指数环比变动	−
	粮食消费	恩格尔系数	食物消费占个人总消费的比重	−
		消费价格指数变动	粮食消费价格指数环比变动	−
资源利用	资源保障	粮食播种面积	粮食播种面积	+
		有效灌溉率	有效灌溉面积/粮食播种面积	+
		单位面积农膜使用量	农用塑料薄膜使用量×B 系数/粮食播种面积	−
		单位面积柴油使用量	农用柴油使用量×B 系数/粮食播种面积	−
生态环境	环境保护	单位面积化肥使用	化肥使用折纯量×B 系数/粮食播种面积	−
		单位面积农药使用	农药使用量×B 系数/粮食播种面积	−
		森林覆盖率	森林覆盖率	+
科技创新	供给效率	资本利用率	粮食产量/（农林牧渔业投资额×A 系数）	+
		机械化程度	农用机械总动力×B 系数/粮食播种面积	+

二、数据来源与评价结果

选取我国 2010—2020 年除香港、澳门、台湾以外的 31 个省（自治区、直辖市）的面板数据，数据来源于历年《中国统计年鉴》《中国农村统计年鉴》《中国粮食年鉴》《中国粮食和物资储备年鉴》等。在评价方法和指标权重确定方面，基于客观性、准确性和适用性考虑，本部分采用客观赋权法中的熵值法来确定权重，以此计算得到各地区的粮食产业发展绩效值，各省域粮食产业发展绩效的变化趋势情况如表 7－5 所示。

表 7－5　2010—2020 年我国省域粮食产业发展绩效值

省域	2010 年	2011 年	2012 年	2013 年	2014 年	2015 年	2016 年	2017 年	2018 年	2019 年	2020 年
北京	0.328 5	0.335 1	0.375 6	0.351 6	0.349 7	0.363 7	0.386 6	0.376 6	0.405 4	0.450 5	0.429 3
天津	0.291 1	0.341 9	0.361 2	0.330 8	0.363 2	0.354 7	0.352 9	0.349 1	0.401 4	0.379 1	0.395 9
河北	0.368 0	0.402 7	0.446 7	0.406 5	0.444 0	0.428 8	0.433 7	0.412 8	0.440 1	0.434 6	0.444 1
山西	0.327 9	0.343 0	0.390 5	0.352 2	0.390 7	0.383 4	0.375 6	0.357 8	0.383 9	0.376 5	0.377 3
内蒙古	0.363 0	0.384 7	0.435 6	0.408 9	0.428 5	0.430 4	0.429 2	0.432 2	0.446 4	0.441 7	0.453 4
辽宁	0.347 0	0.373 2	0.417 4	0.400 4	0.402 1	0.404 1	0.427 3	0.418 3	0.426 6	0.430 9	0.426 3
吉林	0.398 9	0.437 5	0.472 8	0.444 7	0.472 2	0.467 8	0.484 5	0.473 6	0.475 4	0.474 3	0.472 8
黑龙江	0.436 5	0.458 5	0.512 6	0.506 8	0.527 5	0.536 5	0.528 8	0.537 1	0.558 4	0.552 3	0.574 4
上海	0.288 2	0.312 6	0.362 1	0.345 2	0.358 6	0.369 9	0.379 2	0.409 6	0.439 9	0.404 8	0.380 5
江苏	0.371 1	0.422 9	0.473 2	0.455 6	0.467 3	0.472 8	0.482 3	0.476 8	0.492 5	0.500 0	0.504 0
浙江	0.321 0	0.345 8	0.384 6	0.356 6	0.360 2	0.352 8	0.366 8	0.358 0	0.378 2	0.383 6	0.374 2
安徽	0.378 4	0.3818	0.461 7	0.423 5	0.452 9	0.451 1	0.473 5	0.458 9	0.473 1	0.476 5	0.467 8
福建	0.278 7	0.326 7	0.380 1	0.356 7	0.363 6	0.363 3	0.332 4	0.328 0	0.346 0	0.368 2	0.365 7
江西	0.382 1	0.390 0	0.455 8	0.428 5	0.430 0	0.428 3	0.439 6	0.435 1	0.437 7	0.448 2	0.440 8
山东	0.395 9	0.443 3	0.491 0	0.440 6	0.482 5	0.477 4	0.494 6	0.483 1	0.521 7	0.522 7	0.516 7
河南	0.418 5	0.435 3	0.487 4	0.442 1	0.475 7	0.458 5	0.475 7	0.458 7	0.484 3	0.488 1	0.485 2
湖北	0.353 9	0.367 2	0.445 9	0.436 5	0.461 5	0.463 0	0.460 7	0.444 2	0.461 2	0.457 7	0.439 6
湖南	0.387 4	0.380 8	0.464 8	0.434 1	0.454 5	0.444 0	0.452 6	0.450 1	0.461 5	0.467 5	0.458 2
广东	0.340 7	0.348 7	0.413 4	0.393 8	0.394 5	0.401 7	0.407 1	0.402 6	0.423 9	0.438 1	0.427 5
广西	0.343 5	0.334 5	0.431 4	0.399 8	0.391 2	0.402 3	0.399 1	0.397 5	0.415 1	0.412 5	0.406 1

（续）

省域	2010年	2011年	2012年	2013年	2014年	2015年	2016年	2017年	2018年	2019年	2020年
海南	0.224 5	0.230 4	0.320 1	0.284 4	0.281 4	0.284 0	0.289 4	0.279 1	0.315 2	0.317 4	0.308 8
重庆	0.329 1	0.333 2	0.401 2	0.375 4	0.378 4	0.380 2	0.376 3	0.389 3	0.404 7	0.391 1	0.389 2
四川	0.364 3	0.372 2	0.433 1	0.410 4	0.434 3	0.417 5	0.441 6	0.444 8	0.458 9	0.460 6	0.460 9
贵州	0.300 4	0.337 8	0.409 9	0.375 2	0.383 8	0.386 0	0.411 7	0.414 6	0.428 7	0.451 2	0.438 6
云南	0.311 1	0.353 6	0.390 9	0.370 2	0.379 8	0.382 1	0.390 1	0.375 7	0.393 9	0.400 8	0.404 3
西藏	0.368 6	0.363 7	0.411 6	0.382 2	0.412 2	0.413 4	0.389 3	0.410 4	0.419 8	0.424 8	0.429 9
陕西	0.311 7	0.348 8	0.383 7	0.342 0	0.381 4	0.371 9	0.371 1	0.356 6	0.371 5	0.377 7	0.3750
甘肃	0.266 5	0.328 7	0.356 5	0.308 5	0.337 2	0.337 6	0.318 3	0.331 5	0.345 9	0.344 2	0.345 4
青海	0.317 3	0.345 6	0.370 9	0.340 2	0.369 5	0.363 4	0.362 6	0.351 1	0.362 1	0.365 6	0.367 2
宁夏	0.319 8	0.329 8	0.404 1	0.347 1	0.388 5	0.385 3	0.374 5	0.371 1	0.375 8	0.383 1	0.369 9
新疆	0.330 3	0.370 6	0.391 7	0.394 6	0.405 2	0.401 8	0.384 4	0.396 9	0.404 9	0.404 9	0.398 6

三、 我国粮食产业发展绩效分析

1. 动态演变分析

将我国31个省（自治区、直辖市）分为四个区域进行比较分析，其中，东部地区包括北京、天津、河北、上海、江苏、浙江、福建、山东、广东、海南10个省（直辖市）；中部地区包括山西、安徽、江西、河南、湖北、湖南6个省；西部地区包括内蒙古、广西、重庆、四川、贵州、云南、西藏、陕西、甘肃、青海、宁夏、新疆12个省（自治区、直辖市）；东北地区包括辽宁、吉林、黑龙江3个省。从区域层面看，2010—2020年各区域粮食产业发展绩效整体上表现出增长趋势（图7-1），且各区域的变化趋势较为一致，呈现出先上升后下降，之后处于平稳的发展态势。2010—2020年，粮食产业发展绩效在东部地区、中部地区、西部地区和东北地区的均值依次为0.386 3、0.430 8、0.383 4和0.463 0，其中，东北地区粮食产业发展绩效高于全国平均水平，分别高出中部7.47%、西部20.76%、东部19.86%；中部地区粮食产业发展绩效略高于全国平均水平，在四个区域中居于第二位；东部地区和西部地区的粮食产业发展绩效较为接近，均低于全国平均水平。数据表明，粮食产业发展绩效存在区域差异，区域间的粮食产业发展水平存在非平衡性，北方省份的粮食产业发展普遍强于南方省份。

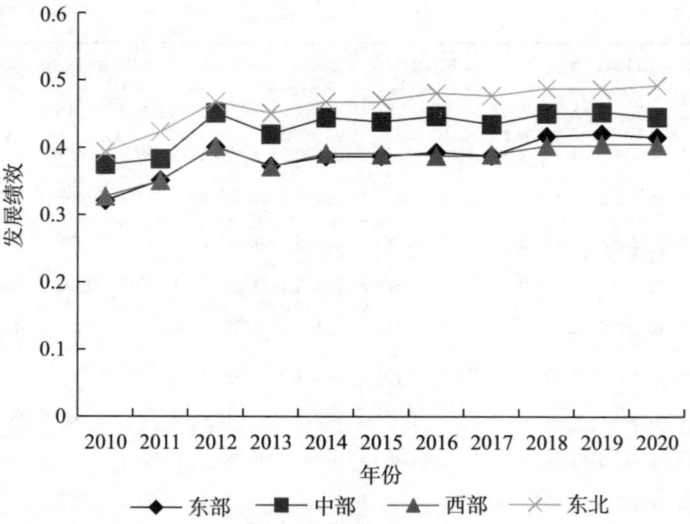

图 7-1 2010—2020 年我国分区域粮食产业发展绩效变动趋势

2. 横向比较分析

从空间分布特征上看，2010—2020 年粮食产业发展绩效均值最大的省份是黑龙江，其次是山东，排在前十位的依序还有江苏、河南、吉林、安徽、湖南、湖北、江西、四川，除山东和江苏外，其余省份均属于东北和中部地区；粮食产业发展绩效均值最小的十个省份按排名依次是山西、上海、宁夏、陕西、浙江、天津、青海、福建、甘肃、海南，除山西外，其余省份都属于东部和西部地区，表明省域间粮食产业发展不平衡现象依然存在。我国幅员辽阔，各省域地理自然禀赋特征、粮食生产基础、产业分布状况迥异，导致各省域之间的粮食产业发展绩效存在较大差异。

第四节　提升粮食产业发展绩效的对策建议

提升粮食产业发展绩效必须综合协调粮食、发改、农业农村、财政、科技等部门的组织领导和引导激励作用，加快完善粮食产业科技创新体系，树立绿色发展和生态保护的发展理念，建立一套保障粮食产业高质量发展的完备政策体系。

一、强化组织领导与政府引导

明确职责分工，粮食部门负责协调推进粮食产业发展有关工作，推动产业园区建设，加强粮食产业经济运行监测。发展改革、财政部门要强化对重大政策、重大工程和重大项目的支持，发挥财政投入的引导作用，撬动更多社会资本投入粮食产业。发挥好粮食相关行业协会商会在标准、信息、人才、机制等方面的作用，合力推进粮食产业经济发展。深入推进优质粮食工程，加强项目管理和监管、优化运行机制，逐级压实责任，力争在产业融合、创新破解产业升级难题上取得突破。正确发挥政府引导作用，政府部门要在一些企业迫切需要但没有能力做的且明显具有共性和公共性的关键环节介入，在产业链条和创新链条的关键环节发力支撑。

二、加快粮食产业科技创新

科技创新是提升粮食产业发展绩效的不竭动力。要把握当前“新基建”的重大机遇，加大对粮食领域“新基建”的投入，将数字技术融入粮食生产、加工、存储和运输各环节，推动物联网技术、人工智能技术等关键技术在粮食产业中应用，促进粮食产业信息化发展。通过“产业链延伸、供应链优化、价值链升级”，提升粮食产业链现代化水平，加速粮食产业向精准化、数字化、智能化转型升级。同时，完善粮食高技能人才培养体系，加强产学研合作，支持粮食行业领军人才牵头组建科研团队，加快创新型人力资本积累，为粮食产业科技创新提供源源不断的动力。

三、坚持绿色发展、生态优先

以政策引导粮食产业绿色发展，减少化肥、农药使用。创新“绿箱”粮食补贴政策，支持新型农业经营主体施用有机肥、高效肥和使用低残留农药，推广应用高标准农膜和建立残膜回收试点，推动粮食产品的绿色化、生态化发展。修编全国高标准农田建设总体规划，统一规划布局、建设标准、组织实施、验收考核、上图入库。推进公众参与爱粮节粮行动，发挥行业协会等社会团体的作用，引导全行业企业和职工自觉履行爱粮节粮职责。加强宣传引导，普及节粮知识，开展爱粮节粮宣传教育，积极倡导文明、健康、科学的饮食文化和饮食习惯，在全社会营造“爱惜粮食光荣，浪费粮食可耻”氛围。

四、完善财税金融支持政策

构筑补贴、保险与贷款“三位一体”的粮食产业发展联动支持体系。建立增量补贴政策与保险、贷款调控政策的协调机制，增量补贴主要用于保险、保费补贴、粮农贷款贴息，形成政策合力。以政策性保险为基础，分品种、分步骤地增强保险保障力度，逐步建立多层次、多品种的粮食保险体系，提高粮食生产经营者参保率和保险覆盖密度。鼓励信贷、保险机构加大金融产品和服务创新力度，开展投贷保贴一体化投融资模式试点，推动建立粮食补贴、保险与贷款联动机制。因地制宜创新开发针对不同产业特点、适合不同地区生态情况的“保险＋期货”产品，推进粮食产品期货期权上市，进一步提升粮食安全保障范围及水平。将粮食产业经济发展专项债列入中央增发专项债发行支持范围，明确地方政府债券资金用于支持振兴粮食产业重点领域，例如，建设农田水利基础设施、冷链物流设施、资源整合与生态保护项目等。支持粮食主产区政府开展农业经营风险共担的普惠金融服务体系，推出免抵押、免担保、低利率、可持续的金融产品，逐步形成适合我国国情的多元化粮食产业金融支持体系。

复习与思考

1. 简述评价指标体系的构建原则。
2. 常用的赋权方法有哪些。
3. 简述层次分析法和熵值法的基本原理。
4. 新发展阶段，我国粮食产业发展将存在哪些机遇与挑战。
5. 简述现阶段我国粮食产业发展绩效的区域变化趋势。
6. 结合实际，谈谈如何从政策上进一步提升我国粮食产业发展绩效？

第八章
粮食产业高质量发展

我国是人口大国、农业大国，粮食产业在国民经济中占有重要的位置。随着经济的快速发展和居民消费水平的提高，人民群众对优质绿色健康粮油食品的需求日益增长，与粮食产业发展质量不高、效益低下、结构布局不合理之间的矛盾日益突出。如何进一步促进粮食综合生产能力稳步提升、粮食产业链延伸增值、市场体系不断健全、产品质量效益显著提高，成为满足人民群众消费升级需求，以及保障我国粮食安全的必然要求。基于此，全面认识粮食产业高质量发展的内涵、发展背景和创新路径，全方位推进粮食产业高质量发展至关重要。

通过本章学习，主要了解粮食产业高质量发展的概念、内涵和背景；掌握粮食产业高质量发展的目标和特征，理解粮食产业高质量发展的现状、困境和对策；熟悉粮食产业高质量发展的技术创新路径和典型地区经验成效。

第一节　粮食产业高质量发展的内涵与目标

一、 粮食产业高质量发展的内涵特征

1. 高质量发展的含义

“高质量发展”首次在党的十九大上提出，表述为我国经济已由高速增长阶段转向高质量发展阶段。2018 年国务院政府工作报告提出，按照高质量发展的要求，统筹推进“五位一体”总体布局和协调推进“四个全面”战略布局。2020 年，党的十九届五中全会提出，经济社会发展要以推动高质量发展为主题，这是根据我国发展阶段、发展环境、发展条件变化作出的科学判断。经济发展是一个螺旋式上升的过程，上升不是线性的，量积累到一定阶段，必须转向质的提升，这是经济发展的规律使然，也合乎唯物辩证法的基本原理。推进

高质量发展，必须正确把握整体推进和重点突破的关系、总体谋划和久久为功的关系、破除旧动能和培育新动能的关系、生态环境保护和经济发展的关系、维护公平与讲求效率的关系，为全面建成小康社会、全面建成社会主义现代化强国奠定坚实的物质基础。

2. 粮食产业高质量发展的内涵

当前，我国社会的主要矛盾已经转化为人民日益增长的美好生活需要和不平衡不充分的发展之间的矛盾。随着生活水平的提高，人民群众对口粮供给的要求不断提高，更加关注营养健康，更加关注质量安全，更加关注便捷精细。推进粮食产业高质量发展，是适应新时代社会主要矛盾变化的直观反映和必然要求。

我国学者分别从新发展格局、新发展理念、产业特质及产业价值链等角度，对粮食产业高质量发展的内涵进行了解析和延伸。高维龙等（2021）基于经济新常态背景，把粮食产业高质量发展定义为：以保障国家粮食安全为前提，以提高资源利用效率为导向，以促进绿色化生产为手段，以实现全民共享发展为目标的发展。王瑞峰等（2020）侧重于粮食产业高质量发展的功能性，将粮食产业高质量发展的内涵表述为保障国内粮食供需平衡、粮食流通体系健全、粮食市场健康平稳、粮食产业国际竞争力提升、粮食产业协调可持续的发展。陈惠芬等（2021）将五大发展理念与粮食产业高质量发展紧紧联系，认为“以人为本”是粮食产业高质量发展的关键、“确保产能”是基础、“科技创新”是重要手段、“结构优化”是重点、“协调可持续”是目标。李光泗等（2020）从产业特质出发，认为粮食产业高质量发展是粮食生产、粮食企业、粮食产业的协同绿色发展，以高质量的生产为基础、高质量的企业为载体、高质量的产业为平台，最终实现产量与质量协调发展、企业与农户绿色发展、人与自然和谐发展。程国强（2019）与李一鸾等（2021）从高质量的供给与需求、高质量资源配置与投入产出、高质量区域联动和收入分配三个方面对粮食产业高质量发展进行了界定和衡量。

综上所述，粮食产业高质量发展是一个国家或地区的粮食产业在产量提升、边际效益递减的情况下，依靠优化产业结构、创新粮食科技而促进粮食福利增长的过程。粮食产业高质量发展与绿色发展密切相关，旨在实现社会生态质量和投入产出效益的增长。粮食产业高质量发展意味着产业体系更完备、资源配置更优化、产能结构更合理；要着力实现从规模扩张转向品质提升，通过产业升级提升附加值，打造粮食产品的国际知名品牌，构建更高层次、更高质量的粮食安全保障体系，以实现粮食产业与资源环境的协调可持续发展。

3. 粮食产业高质量发展的特征

在保证粮食产量基本稳定的基础上，追求粮食生产质量和效益提升，以达到粮食生产数量、质量与效益的有机统一。在高质量发展阶段，我国粮食产业呈现出以下特征。

第一，高效化，粮食产业高质量发展是产出高效的创新发展。粮食产能由高成本、低效益向低成本、高效益的方向转化，不断提高粮食产出的经济效益。在高质量发展阶段，通过科技创新，稳定粮食产出，降低生产成本，是高质量发展的重要特征。

第二，优质化，粮食产业高质量发展是质量第一的共享发展。粮食产品由低质量、低附加值产品向高质量、高附加值产品的方向转变，不断提升粮食产品的质量品质。“吃得饱”问题解决后，消费者关心的问题就转变为“吃得好”，粮食产品的质量和品质成为消费者最迫切的需求。在高质量发展阶段，粮食产业必定走质量兴粮之路，以更好地满足消费者日益个性化、多样化、高品质的粮食消费需求。

第三，协调化，粮食产业高质量发展是结构优化的协调发展。粮食产业由资源密集型、劳动密集型为主向技术密集型、知识密集型为主转变，实现粮食市场的供需平衡。在高质量发展阶段，通过粮食一二三产业融合，延伸粮食产业链，联系各环节利益链，减少各环节成本投入浪费，提高粮食生产效率。

第四，绿色化，高质量发展是集约资源、保护生态的绿色发展。粮食产业由粗加工、高污染、高浪费向循环经济和环境友好型产业转变，以实现可持续发展的目标。在高质量发展阶段，要保证耕地的合理开发，防止过度耕种导致耕地土质的破坏；要形成完善的水循环系统，避免水资源的浪费；合理规划化肥使用，避免化肥过度使用导致耕地土壤的污染，最终实现粮食产业发展的经济效益与生态效益相统一。

第五，国际化，粮食产业高质量发展是参与国际竞争的开放发展。积极进行国际粮食贸易，形成中国粮食品牌，培育粮食贸易核心竞争力。粮食产业高质量发展必须着眼于国际化发展，通过粮食产业与科技、信息等相关产业的融合，充分发挥我国粮食产业的功能和价值，增强粮食企业的国际竞争力，实现粮食产业更高水平的对外开放。

二、粮食产业高质量发展的目标

当前，我国粮食产业正处于由“有没有”“够不够”转向“好不好”“优不优”的重要节点，在保障粮食数量平衡的同时，更要注重粮食质量提升、产业链延伸、生产方式转换，构建现代化粮食产业体系，实现粮食产业高质量发展。

1. 提升粮食产品质量

提升粮食产品质量是粮食产业高质量发展最基本的目标，也是广大消费者迫切需求的满足。习近平总书记指出，“当前，老百姓对农产品供给的最大关切是吃得安全、吃得放心。要把增加绿色优质农产品供给放在突出位置，狠抓农产品标准化生产、品牌创建、质量安全监管，推动优胜劣汰、质量兴农”。近年，我国粮食综合生产能力稳步提升，2004年至今我国粮食连年丰收，2020年产量达到6.7亿吨，较2004年增长了33.45%。当前，我国粮食供给相对宽松，要抓住这一机遇，加快推进粮食由总量扩张向提质增效转变，走质量兴粮之路，不断适应居民消费转型升级要求，更好满足日益个性化、多样化、高品质的消费需求。

2. 优化粮食产业结构

优化产业结构是粮食产业高质量发展的核心动力。粮食产业供求平衡要求生产出来的粮食产品能够有效对接市场需求，粮食生产布局和加工布局的比较优势得到充分发挥，产销衔接稳定顺畅，产区粮食有稳定销路、销区粮源有可靠保障。通过完善基础设施、公共服务和配套政策，引导关联企业、配套产业、相关服务业向粮食产业园区集聚，形成资源集约、功能集成、产业集群，促进粮食市场主体横向融合，提高粮食产业集中度和规模效益。

3. 保障粮食安全

保障国家粮食安全是粮食产业高质量发展的主要目标。民以食为天，粮食问题是治国安邦的头等大事，粮食安全是国家安全的基础。新时期，我国粮食形势呈现出新的阶段性特征，粮食产量再创新高，实现“十八连丰”。站在新的起点上，面对更复杂的国际粮食格局，党中央不断增强粮食安全意识。“藏粮于地、藏粮于技、藏粮于民”战略成为我国粮食安全的三大支柱。坚持“藏粮于地”，建设高标准农田，实行最严格的耕地保护制度和节约用地制度。坚持“藏粮于技”，用现代农业科技和物质装备支撑粮食高效生产，既要注重先进科研成果的引进，也要能够将新技术、新品种推广到千家万户。“藏粮于民”，发挥农户的粮食安全稳定器作用。农户储粮，在我国粮食储备体系中占有重要位置，能够起到抑制价格波动、稳定市场的效果。

4. 协调可持续发展

粮食产业高质量发展要求进一步集约集聚、降本增效、改善服务，增加绿色优质粮食产品供给，加快推动产业迈向中高端水平。广大粮食企业要把经济效益、社会效益和生态效益统一起来，积极承担保障食品安全、生态安全、保护环境等责任。粮食产业高质量发展的出发点和落脚点是更加有力地保障粮食生产环境安全，决不能以破坏粮食生产环境为代价换取经济效益。资源短缺、生态环境恶化对中国粮食产业发展带来了极大挑战，粮食产业高质量发展必须解决好发展与资源环境的协调可持续的问题，要科学统筹、高效配置资源要素，以实现粮食产业的协调可持续发展。

第二节　粮食产业高质量发展的问题与对策

一、粮食产业高质量发展的现状

1. 粮食综合生产能力稳步提升

自2010年以来，我国粮食产量逐年提高（图8-1）。截至2020年，我国粮食产量达到6.7亿吨，创历史最高水平，实现创纪录的“十六连丰”，粮食生产持续向好向优。我国口粮基本实现自给自足，2020年粮食进口量仅有14 255万吨，仅占国内市场很小的比重，完全有能力应对新冠疫情冲击、国际地缘政治波动等突发重大事件影响。为更好地贯彻实施“五优联动”，中央加大高标准农田建设力度，调拨资金支持建设高标准农田。2020年年底，全国已建成8.65亿亩高标准农田，亩均粮食产能增加10%～20%，亩均节本增效约500元。夏粮、早稻、秋粮三季粮食单产均实现增加，其中良种的贡献率达到45%。市场紧缺的优质专用小麦面积提高1.5个百分点，优质早稻面积提高4个百分点，粮食品质持续优化，粮食综合生产能力稳步提升。

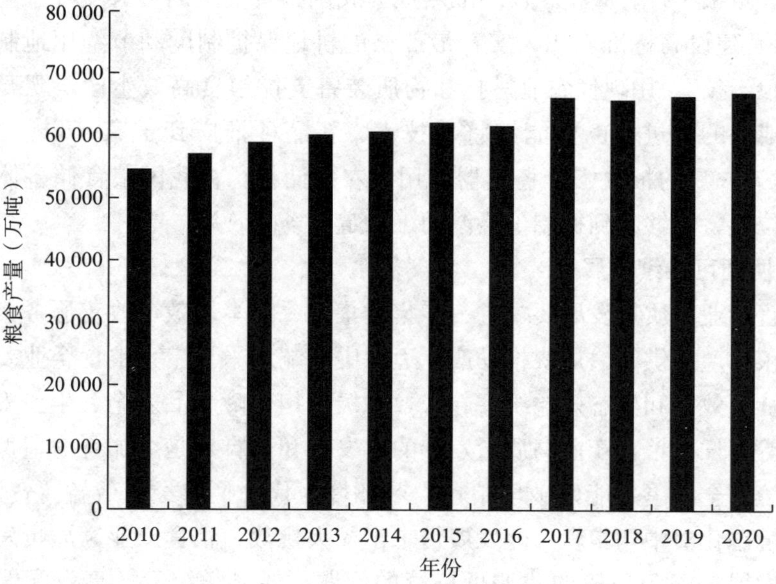

图 8-1　2010—2020 年我国粮食产量

数据来源：历年《中国粮食和物资储备年鉴》。

2. 粮食产业规模效益持续提高

随着“优质粮食工程”“放心粮油”等战略全面实施，我国粮食企业的综合实力和竞争力持续提高。2015—2018 年，全国粮食产业总产值年均增长接近 5%，销售收入年均增速超过 7%。2018 年，全国粮食产业总产值达到30 792.3 亿元，企业数量 22 790 家，其中成品粮油加工企业和饲料企业分别占比 64% 和 16%，是粮食产业经济的主要组成部分。粮食企业的盈利能力显著提升，销售利润率提高了 6.9%。粮食产业化龙头企业的规模与质量提升，有效带动整个粮食行业稳定发展。2018 年全国产业化龙头企业数量达到 3 087 家，“放心粮油”示范工程企业数 2 614 家。中粮集团、香驰控股、九三集团等一批龙头企业集团抢抓机遇、顺势而为，迅速做强、做优、做大，成为产业发展的排头兵。

3. 粮食产业发展前景广阔

粮食安全始终是关系我国国民经济发展、社会稳定和国家自主权的全局性重大战略问题，必须在更高层次上保障国家粮食安全，树立科学的粮食安全观，牢牢守住粮食安全的底线。随着人们日益增长的物质文化需求和对美好生活的追求，居民对口粮消费标准的要求日益提升，“绿色、安全、优质”成了居民对粮食要求的新标准。通过居民消费升级带动粮食产业升级，拉长粮食产业链条，推动粮食产业经济融合发展，是我国粮食产业高质量发展的重要方向。科技助力筑牢粮食安全“压舱石”，当前高新技术应用已遍及粮食产业的种植、储存、流通、销售等各环节。北大荒集团坚持以绿色智慧厨房为引领，搭建北大荒营销大平台，加快实现由农业和生产推动向营销和市场拉动的转型升级，迈出了从“大粮仓”到“大厨房”的坚实一步。

二、粮食产业高质量发展的问题困境

1. 粮食产品的供需结构性矛盾突出

近年，我国人民生活水平快速提高，2020年恩格尔系数达到30%，基本达到最富裕国家标准。在此背景下，居民粮食消费必然要由吃饱、吃好向健康、绿色、优质食品转型升级。然而，当前我国粮食产品供给的品质结构跟不上消费端升级的步伐，主要体现在两个方面。

第一，普质原粮产能过剩、超量存储，优质原粮供不应求。受现行混收混储的粮食收储政策影响，农产品生产者普遍选择种植高产、普质品种，缺乏种植绿色、优质粮食的积极性。小麦和稻谷的最低收购价政策又人为地抬高了原粮入库价格和农业原材料成本。基于此，国内普质原粮价格较高，导致粮油加工企业普遍“用不起”“不想用”，产能相对过剩。市场需求旺盛的优质农产品的激励机制缺失，种植推广不足，供不应求，不得不大量依赖进口粮源。最终形成国内用粮企业“大量进口”，而国家粮库“超量存储”的怪圈。

第二，低端粮食加工产能严重过剩，精深加工产品供不应求。近年，国内粮食行情持续疲软，成品油价格不断下滑，而原粮、人工、资源环境成本却逐年攀高；由于税收贡献相对较小，各级政府对粮油加工业的扶持措施较少且比较零散。受此影响，部分粮油加工企业难以维持正常运行，开工不足、产能浪费严重。然而，国内需求旺盛的营养健康、绿色优质的高端粮食产品，比如高档面包、糕点所需专用粉和部分精深加工产品等，普遍供给不足，不得不大量依赖进口。

2. 粮食生产效益较低

以往粗放式的粮食生产方式，无法进行标准化生产、管理和品牌营销，存在品种繁多混杂、品质参差不齐及产后损失严重等突出问题。近年，我国各地区积极开展高标准农田建设并取得显著效果，截至2020年年底，我国已建成高标准农田8 391万亩，亩均粮食产能有所增加，亩均收益有所增加。但距离2025年建成高标准农田10.75亿亩，尚存在一定的缺口，且已建成的高标准农田内还存在部分农田建设标准较低、设施不配套、建设指标尚未统一化和标准化等问题。

各类农民专业合作社、新型农业经营主体的发展尚处于起步阶段，尚未形成较强的引领力，相当部分的合作组织流于形式。优质粮食生产不足，高品质粮食生产示范基地建设进程缓慢。虽然优质粮食生产工程取得一定成效，但国家级别尚缺少持续性的投入机制，整体发展的成效相对较低，对生产和消费的反馈引导作用不够。

3. 粮食精深加工能力不足

粮食精深加工能力不足，中高端产品缺口较大，低端产品生产能力过剩的问题凸显。例如，我国“东北大米”在全国畅销，但市场上经销的多数是没有任何标识的散装大米，即使标注品牌，也多是“免淘大米”“清水大米”等缺乏特色标识。反观国际市场，泰国的稻米年产量尚不及我国湖南省，而“泰国香米”却名扬四海，甚至占据了我国高档米市场的半壁江山，价格是中国大米的2～3倍。

粮食精深加工能力不足，难以实现粮食全产业链发展。第一产业后端延伸不足，主要向其他产业供给原材料，产销之间的链条不健全；第二产业两头连接不够紧密，农产品以粗加工和简单加工为主，后端副产物综合加工利用程度不足，农产品价值增值较低；第三产业发展势头不足，农户与企业之间的利益联结机制不畅。这均导致了粮食产业链片段化、分割化，使得粮食产业价值链长期低端化，加大了农业资源实现优化配置的难度。

4. 粮食流通体系不完善

粮食储存硬件设施支撑不足，储存体系有待完善。总体来看，我国粮库数量已经较多，但仍然是苏式仓、土圆仓、普通房式仓等，而且地方粮仓硬件设施较为简陋，缺乏面向散粮运输和装卸的硬件设施。此外，在国家粮库、粮贩和农户三元并重的粮食储存体系中，国储粮存在“产量、进口量、库存量”三量齐增的现象，导致仓库爆满、仓储损失剧增；粮贩储粮品种混杂、粮食品质低；农户储粮较多，由于收储技术落后、专业设备缺乏，导致粮食严重损耗。

粮食流通效率低且信息化水平不高。我国基本上形成了北粮南运的粮食流通格局，但粮食产业尚未形成完善的物流运输体系。大部分的粮食运输以物流方式进行，这导致粮食运输的成本较高，从而提高了粮食销售的价格，降低了企业的利润收入。此外，粮食流通中的质量监管也缺乏核心信息技术支撑，特别在质量检验、清仓查库等环节上存在短板，影响反馈数据的精度。

5. 粮食市场发展不畅

要实现粮食产业高质量发展，首先应保障粮食市场体系统一开放、竞争有序。当前，粮食交易市场大多数是初级交易市场，一般交易规模不大，很多都只是集贸市场。粮食批发市场虽然近几年发展较快，但缺乏规模化、有竞争力的大型粮食批发市场出现，市场层次较低，抗风险能力较差。

近年，我国粮食产业发展取得了一定成效，一批粮食企业强势崛起。在2020财富世界500强企业排名中，中粮集团的营收达到712.23亿美元，仅次于嘉吉，成为世界第二大国际粮商。虽然我国是粮食进出口大国，但在国际粮食市场上缺少粮食价格的话语权。自中国入世以来，跨国粮商凭借雄厚的资金、先进的技术等优势进入我国粮食产业，对我国粮食产业的控制力、竞争力产生了较大的冲击，尤其是大豆行业控制较为严重，严重阻碍了我国粮食产业高质量发展的进程（表8-1）。

表8-1　世界财富500强“食品加工”企业2019年营收情况

单位：百万美元

	营收	利润	利润率（%）	排名
ADM	64 341.0	1 810.0	2.81	155
邦吉公司	45 743.0	6.9	0.58	247
丰益国际	44 497.7	1 128.0	2.53	258
路易达孚集团	40 571.0	355.0	0.88	302
中粮集团	71 223.3	337.8	0.47	134
象屿集团	36 503.7	199.3	0.55	338

数据来源：《财富》由广东华南粮食交易中心整理。

三、粮食产业高质量发展的对策建议

1. 提高资金支持力度

加大财政资金统筹整合力度，集中支持粮食产业重大工程项目建设。提高高标准农田建设标准，提升各地区农业基础设施建设，设置专项资金用于农业水利灌溉渠道管网的维护。通过强化政策扶持，完善优质粮食种植利益补偿机制，促进区域农业与生态协调发展，提高粮食主产区的优质粮食生产能力。健全金融支持政策，各地区应充分发挥粮食收购信用保证基金的支持引导作用，有序扩大地方政府债券发行规模用于支持乡村振兴，解决各类粮食企业的融资难问题。

2. 增加优质粮食产品供给

为有效缓解粮食供给结构性矛盾，大力推进优质粮食工程建设，促进粮食产业增品种、提品质、创品牌，推进绿色优质粮食产业体系建设。开发精深加工、高附加值、高端品牌产品，满足消费端对绿色优质粮食产品需求的日益增长。一是加速研制功能化食品。重点研制开发养生保健食品，功能性蛋白、功能性膳食纤维、益生菌类等保健和健康食品，满足高血压糖尿病群体、抗衰老抗疲劳群体、要求改变亚健康群体、要求美容群体、要求提高智力群体需求的保健食品。二是关注开发时尚化、娱乐化食品。人们对食品的消费需求从“吃饱”“吃好”到“吃着玩”“吃着炫”，越来越多的消费者在消费方式上追求个性化、新颖化、时尚化。三是挖掘具有地方特色的概念性食品。将地方文化因素融入食品创新中去，推动地方特色粮油食品产业化。四是增加多元化、定制化、个性化产品供给，推广小麦粉、大米和食用植物油适度加工。

3. 培育现代化粮食流通体系

第一，提升粮食物流作业的硬件设施水平。加快粮库标准化建设，围绕不同粮食贮存特性，建设多功能粮库。同时，提升粮食质量检测的设施水平，提高对粮食质量安全的检测精准度。加快推动粮食全产业链监测预警系统集成化，构建一体化粮食质量安全预警监测中心，实时对原粮收储、加工、物流和产品质量安全进行动态监测，促进粮食全产业链预警监测的时效性和精准性。第二，强化粮食运输工具的系统化建设，打造水陆空立体化粮食运输设施系统。完善粮食物流装卸设备系统，提高装卸自动化能力。第三，积极推进粮食交易平台的信息化建设，利用信息技术强大的数据信息处理功能强化粮食流通管理能力。加快推进物流仓储和分拨调配的信息化，智能化配置粮源、车源和人员，构建智慧粮食物流配送系统。

4. 构建现代化粮食市场体系

支持符合条件的多元主体积极参与粮食仓储物流设施建设、产后服务体系建设和质检体系建设，建立健全统一、开放、竞争、有序的粮食市场体系。培育壮大粮食产业主体，培育大型跨国粮食集团，支持中小粮食企业发展，促进形成公平竞争的市场环境。提高国有资本运行效率，引领粮食产业转型升级，做大做强一批具有竞争力、影响力、控制力的国有粮食企业，有效发挥稳市场、保供应、促发展、保安全的重要载体作用；扶持一批具有核心竞争力和行业带动力的粮油产业化龙头企业，支持企业开展战略合作与重组，打造规模大、技术装备先进的大型粮油跨国集团，助力统筹利用好“两个市场、两种资源”，在国际粮食产业分工中取得主动权。

第三节 科技创新与粮食产业高质量发展

一、科技创新对粮食产业高质量发展的意义

1. 创新是粮食产业高质量发展的主要驱动力

创新驱动内涵丰富，不仅涵盖科技创新，还包括模式、管理、组织、市场等多方面改良。着力推动技术创新、业态创新、模式创新、管理创新，适应新变化新需求，激发粮食产业技术创新活力，促进新产品、新模式、新业态加速成长，是推进粮食产业高质量发展的重要动力。建立以企业为主体、市场为导向的产学研紧密结合的创新机制，推动科技与粮食产业深度合作，加快科技成果在粮食行业的转化，为粮食经济发展提供动力支撑。针对经营管理粗放问题，要加快推动管理创新，通过行业对标、专题培训等方式，推广先进管理模式，努力提高粮食加工企业管理的智能化、精细化水平。基于现代信息技术的应用，粮食市场日益走向电子商务化。

专栏 8－1 粮食电子商务的创新模式

随着现代信息技术的快速发展，粮食市场竞争日益激烈，粮食交易逐渐电子商务化，国务院办公厅提出推进“互联网＋粮食”行动，积极发展粮食电子商务，推广“网上粮店”等新型粮食零售业态。通过促进线上线下融合，创建优良的市场环境，促进了粮食产业的规模化发展，提升了粮企的组织与效率能力，促进了粮食电子交易平台体系的完善。郑州商品交易所、国家粮食电子交易平台、中华粮网等网上交易平台已成功运行，尝试了粮食电商的多种创新模式。

> 粮食网上期货交易 B2B、国家储备粮拍卖交易 G2B、商品电子交易 B2B、网络零售模式、粮食企业 O2O 模式、粮食网上交易会模式、粮多多的创新模式均是借助网络来进行粮食交易的新型电商模式。例如，粮食网上期货交易 B2B 模式是一种企业与企业之间通过专用网络进行数据信息的交换、传递、开展交易活动的商业模式，借助网络平台来进行粮食期货交易。

2. 技术创新是粮食产业高质量发展的客观要求

新经济增长理论认为，推动经济增长的核心动力是技术进步，科技创新已成为粮食产业高质量发展的必然要求。粮仓数据库、云计算、移动互联网、人工智能等信息技术在粮食产业各环节的应用，提升了粮食生产效率和效益，促进了粮食产业经济的发展，有助于乡村振兴战略的实施。习近平总书记指出，“要给农业插上科技的翅膀”“让农民掌握先进农业技术，用最好的技术种出最好的粮食”。从我国粮食生产的现实条件来看，水资源短缺、耕地地力下降、青壮年劳动力外流及环境安全问题日益凸显，支撑农业持续增产的生产要素约束进一步趋紧。科技创新在粮食生产中的应用能够有效应对上述问题，助力生产要素与资源的集约利用，改善生产中的环境污染，并在一定程度上提高粮农的自身素质。

3. 科技创新是粮食产业发展瓶颈的突破渠道

近年，气候变化和极端天气频发等环境约束增加了粮食生产的不确定性。一方面，用于粮食生产的化肥、农药等已对水质、土壤、农田的环境造成了较大程度的污染，对粮食安全形势构成了极大威胁。根据数据统计，当前我国每年氮肥的使用量高达 2 500 万吨、农药超过 130 万吨，单位面积使用量超过世界平均水平。同时，全国受污染的耕地约有 1 000 万米^2，污水灌溉污染耕地 216.7 万米^2。另一方面，气候变化带来温度、水等资源的变化，改变粮食生产资源要素时空格局，引起种植制度和区域布局变化。气候变化甚至会引发极端天气事件，加大灾害频率和强度，导致粮食生产中的生物灾害和非生物灾害异常发生，增加了粮食生产的风险。在内、外部环境因素挑战的严峻背景下，科技创新是挖掘粮食增长动力、开拓产业发展空间的根本出路。只有以科技创新来应对发展环境变化、克服粮食产业发展约束，才能提升粮食产业价值链，实现粮食产业高质量发展。

二、 科技创新对粮食产业高质量发展的影响机理

1. 科技创新对粮食生产要素的优化效应

在保持耕地面积等生产要素投入不变的基础上，通过技术创新能够有效提升粮食综合生产能力。一方面，农业科技应用有利于守住耕地红线，把高标准农田建设好，把农田水利建设好，把粮食生产功能区建设好。耕地是粮食生产的根子，必须加快建设高标准农田，真正实现旱涝保收、高产稳产。评估系数显示，高标准农田项目区耕地质量能够提升1～2个等级，粮食产能平均提高10%～20%，亩均粮食产量提高100千克。另一方面，把现代种业、农业机械等技术装备水平提上来，推进农业供给侧结构性改革。形成主要粮食作物高产、优质、高效的栽培技术体系和综合配套技术，通过生产中大面积示范应用，大大提高土地产出率、资源利用率，推动粮食显著增产增效。如安徽省深化“科技特派员＋”行动，连片种植优质专用品种；江西省开展集中育秧，解决双季稻及油稻种植茬口难题，积极突破水稻生产瓶颈；黑龙江省推广大马力高端智能农业机械，全面开展测土配方施肥，提高粮食单产、增加粮食总产。

2. 科技创新对粮食产业效益的提升功能

高新生产技术的应用，有助于产品质量的提升和产品种类的增多，有助于产品加工设备和工艺的改进，有助于增强粮企的市场竞争力。首先，技术创新带来产品种类的增加、口味更新速度的加快以及产品质量的提升，更好满足消费者对高品质高端粮油食品的消费需求。产品的个性化和品质化会带来知名度和认可度的上升，从而大幅提升产品价值，产生更大的产品效益。其次，粮食技术创新不仅改善了产品的生产方法和工艺，而且能够减少劳动力、降低生产成本、提升生产效益。最后，通过技术创新等形成技术优势有助于粮企占领市场，不断扩大规模而获得规模经济效益。

3. 科技创新对环境污染的减排作用

粮食科技创新及其推广应用改善了粮食生产对土地资源、水资源和空气环境的污染，保障了粮食产业的可持续发展。首先，通过技术创新改进粮食生产的传统工艺，淘汰落后设备，促进生产原料的循环利用，实现清洁生产，有效降低污染物排放量。其次，通过研发环保型技术或材料推动粮食集约生产，避免过度使用化肥、农药等，保持粮食产量和质量的同时减少对土壤的破坏。最后，技术创新推动粮企低碳发展进而形成规模效应，即先进行低碳、清洁技术

的生产企业可获得高收益和竞争优势，引起其他类似企业效仿，低碳技术的知识溢出和扩散推动了粮食产业技术应用，促进了粮食产业绿色化发展。如香驰集团通过发展粮食循环经济和绿色技术推广，建成了原料、副产品、水、废弃物、能量五大循环利用圈，通过污水处理可实现日生产发电用沼气 2.8 万米^3，回收再利用中水 2 000 吨，提取蛋白渣 50 吨，回收污泥有机肥 30 吨，年增加效益 2 000 余万元。

三、 科技创新在粮食产业高质量发展中的实施路径

1. 运用云计算技术，引领粮食生产新趋势

数字化生产逐渐成为粮食行业发展的重要趋势，必须加快推进“互联网+”、云计算、大数据等新信息技术在粮食生产中的应用。在智慧农业大数据平台的基础上，积极实施数字化农业应用场景，开展地理信息系统、智能感知、模型模拟、智能控制等技术及软硬件产品的集成应用和示范推广。其中，智能感知包括通过农业物联网等获得的各种与农业生产经营相关信息，如作物、土壤等环境信息，以及从事农业生产的人乃至社会的信息。通过整合信息，有助于推行优质粮食品种集中连片种植。支持新型农业经营主体通过土地流转、托管、代耕代种等方式，带动广大小农户，开展土地集中连片种植，推动优质粮油规模化、标准化生产。智能控制包括将北斗卫星导航技术融入农业生产中，实现粮食耕种无人驾驶，大幅度降低劳动投入强度。此外，开发方便农民使用的手机 App，对农作物进行实时监测，不仅可以解决粮食生产中劳动力缺乏、经营效率低等问题，还可以提高农民素质、提升乡村综合治理能力。

2. 推广适度加工技术装备，促进粮食加工延链增值

围绕粮食产业高质量发展需要，瞄准市场需求，坚持核心技术突破和商业模式创新并举，持续加强优质专用新产品、新工艺、新设备的研发与应用，重点突破粮食加工装备、质量检测、营养健康等方面的核心关键技术。首先，精深加工是粮食产业链的最高层次、最增值的环节。鼓励和引导企业采用先进工艺和设备，延长粮食加工产业链，提高成品粮出品率和米糠、碎米、稻壳、胚、麸皮等副产物综合利用水平，拓宽粮食加工转化增值空间，提高资源综合效益。其次，发展粮食循环经济以提高副产物综合利用率。鼓励大型农业企业和农产品加工园区推进加工副产物循环利用、全值利用、梯次利用，采取先进的提取、分离与制备技术，推进稻壳米糠、麦麸、油料饼粕、果蔬皮渣等副产

物综合利用，实现变废为宝、化害为利。最后，开发和推广节能、节水、节粮技术设备，加快淘汰粮食加工高能耗、高粮耗、污染环境的工艺装备，减少污染物排放，重点推广低碳清洁生产技术，促进形成资源节约、环境友好的现代粮食加工业。

3. 加强绿色仓储技术应用，最大限度地节粮减损

以粮食绿色仓储等“六大提升活动”为重点深入推进优质粮食工程，打造优质粮食工程升级版，加快粮食产业高质量发展。绿色仓储主要是利用绿色储粮技术、储量设施、管理措施等提高收储环节粮食品质保障能力，减少损耗，保质保鲜。绿色仓储主要有三个方面：一是在粮食储藏、仓储设施建设改造、储粮设施设备更新改造、害虫防治、粮情测控等工作中，强化绿色导向、标准引领，积极采用绿色储粮标准；二是加强绿色储粮技术研发与标准制（修）订工作的衔接，及时将科技成果转化为标准，完善绿色储粮标准体系；三是总结科学可行的绿色储粮管理经验，推动绿色储粮领域标准实施，形成良性循环。依托现有粮食仓储资源，鼓励因地制宜升级改造仓储设施，提升仓房的气密和保温隔热性能，推动粮仓分类、分级管理和使用，满足“优粮优储”需要；推广应用气调、机械或热泵制冷控温、内环流控温等绿色储粮技术，完善粮情在线监测和智能化控制功能，提高收储环节粮食品质保障能力。

4. 改变传统营销方式，发展“互联网＋粮食”新业态

适应消费端新业态、新形态的发展趋势，创新开拓粮食销售新方法。首先，开辟特色优质农产品网络销售渠道，培育和壮大农民专业合作社、家庭农场等农村电子商务市场主体，加快线上线下融合，建成统一开放、竞争有序、绿色环保的农村电子商务市场体系。其次，为适应粮食流通模式和消费方式的变化，推动主食产业与优质粮源基地建设、专用品种规模化种植和物流、零售、电商、乡村旅游等产业的结合，积极推进农产品加工与销区对接。推广示范“中央厨房＋冷链配送”“中央厨房＋快餐门店”“健康数据＋营养配餐＋私人订制”等经营模式，通过标准化生产、工厂化供应、规模化销售与精准化营销，打造完整的主食产业供应链。另外，在面对不确定性因素影响时，粮油食品的无接触配送到社区、到村镇、到家庭成为重要销售方式。因此，粮油企业必须加快步伐更好地融入“互联网＋”时代，要主动与大型超市、互联网物流配送方等加强联系，改变传统营销方式，想方设法方便百姓，优化服务（图 8－2）。

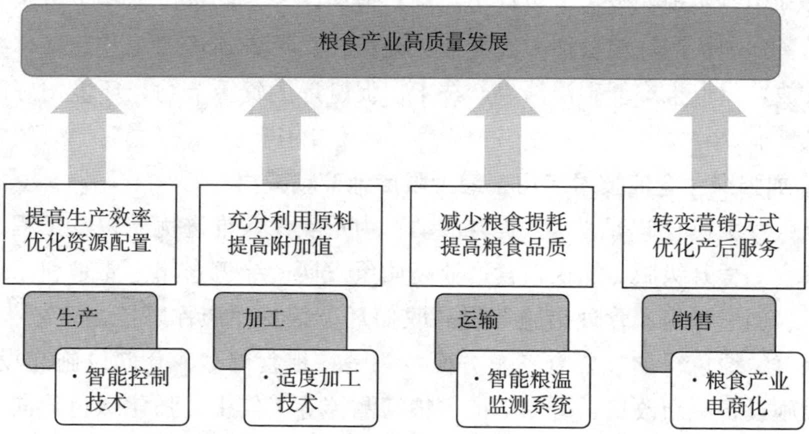

图 8-2　粮食产业高质量发展的科技创新路径

专栏 8-2　粮食产业新业态

粮食产业新业态是借助平台和网络快速实现技术更新、模式扩散与价值增值，带动上下游行业共同发展，实现价值产出高持续性的循环发展模式。2021 年，国务院印发《“十四五”冷链物流发展规划》，指出推动冷链物流发展，是减少农产品产后损失和食品流通浪费，扩大高品质市场供给，更好满足人民日益增长的美好生活需要的重要手段。重点推广“中央厨房＋冷链物流”，中央厨房集中规模采购、生产菜品，将半成品或成品食物通过冷藏车在指定的时间内配送到各分店。“中央厨房＋快餐门店”是将集中加工的速食快餐配送到各快餐门店。“健康数据＋营养配餐＋私人订制”是利用大数据、人工智能等技术制定个体化的营养方案，实现科学健康的膳食结构。

第四节　粮食产业高质量发展的案例分析

2018 年 8 月，国家粮食和物资储备局在黑龙江省哈尔滨召开全国加快推进粮食产业经济发展第二次现场经验交流会，提出将高质量发展要求贯穿到粮食产业发展全过程、各环节，蹄疾步稳地推进粮食产业强国建设。我国各省（自治区、直辖市）积极响应国家号召，结合自身粮食产业发展特点，因地制宜地推动粮食产业高质量发展，取得了明显成效。

一、河南省：依托资源优势，加强政策扶持

1. 河南省粮食产业的基本情况

作为粮食产量全国第二、口粮产量全国第一的粮食主产区、粮食生产核心区，河南省拥有粮食产量高、品种丰富的粮源优势，这为粮食产业高质量发展提供了稳定可靠的资源保障。2006年以来，河南省粮食产量稳定在5 000万吨以上，2019年更是达到6 695.36万吨，实现了“粮食连丰”。河南省用全国6%的耕地生产了全国10%以上的粮食，其中小麦产量占全国25%，小麦粉及面制品产量占全国33.34%。不仅解决了上亿人口的吃饭问题，而且每年调出原粮及其制成品2 000万吨，为保障国家粮食安全做出了突出贡献。

2. 河南省粮食产业高质量发展的困境

龙头企业带动能力弱。河南省粮食企业规模小、实力弱、分布散，缺乏国内粮食知名品牌与省级国有粮食龙头企业带动引领。一是中小型粮食企业综合实力较弱，无法执行政府粮食宏观调控职能，不能有效带动农民优质品种种植与粮油产业发展。二是粮食产业资源分散，受资金等因素的影响，无法形成合力，难以实现粮油产业规模化、组织化，难以发挥河南省粮食王牌优势。三是传统粮食产业政策依赖性高，缺乏创新力与驱动力，市场化程度有待提高，没有打造出在终端消费市场上知名度高的河南省粮食品牌，缺乏品牌影响力与核心竞争力。

粮食产业组织程度较低。一是粮食销售仍以原粮为主。国有粮食企业大多依靠政策性收储粮食，没有形成完整的产业链条。粮食销售仍以原粮为主，粮食精深加工能力远低于发达国家，未能充分挖掘粮食产业价值。近年，河南省年均销往省外小麦300亿斤左右，按加工成普通面粉每斤增值0.1元计算，仅此一项每年就减少30亿元销售收入。二是粮食生产规模化、集约化程度不高。生产主要以传统的分散方式为主，生产水平参差不齐，栽培管理方式各不相同，标准化生产技术普及率低，粮食品质差异较大。由于缺少大型粮食流通龙头企业的引导带动和平合作用，种粮农民与市场没有实现有效对接，粮食生产与流通之间仍处于简单的供需阶段。

粮食产品品牌带动效应不明显。由于粮油食品品牌的知名度不够大，尚未被广大消费者熟知和认可，因此在产品销售环节仍存在阻碍。如河南省主食产

品的知名品牌（多福多、白象、思念等）在当地粮油食品市场上占据重要地位，但产品种类较为单一，在省外和全国市场方面竞争力不强。

3. 河南省粮食产业高质量发展的实践探索

粮食产业体系完备。河南省粮食行政管理机构健全，在政策优先支持、行业指导、资产整合等方面发挥了重要作用。河南工业大学、河南农业大学、河南省农业科学院等粮食高等院校与科研机构为粮食产业经济发展提供了强劲科技服务和人才支撑。河南省国有及国有控股粮食企业 1 900 多个，收购网点 3 000多个，各地粮仓建设较为完备，总仓容 3 600 万吨。全省纳入统计范围的粮油加工业企业 1 239 家，总加工能力超过 8 000 万吨，其中国有及国有控股企业 88 家，占比为 7.1%。

政策扶持力度大。河南省政府高度重视粮食产业高质量发展，先后出台相关政策文件助推粮食产业高质量发展。2018 年，由河南省人民政府办公厅印发的《河南省人民政府关于大力发展粮食产业经济加快建设粮食经济强省的实施意见》，提出大力实施优质粮食工程，推动粮食产业创新发展、转型升级和提质增效，为构建更高层次、更高质量、更有效率的粮食安全保障体系夯实产业基础。

粮食市场前景广阔。作为我国第一人口大省，河南具有巨大的粮食消费市场潜力，同时河南已与 18 个省（直辖市）建立了长期稳定的粮食合作关系，搭建了较为完善的粮食购销体系，能够有效支撑河南粮食产业立足本省、走向全国。随着人民日益增长的对粮油食品消费高标准要求，“绿色、安全、优质”成为居民对粮食要求的新标准。通过居民消费升级带动粮食产业升级，拉长粮食产业链条，推动粮食产业融合发展，是河南省粮食产业高质量发展的重要方向。

二、辽宁省：加快推进“优质粮食工程”

1. 辽宁省粮食产业的基本情况

辽宁是全国粮食主产省，更是粮食流通大省。多年来，辽宁省以提高粮食综合生产能力、减少产后损失、促进农民增收为目标，落实一系列强农惠农政策，调动了农民种粮积极性，优化了粮食生产结构。2013 年以来，辽宁省粮食总产量一直稳定在 2 000 万吨以上，实现了辽宁省粮食生产“十连丰”新局面。为加快农业供给侧结构性改革，辽宁省在订单农业、土地流转、“五代”服务、粮食储兑商行及第一二三产业融合发展等方面进行了有益探索实践，为农民减损增收，推进粮食产业高质量发展提供了坚实基础。

2. 辽宁省粮食产业高质量发展的困境

粮食产业结构失衡问题仍存在。近年，随着国家种植和收储制度的改革，辽宁省粮食种植结构发生了变化。全省玉米种植面积逐渐减少，花生等经济作物的面积逐渐提高。全省粮油加工业发展趋势向好，小麦粉加工业发展稳定，产品产量与产值较以往相比均有增长；食用植物油加工企业的产量和产值均呈增长趋势；精深加工呈现出扭亏为盈的新局面，精深加工业产品的产量、产值与利润均有大幅度增长。全省饲料加工企业规模不断扩大，但饲料加工业盈利能力和利润水平大幅下降。同时，大豆等杂粮作物的种植没有明显变化，全省杂粮加工企业规模小、利润低的局面仍未改变。

优质粮食生产效益不高。辽宁省粮食生产成本逐年攀升，种子、化肥、机械等生产成本呈现出大幅增长态势，而辽宁省实施粮食最低价收购价格，这在一定程度上促进了粮食生产的发展，但是也对优质粮食品种的生产产生了挤压效应，农民种粮获得的收益较为微薄，甚至个别年份出现入不敷出的情况。对于种粮大户来说，粮食生产受自然灾害影响较大，种粮收入不稳定且收益较低。因此，种粮农民的生产积极性不高，种粮大户对于流转土地征用的主观意愿不强。

粮食企业内生动力较弱。全省大型企业基本以中央企业、外资企业为主，本地企业多是规模较小的粮食初级加工企业，每年产量波动较大且产品较为单一，导致企业抗市场风险能力较弱，难以取得突破性的产业升级。全省粮食加工企业多维持在简单再生产阶段，产品类型多为初级简单加工，精深加工企业较少，粮食加工的产业链短，高附加值产品和知名品牌较少。同时，粮食产业科技研发和人才培养投入不足，粮食深加工业规模常年没有得到扩大，全省粮食加工企业产品附加值低，企业整体盈利能力不强。

3. 辽宁省粮食高质量发展的探索实践

(1) 创新生产管理模式，助推优质粮食工程。随着城镇化进程加快，农户传统的粮食生产经营模式逐步改变，辽宁省一些种粮大户、家庭农场及粮食专业合作社等新型农业经营主体发展迅猛，从无到有，从少到多。截至 2015 年年底，全省已有种粮大户 622 户，家庭农场 3 766 个，农民专业合作社 4.7 万个。新型农业经营主体采取流转土地、土地托管等模式实现优质粮食规模化生产，统一种植、统一收储、统一销售，对优质粮食生产、加工、储藏、销售等起到显著推进作用。

（2）第一二三产业融合，壮大村集体经济。为更好落实"优质粮食工程"，各地政府采取"村集体＋合作社＋农户"的运转模式，不仅能够实现粮食规模化种植，还可以帮助农民增收。一是运用现金、土地的形式自愿成立合作社，合作社建立粮食产后服务中心直接收购农民玉米，统一烘干、储藏，或直接销售，减少中间环节。二是通过土地流转、托管实现科学管理、规范经营。统一选种符合市场需求且适合土壤的优良品种，统一化肥用量，保证粮食品质，实现优质粮食的规模化生产。三是积极探索第一二三产业融合发展道路。除了合作社的分红，村集体还筹建乡村田园综合体等，使村集体经济不断发展壮大。

（3）创办粮食储兑商行，促进农户减损增收。粮食储兑商行提供从收割、清理、晾晒到仓储加工销售全产业链的一站式服务。农民把粮食储存到粮食商行，商行为农民开具粮食存折。不同于传统的商业银行，它是借鉴商业银行经营形式而打造出的一种新型农业产业链融合运营模式。商行将农户库存的粮食集中统一管理，在保证农户粮食所有权的同时，将粮食的经营管理权以"活期"或"定期"等方式转让给企业，破解农民秋收后的"晒粮难、储藏难、耗损大"等难题。辽宁省现已创办首家粮食商行，该粮食商行运营以来效益显著，平均每吨稻谷储兑量可使农户增收400多元。

复习与思考

1. 简述粮食产业高质量发展的内涵与特征。
2. 简述粮食产业高质量发展的目标。
3. 简述我国粮食产业高质量发展现状与存在的问题。
4. 简述科技创新对粮食产业高质量发展的意义。
5. 简述我国粮食产业高质量发展的科技创新路径。
6. 结合实际，谈谈科技创新对粮食产业高质量发展的影响机理。

第九章
粮食产业调控与管理

粮食安全是国家总体安全的核心支柱，关系到国家的长治久安和世界的和平发展，在当今社会更成为大国间竞争博弈的重要领域。世界上大部分国家均制定有符合国情的粮食产业调控政策和支持政策，以保障粮食产业健康发展和粮食产品有效供给。在中国特色社会主义进入新时代的大背景下，只有全面认识当前国内外粮食安全形势，厘清粮食市场供求结构变动趋势，积极应对粮食安全存在的隐患，并在此基础上不断完善我国粮食产业的宏观调控体系，特别是收储制度，科学制定支持粮食生产各环节的具体政策，才能更好、更稳固、更全面地落实国家粮食安全新战略。

通过本章学习，主要了解粮食安全的内涵、衡量指标和国内外现状；理解粮食产业调控政策的目标与作用；熟悉现行粮食收购、储备、应急管理制度；掌握支持粮食生产、流通、加工、金融等各环节的具体政策。

第一节　粮食安全战略

一、 粮食安全的概念内涵

1. 粮食安全的界定

联合国于 1974 年 11 月召开世界粮食大会，将粮食安全定义为“为保证任何人在任何时候都能得到为了生存和健康所需要的足够食品”。1992 年国际营养大会又把粮食安全提升为“所有人在任何时候都可以得到安全及营养的食品以维持健康和具有活力的生命”。1996 年 11 月第二次世界粮食首脑会议又作了深入表述，“只有当所有人在任何时候都能够在物质上和经济上获得足够、安全和富有营养的粮食，来满足其积极和健康生活的膳食需要及食物喜好时，才实现了粮食安全”。

2. 粮食安全的内涵特征

从粮食安全的实现层次来看，近年 FAO 等的要求越来越高。总体来看，粮食安全的层次内涵包括“足够食品—买得起—安全营养”三个层次：一是确保粮食总量能够满足全国所有人的需要；二是确保一个国家所有人在任何时候能够获得所需要的基本粮食；三是人们获得的粮食不仅在数量上满足，还要优质、安全又富于营养；四是人们获得的粮食要满足其积极、健康生活的膳食需要和食物喜好。

从粮食生产的组织体系和制度上，粮食安全也应满足四个层次：一是适应供需基本平衡的粮食生产能力，二是生产能力与市场需求相适应的粮食流通体系，三是与社会平均消费水平相适应的粮食价格体系，四是对贫困人口的基本粮食需求的保障能力。

粮食安全还具有宏观安全和微观安全之分。宏观层次的粮食安全主要指一个国家获取粮食的能力，取决于该国的粮食产量、粮食的储备量、粮食的净进口量等。微观层次的粮食安全指的是一个家庭获取粮食的能力，这主要取决于家庭的可支配收入和粮食供应链顺畅与否。宏观粮食安全是微观粮食安全的保障，微观安全是宏观安全的目的，两者相互影响，相互促进。

近年，众多学者根据宏观形势变化对粮食安全赋予了新内涵。张蛟龙（2018）认为，粮食安全呈现出高度跨国性、扩散性、嬗变性和多层性等特征。于宏源等（2021）认为，粮食安全的新维度包括粮食贸易安全、粮食生态安全、粮食金融安全、粮食安全技术与知识。伊成杰（2021）进一步提出，当前新冠疫情、极端天气等不确定性事件频发，给全球粮食产业链、供应链带来一系列连锁反应，国际粮食市场整体形势不容乐观，对我国提出了参与全球粮食治理的更高要求。

3. 粮食安全的重要性与意义

“洪范八政，食为政首”，粮食关乎国家命运，自古即被视为“政之本务”。在社会主义市场经济体制中，粮食安全与能源安全、金融安全并列为三大经济安全，粮食安全更是我国国家总体安全的核心支柱，构成国家安全观的重要组成部分。在国际上，粮食安全是世界和平与发展的重要保障，关系人类永续发展和前途命运。粮食安全越来越成为国家间博弈的一张王牌，是大国竞争的基石，日益成为出口国对进口国施压的战略武器。总之，粮食是关系国计民生和国家经济安全的重要战略物资，是人民群众最基本的生活资料；保障国家粮食安全是维护社会稳定、推进社会主义现代化建设的基本要求。

二、粮食安全的指标体系

1. 粮食自给率（或粮食贸易依存度）

粮食自给率为一国粮食生产量占其消费量的比重。国际上把一国的粮食自给率≥95%（粮食贸易依存度≤5%）定为基本自给，一国粮食自给率≥90%（粮食贸易依存度≤10%）定为可以接受的粮食安全水平。目前，我国政府和学界一般认为我国粮食的自给率指标应控制在95%以上。

如图9-1所示，2005年以来，我国三大主粮大米、小麦、玉米的粮食自给率均处在粮食安全水平之上。2020年，大米和小麦的粮食自给率分别为100.5%和99.4%，远高于国际公认的自给水平。玉米自给率虽然在2014年达到最大值后呈下降趋势，但是2020年自给率仍达到90.8%。但是粮食自给的主要隐患在于大豆，大豆自给率从1998年开始总体呈快速下跌态势。原因一方面是由于我国居民饮食结构变化对肉、蛋、奶消费增长，导致对大豆作为榨油或者饲料粮的需求量激增；另一方面受困于国内耕地、水源、劳动力等资源日益稀缺限制，有限的国内农业资源必须优先用于保口粮，大豆需求只能更多依赖进口。

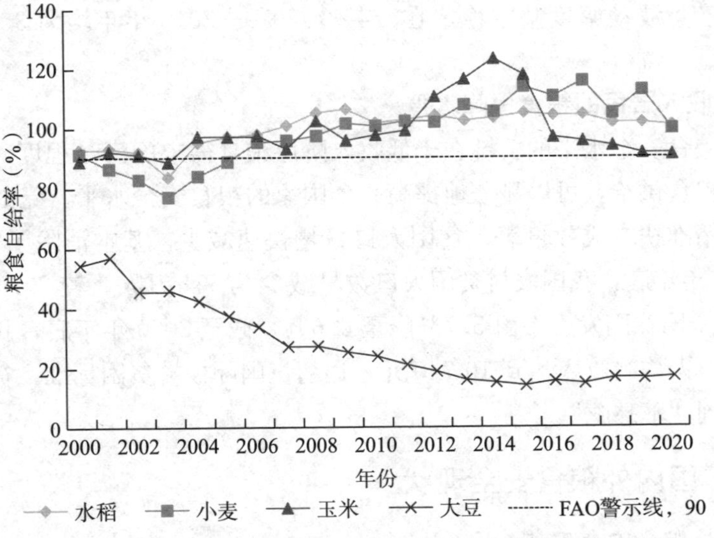

图9-1　2000—2020年我国主要粮食品种的自给率变动情况

2. 粮食储备水平

FAO把年末粮食储备和商业库存占年度总消费量的17%～18%定为粮食安全储备，当年库存至少应相当于次年消费量的17%～18%。其中，5%～6%为缓冲库存，12%为周转库存。若一个国家粮食储备低于17%为粮食不安全，低于14%为粮食处于紧急状态。近年，我国粮食储备常年占到当年粮食消费量的35%，远高于联合国粮农组织的标准。

在保障基本粮食储备水平的实际操作中，我国粮食部门常以保障产区3个月、销区6个月、产销平衡区4.5个月市场供应量为标准，作为粮食安全的储备底线。近年，我国粮食储量不断增加，处在历史较高水平。2017年我国的粮食库存消费比达到40%以上，远高于联合国粮农组织提出的粮食安全警戒线水平。2020年5月，2019年全国政策性粮食库存大清查结果显示，国家政策性粮食库存数量可满足全国居民1年以上正常消费需求。

3. 粮食产量波动系数

粮食产量波动系数，即粮食年际产量的波动或变异程度。粮食生产受气候、成本、价格、政策等不确定因素影响，年际产量往往有波动。波动系数越大，表示粮食安全水平越低。从历史比较来看，我国粮食产量波动幅度变化较频繁。20世纪60年代，粮食产量波动系数为年平均5.5%，70年代为年平均2.5%，80年代为年平均3.4%，90年代为年平均为2.2%。进入21世纪以来，我国粮食产量波动幅度基本稳定在±4%，2010—2018年年均为3.5%，安全程度较高。

4. 低收入居民的粮食保障水平

一国粮食安全水平的关键在于低收入阶层粮食需求的满足程度。增加低收入居民的粮食供给，可以显著地提高一个国家的粮食安全水平。党的十八大以来，我国精准扶贫成效卓著，贫困人口数量快速减少，基本消除了饥饿人口。截至2019年年底，我国农村贫困人口数量减少至551万人，较2015年末减少了90%，全国贫困发生率由5.7%降至0.6%。截至2020年年底，我国建档立卡贫困人口人均纯收入达到10 740元，远超过国际极端贫困标准，贫困人口已经基本做到“不愁吃”。

三、 国内外粮食安全现状

1. 国外粮食安全现状

从全球范围来看，当前粮食安全形势仍然严峻。首先，全球粮食供给处于紧平衡，2020年全球粮食产量约为27.42亿吨，与以往年度相比有所增加，但是主要分布在中国、美国、印度、巴西、俄罗斯等传统的粮食大国，而非洲、中东地区粮食产量有限，且缺乏足够的资金在全球购买。其次，粮食价格居高不下。由于全球食品消费需求增加、大宗商品价格上升，再加上新冠疫情常态化与美国货币超发等不利因素叠加，近年国际市场粮价一路扶摇直上，2005—2020年国内外粮食价格指数均上升了近一倍，2021年2月玉米价格同比上涨45.5%，小麦价格同比上涨19.8%，联合国粮农组织食品价格指数为116点，创下2014年7月以来的最高水平。最后，全球饥饿人口有增无减。据联合国数据统计显示，2019年全球约有6.9亿人处于饥饿状态，比2018年增加1 000万人。当前，饥饿人口主要集中在亚洲和非洲，2020年世界饥饿人口半数以上（4.18亿）生活在亚洲，1/3以上（2.82亿）生活在非洲。预计未来10年，亚洲饥饿人口会大幅度减少，但非洲饥饿人口会较快增长。由多家联合国机构联合撰写的《2021年世界粮食安全和营养状况》报告估计，2020年全球食物不足发生率约为9.9%，高于2019年的8.4%，世界大约1/10的人口面临食物不足困境，无论是从绝对数量还是占比来看，饥饿人口数量都在急剧增加，增幅超过了人口增速。

2. 国内粮食安全现状

我国的粮食安全形势总体稳固，“十三五”期间成功应对了干旱、地震、洪涝灾害、新冠疫情等突发事件，粮食产量持续保持在1.3万亿斤以上，粮食库存充裕，市场供应充足，粮食市场价格稳定，无论从粮食产量波动还是从自给率、储备率水平来看，我国粮食安全水平都是比较高的。

实施“藏粮于地、藏粮于技”战略取得新进展。截至2020年年底，全国累计完成8亿亩高标准农田建设任务；农田有效灌溉面积超过10亿亩；农田灌溉水有效利用系数达到0.56，一半农田实现了“旱能灌、涝能排”。农业科技进步贡献率超过60%，农业育种创新取得突破性进展，建立了超级稻、矮败小麦、杂交玉米等高效育种技术体系，成功培育出数千个高产优质作物新品种、新组合，主要农作物良种基本实现全覆盖，农业机械化水平大幅提升。大力普及管灌、喷灌、微灌等节水灌溉技术，加大水肥一体化等农艺节水推广力度，大面积推广科学施肥、节水灌溉、绿色防控等技术。2020年，农田灌溉水有效利用系数超过了0.56，三大主粮作物的化肥、农药利用率分别达到40.2%、40.6%，农膜回收利用率超过80%，秸秆和畜禽粪污综合利用率分别达到87%、76%，绿色生产正成为我国现代农业的主旋律。

但是我国粮食安全也存在一些潜在隐患，主要体现在：一是综合考虑耕地资源、环境约束、农业劳动力数量、农业资本投入等因素，我国粮食增产的空间正在逐步收窄，未来粮食生产模式和安全保障方式面临转变。二是新冠疫情对粮食安全和粮食国际供应链产生重大冲击，加剧了粮食安全的不确定性。三是粮食的区域不平衡和品种调剂问题日益突出。四是贫困群体的健康营养状况需更加重视。当前，贫困人口的粮食获取能力没有太大问题，但是仍需关注贫困群体的食品营养与健康，进一步实施贫困地区青少年学生、婴幼儿、老年人的营养健康支持计划。

四、国家粮食安全新战略

党的十八大以来，以习近平同志为核心的党中央始终把粮食安全作为治国理政的头等大事，高屋建瓴地提出了“以我为主、立足国内、确保产能、适度进口、科技支撑”的国家粮食安全新战略。“以我为主，立足国内”的核心要义是必须依靠我们自己来解决基本的粮食安全问题，中国人的饭碗任何时候都要牢牢端在自己手中；“确保产能”是基础，强调了国内粮食生产的主动性和粮食宏观调控的灵活性；“适度进口”是补充，适度利用国际资源为我国服务；“科技支撑”是解决粮食安全问题的钥匙和主要驱动力。国家粮食安全新战略既为大力发展粮食产业经济提供了良好条件，也对实现粮食产业高质量发展提出了指导思想、发展路径与保障机制。在国内、国外“双循环”大背景下，这就要求我们要依靠自己保口粮，集中国内资源保重点，做到“谷物基本自给、口粮绝对安全”。近年，党中央、国务院对粮食安全提出了新要求、新任务，相继形成了一系列粮食安全理论创新与政策导向，包括如下。

一是“饭碗论”。党的十九大报告强调，“确保国家粮食安全，把中国人的饭碗牢牢端在自己手中”。习近平总书记强调，“对我们这样一个有着14亿人口的大国来说，农业基础地位任何时候都不能忽视和削弱。手中有粮、心中不慌在任何时候都是真理”。

二是“底线论”。确保粮食安全的底线不动摇，要坚决遏制耕地“非农化”，防止耕地“非粮化”。当前，我国发展中面临的资源环境约束日益加剧，工业化、城镇化、农业现代化同步推进，形成粮食安全底线意识与底线举措至关重要。

三是“红线论”。习近平总书记指出，“粮食生产根本在耕地”。我国人多地少的基本国情，决定了我们必须要把耕地保护好，要坚决守住18亿亩耕地红线，依法依规做好耕地占补平衡，规范有序推进土地流转，像保护大熊猫一样保护土地。长远来看，守住耕地红线要加强耕地数量、质量、生态“三位一体”保护，实行最严格的耕地保护制度。

四是“藏粮于技”。加强科技研发与推广是确保粮食产能的根本依托，是未来粮食增产的潜在动能，是新时代国家粮食安全战略的着力点。促进农业提质增效，保障粮食产能，必须依靠科技进步，其中良种培育起到十分关键的作用，要下决心把我国种业搞上去，从源头上保障国家粮食安全。

总之，在粮食安全问题上，在解决14亿人吃饭问题上，必须高度重视，居安思危，增强忧患意识。历史经验告诉我们，一旦发生大饥荒，有钱也没用！对于中国这样的大国，粮食不仅是餐桌上的食物，而且是与政治、经济、社会、人文紧密相连的定国安邦的“圣品”，具有极端重要性。

第二节　粮食产业调控政策

一、调控政策的目标与作用

1. 粮食产业调控政策的内涵

粮食产业调控政策是指政府运用经济和法律手段，对粮食生产和流通进行效率性生产调控、均衡性结构调整、特殊发展扶持以及直接或间接干预政策的总和。粮食问题关系国计民生，影响市场稳定与国家安全，政府必须运用系统的政策和措施对粮食生产和流通全过程加以调控。在市场经济条件下，粮食宏观调控的客体（对象）应当是粮食市场，即粮食市场的供给状况和市场主体的粮食经营行为。市场机制与政府调控在粮食产业发展中处于互补关系，粮食宏观调控主要是针对粮食市场缺陷，即凡是市场本身能够解决好的问题，政府就没有必要进行干预；只有市场解决不好的问题，才需要政府调控，以确保宏观调控下市场能够有效配置资源。

2. 粮食产业调控政策的目标

粮食产业发展的目标不仅局限在经济领域，更重要的还是政治问题。在社会总体粮食消费水平超过温饱线的条件下，粮食问题直接表现为经济效益和质量问题，但是仍不能放松对粮食安全政治目标的重视。总体来看，我国粮食产业调控政策应当侧重利用市场机制配置农业资源，提高粮食生产效率、盈利水平，解决当前粮食产业不平衡、不充分发展矛盾，促进增加优质绿色粮食供给，在更高层次上保障粮食安全。按照国家相关部门的具体表述，粮食产业调控政策应坚持“基本立足国内保障粮食供给”的方针和“努力保持粮食供求基本平衡”的目标，调控着力点放到注重保持粮食总量、品种、结构基本平衡，确保粮食市场和价格基本稳定。

总之，政府对粮食进行宏观调控的目标是多元化的，可以总结为：以保护种粮农民利益为直接目标，以粮食产业可持续发展为核心目标，以保持粮食市场稳定持续协调发展为中间目标，以保障国家粮食安全为最终目标，如图 9-2 所示。

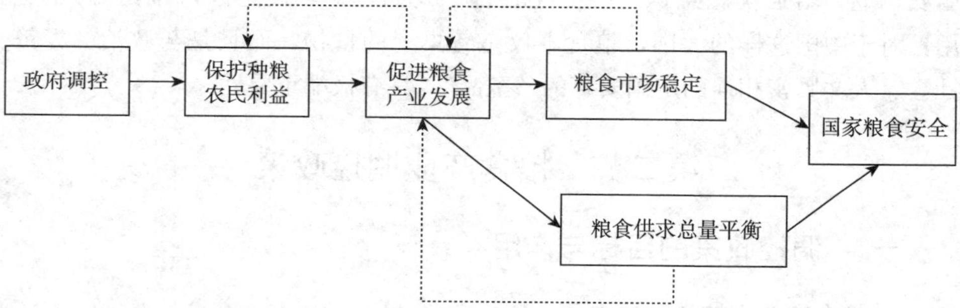

图 9-2　粮食宏观调控政策目标及关系

3. 粮食产业调控政策的作用

（1）有利于推进我国粮食市场化改革。我国粮食流通体制改革总体经历了五个阶段。第一阶段（1979—1984 年）是粮食收购制度改革探索阶段，粮食流通由计划调节向计划、市场调节相结合转变；第二阶段（1985—1992 年）是粮食流通“双轨制”阶段，以粮食合同订购为起始，实行粮食订购与议购“双轨制”；第三阶段（1993—1997 年）是粮食销售市场放开阶段，以放开粮食销售价格和市场起始，按照建立社会主义市场经济体制的要求，企业加快经营机制转化；第四阶段（1998—2003 年）实行粮食保护价收购阶段；第五阶段（2004 年至今）实行市场收购价格的放开，标志着我国粮食流通体制已经初步适应了社会主义市场经济体制改革的要求。

（2）可以有效保护农民利益，维护社会稳定。农业是弱质产业，粮食的需求弹性很小，农民个体很难在价格波动中把握市场，导致其在市场竞争中往往处于被动劣势地位。当前，我国粮食市场和价格已经放开，同时面临国际农产品市场的冲击，如果政府不采取宏观调控措施，粮食价格的波动必然对农民收入增长产生较大影响。农民收入下降不仅会直接挫伤农民的种粮积极性，长期还会危及粮食安全和社会稳定。因此，从保护种粮农民利益和社会稳定出发，需要加强粮食宏观调控。

（3）可以调控粮食生产的周期性波动。随着农业生产科技水平的提高，我国粮食生产能力得到了很大的发展，但是粮食生产仍然呈周期性发展、波浪式前进。一般情况下，粮食生产的周期是：一丰、一平、一歉，三年一轮回。粮食的周期性则是自然周期和经济周期综合作用的结果，但是这对一个有着14亿人口的国家来说，是十分危险的问题，国家必须通过强有力的宏观调控措施防止和管控粮食周期性波动。

二、粮食收购制度

1. 粮食最低收购价政策

粮食最低收购价政策（也称“托市”政策）发布于2004年4月，始于稻谷品种，2006年起小麦也开始实施。粮食最低收购价政策是政府在市场放开后保护粮食价格稳定的重要手段。这一政策的核心是在部分重要粮食主产区，确定某些粮食品种的最低收购价格：当市场价格低于最低收购价时，由中国储备粮管理集团有限公司及其委托公司按照最低收购价收购农民的粮食；当市场价格高于最低收购价时，最低收购价政策不启动。粮食最低收购价政策只限于规定品种的重点主产区，以2018年为例，小麦预案执行区域为河北、江苏、安徽、山东、河南、湖北6省，执行时间为当年6月1日至9月30日。

粮食最低收购价政策主要是为了避免粮食丰收造成价格下跌而出现“谷贱伤农”的不利局面，保护种粮农民利益和促进粮食生产的稳定性。自实施以来，粮食最低收购价政策作用明显、成效显著。一是粮食播种面积逐步提高，产量稳步增长。自最低收购价政策实施以来，我国粮食产量止跌回稳并逐年提高，粮食价格稳中趋强，彻底走出了供给短缺的困境，并且带动农民收入逐步提高，粮食储备大幅增加，保障了粮食市场稳定。例如，2020年3月底收购期结束，中储粮累计完成中晚稻最低收购价收购2 208万吨，较上年增加35万吨，为稳定我国粮食库存提供保障。

但随着这一政策的实施也带来许多问题，如“三高”问题（高价格、高库存、高进口）、巨额财政补贴问题等，这些问题影响政策效果的发挥，亟待进一步改革和完善。

2. 粮食收储制度改革与成效

我国采取分品种施策、渐进式推进、市场化导向的思路，持续稳妥推进粮食收储制度改革。2014 年，大豆实行目标价格改革；2016 年，东北三省和内蒙古自治区的玉米收购实行“价补分离，市场化收购”新机制。东北三省玉米收购体制改革使得玉米价格回归市场，合理的地区差价、品质差价逐步形成，各类加工企业和贸易企业积极入市，成为农民售粮的主渠道，实现玉米从原来的“趴在库房等”到“渠道多元”的转变。用粮企业生产成本大幅降低，极大地促进了玉米深加工、饲料等行业的发展，产业化龙头企业的引领作用继续增强，粮食产业逐步向优势地区集中，产业经济效益稳中向好。2018 年开始，新疆维吾尔自治区试点小麦收储制度改革。当前，小麦、稻谷两大主粮的收储体制改革还在探索深化，多元市场主体共同入市收购的新格局正在形成。

按照习近平总书记关于“积极稳妥改革粮食等重要农产品价格形成机制和收储制度，以市场定价、价补分离为取向，以确保口粮绝对安全、防止谷贱伤农为底线，分类完善改革方案，释放反映供求关系的价格信号”的重要指示精神，我国已经建立起了系统的四级粮食专储制度，有力保障了粮食供应和市场稳定。未来，粮食收储体制改革要坚持市场化导向，积极稳妥推进小麦、稻谷收储制度改革，逐步建立小麦、稻谷市场化价格形成机制，引导农民为市场生产、为满足消费升级生产，减少对政策性粮食收储的依赖，在确保“口粮绝对安全”和“市场形成价格”之间探寻动态平衡点，实现粮食质量和经营效益的不断提升。

3. 2021 版《粮食流通管理条例》

2021 年 4 月，国家对《粮食流通管理条例》进行了较大修订，完善了粮食流通各类主体的权利义务规范，细化规定了粮食流通的禁止性行为，补上了粮食流通管理的制度短板，从法律法规上有力巩固夯实了国家粮食安全。

2021 版《粮食流通管理条例》对粮食收储制度做了较大修订，其中一个重要调整就是取消了粮食收购资格许可制度。与此同时，明确了五个方面的制度安排，包括收购企业的备案要求、收购情况的报告制度、收购行为的规范要求、监督管理的措施和手段以及粮食收购活动违法行为的法律责任，确保收购活动有序正常进行。此外，全面强化对违法违规行为的责任追究，加大了处罚力度。

2021版《粮食流通管理条例》第一次在行政法规中明确规定，省、自治区、直辖市应当落实粮食安全党政同责，完善粮食安全省长责任制，承担保障本行政区域粮食安全的主体责任。实行粮食安全党政同责，是完善制度政策、提升治理能力、筑牢粮食安全“中国之治”根基的长远之计，是巩固粮食安全地方首长责任制、压实主体责任、进一步推动粮食安全政治责任落地的现实需要。

2021版《粮食流通管理条例》赋予粮食行政管理部门更强的职能、更多的手段来进行粮食收购活动的监管，包括可以进行现场检查，可以进入企业、单位查阅凭证资料，可以调查、了解、问询有关情况，甚至可以采取查封扣押的强制措施。明确了政策性粮食经营活动禁止性条款和罚则，对企业最高可以罚款500万元，对其法定代表人、主要负责人、直接负责的主管人员和其他直接责任人员个人，可以处个人上一年度从本企业获得收入的1～10倍的罚款。

三、 粮食储备政策

1. 粮食储备政策的概念与分类

粮食储备是指政府、企业、个人为了保障国家粮食安全、生产经营所需、调节市场余缺、稳定粮价而储备原粮或成品粮的活动。在我国，根据储备主体不同，粮食储备可以分为中央储备、地方储备、企业储备与农户储备。其中，中央和地方政府的储备粮常被称为政策性粮，即政府指定或是委托粮食经营者购买、储存，并给予财政、金融等优惠政策支持的粮食。政策性储备和政策性收购一起，被视为确保我国粮食安全的两大基石。

中央储备在我国主要由中国储备粮管理集团有限公司承担。中国储备粮管理集团有限公司成立于2000年，简称中储粮，该公司在确保国家粮食安全的基础之上，允许适度市场化运作，自主经营、自负盈亏。该公司属于中央垂直直属机构，储备品种涵盖主粮、食用油脂、油料和棉花等8大品种。中储粮受国务院委托，采取垂直管理体制，具体负责中央储备粮、棉、油的经营管理，同时执行粮、棉、油的收购、销售、调拨、存储等调控任务。国家发展改革委、国家粮食和物资储备局、财政部等部门对其负有业务指导和监管职责，中国农业发展银行为其提供信贷融资支持。公司总部设立于北京，总部下设24个分公司为二级管理单位，主要负责管理区域的粮食储备和直属粮库管理，总公司另设全资或控股的二级子公司5家。其直属粮库是第三级管理单位，也是独立核算、自负盈亏的法人实体，分布在全国除香港、澳门、台湾以外的31个省（自治区、直辖市）。

地方储备由省、市、县政府及其所属粮食主管部门进行管理，承储主体多为国有企业，也可由民营企业代收代储。主要用于调控市场、稳定粮价，具有公共产品的属性。例如，河南省省属的粮食投资集团有限公司，在省内外设立了粮食仓储物流网点60多个，粮油仓储设施总容量达322万吨，初步建立了“大市场、大贸易、大流通”的战略格局。

企业储备主要用于粮食加工、销售企业的日常平稳运转经营，以获取利润最大化。同时，国家鼓励私人粮食加工厂、粮食物流企业等按照政府要求，代收代储部分政策性粮。建立企业粮食社会责任储备是我国粮食储备制度改革的一项重大举措。自新冠疫情暴发以来，一些地方粮食加工企业因为交通受阻一度面临无粮可用的困境，随着国内外粮价的上涨，企业存粮意愿显著提升，倒逼着粮食加工企业加快建立社会责任储备。

农户储备是指农户将自己生产的一部分粮食储存起来，用于日常生产、生活，以备不时之需。影响农户储备粮食的因素主要有疫情、自然灾害、行为主体特征、粮食市场和政府政策等。近年，随着农民市场意识的逐步增强，农户储备粮食越来越具有投机获利的动机。例如，2020年，受新冠疫情和自然灾害影响，农户普遍预期粮价上涨，选择自主储粮、存粮待售的比例大增，甚至导致政府收粮困难，政策性粮数量下滑。但是农户储备粮食的一个突出问题是损失率高，我国农村储粮设备简陋，储量技术几乎空白，储藏条件差，缺乏技术人员指导以及科学的管理措施来防护粮食因长时间储存产生的损失。据测算，全国每年农户储粮造成的粮食损失数量约250亿～390亿斤，折合经济损失约300亿元。未来如何减少农户储粮环节的粮食损失成为突出问题。

2. 粮食储备政策的基本构成

近年，我国粮食储备政策体系建设不断完善，主要包括如下。

一是储备粮的购销计划管理。中央储备粮的收购、销售计划由国家粮食行政管理部门提出建议，经国务院发展改革部门、财政部门审核同意后下达给中国储备粮管理总公司。中储粮具体组织实施中央储备粮的收购、销售。中央储备粮实行均衡轮换制，每年轮换的数量一般为储存粮食总量的20%～30%。当前，地方储备粮承储主体逐渐多元化，民营粮食加工企业越来越多地承担省级成品粮储备任务。储备粮的轮换以保证市场供应、稳定市场粮食价格、优化品种结构和区域布局为主要目标，避免集中轮换影响粮食价格上涨。

二是储备粮的存储政策。在现行体制下，中储粮及其直属企业可以自主存储，也可选择具备代储资格的企业进行代储，但是均需严格执行相关法规、标准和技术规范，保证中央储备粮达到相应的质量等级。例如，广东省充分利用省内省外各种资源，探索实行租仓储存和省外异地储存，租用省内企业仓容储存地方储备粮近400万吨，在黑龙江等9省储存75万吨异地储备粮。

三是储备粮的动用政策。可以动用中央储备粮的一般情况包括：一是全国或者部分地区粮食明显供不应求，或市场价格异常波动；二是发生重大自然灾害或其他突发事件；三是国务院认定的其他情形。近年，各地积极推进储备粮管理与经营业务分开。海南省明确规定，储备粮承储企业具体负责各级储备粮的管理，对储备粮的数量、质量和储存安全负责，不再从事经营性业务。

四是储备粮的资金保障政策。储备粮资金在财务核算上，实行国务院财政部门对中央储备粮费用包干的政策。在信贷资金供应上，由中国农业发展银行提供政策性优惠的储备粮油贷款、产业化龙头企业贷款等。

3. 我国粮食储备管理中存在的问题

一是粮食储备体系多头管理，影响运转效率。粮食收储涉及国家发展改革委、财政部、国家粮食和物资储备局、中国农业发展银行、中国储备粮管理总公司等部门。繁杂的程序导致企业很难根据市场信号及时做出灵敏反应，部门之间又往往因利益冲突或判断偏差而对接不畅、行动迟缓，容易错过最佳操作时间，最终影响粮食宏观调控效果。

二是粮食收储运营亏损。近年，随着最低收购价政策的执行，储备粮轮出价与轮入价之间的价差有增长趋势。为弥补政策性亏损，经济发达地区多采用政府财政兜底的方式，经济欠发达区域多采用费用承包制，不仅给地方财政带来较大压力，而且影响收储部门的积极性。

三是储备粮存在安全隐患。粮食在储藏期间主要以粮堆的形式存放。储藏生态系统中的温度、湿度、气体成分、杂质、昆虫、微生物等生态因素变动，均会影响粮食的品质与质量安全。有些地方的储粮设施与技术跟不上，粮食检验检测能力不足，使得一些污染粮食可能进入储存环节。

四、粮食应急保障体制

1. 建设成效

近年，我国粮食应急保障体制建设成效显著，初步形成了粮食应急保障的

“三道防线”：一是确保充足的原粮储备，二是在人口集中的大中城市和价格易波动地区建立能够满足10～15天的成品粮储备，三是布局建设一批应急加工企业、应急供应网点、应急配送中心和应急储运企业。截至2020年6月，全国共有粮食应急储运企业3 454家，应急供应网点44 601个，应急配送中心3 170个，应急加工企业5 388家，成品粮日加工能力在百万吨以上。近年，我国粮食应急保障体系成功应对了干旱、地震、龙卷风、洪涝灾害、新冠疫情等突发事件，保障了国家和地区粮食安全。

国家及地方政府进一步强化了粮食应急预案的修订制定、学习宣传和应急演练。截至2020年8月，全国31个省（自治区、直辖市）制订了省级粮食应急预案，587个市（地）、2 440个县建立了区域性粮食应急预案，《国家粮食应急预案》正在修订。建立完善了四级粮食市场监测体系，基本覆盖了重点地区、重点品种，能够密切跟踪粮食供求变化和价格动态。

2. 发展完善措施

未来，我国将按照“内部整合、条块结合、军民融合、政企联合”的原则，进一步健全国家和地方粮食应急保障体制的结构和功能，重点措施包括如下。

一是修订完善国家、省、市、县粮食应急预案体系，坚持预防预备与应急处突相结合，提高粮食应急预案的科学性、针对性和实效性，既要能预防粮食价格波动的“灰犀牛”事件，又要能警惕导致粮食供应突然中断的“黑天鹅”事件。

二是按照完善“属地管理”原则，理顺常态化监测预警与非常态处置应对的组织机构关系，明确粮食应急管理的职责和权限。健全粮食应急指挥调度系统，建设反应灵敏、先进可靠、功能齐全的粮食和物资一体化应急调控平台。

三是强化对全球粮食储备、国际粮食市场供求形势、国际物流通道等的监测，加强对全国粮食总量平衡、质量状况、市场价格、物流通道、消费需求等进行评估，建立健全国家粮食安全监测预警机制。建立国家和地方粮食市场异常波动应急报告制度。建立跨区域粮食应急协调机制，提升区域应对重大突发公共事件的韧性和持续性。

第三节　粮食产业支持政策

目前，我国粮食安全政策体系的核心是最低保护价收购政策和粮食补贴政策。最低保护价收购政策旨在保证农业生产者能够稳定卖出粮食，以维护农民的种粮积极性，防止粮食产量大起大落。粮食补贴政策是让农业生产者有持续供给的经济动力，确保粮食市场供应稳定。按照补贴作用领域不同，可以将粮食产业支持政策分为粮食生产政策、流通政策、加工与消费政策等。按照补贴作用方式，粮食补贴政策包括间接补贴和直接补贴。当前，我国粮食补贴政策主要有种粮直接补贴、良种补贴、农业生产资料价格综合补贴等。

一、粮食生产支持政策

粮食生产支持政策是指直接作用于农业种植领域，以刺激粮食产量增加的相关政策。主要包括减免农业税、对种粮农民实行直接补贴、良种补贴、农机具购置补贴、农业生产资料价格综合补贴等。这些补贴的最大特点是将原来用于流通环节的补贴直接支付给从事粮食生产的农民，也被称为粮食直接补贴政策。

种粮直接补贴是指将原来通过流通环节对农民的间接补贴改为对种粮农民的直接补贴，按粮食种植面积等标准把粮食风险基金补贴直接落实到种粮农户手中，实现对种粮农民利益的直接保护，调动农民的种粮积极性。粮食直补的品种包括稻谷、小麦、玉米等，具体补贴品种由当地政府依据当地粮食生产的实际情况确定。例如，2019 年辽宁省的玉米生产者补贴是 70 元/亩，大豆生产者补贴是 270 元/亩，水稻生产者补贴是 80 元/亩。

良种补贴属于农作物良种推广基金，是中央财政为加快我国良种推广，促进农作物良种区域化种植，提高农产品品质而设立的专项资金。各地区补贴标准存在着差异，例如，2021 年江苏省南通海安市的优质稻米补贴标准为 10 元/亩；广西壮族自治区南宁市西乡塘区对使用脱毒、健康种苗的糖料蔗按新植面积补贴 350 元/亩；山东省青岛市即墨区的小麦良种补贴价为 15 元/亩。

农业生产资料价格综合补贴是中央财政为保护农民利益，抵消生产资料价格上涨对农民的不利影响而对化肥、柴油等农业生产资料增支实施的综合直补专项资金。补贴金额通过粮食直补渠道一次性发放到农户手中，不增加中间环节，切实保障农民的利益。

农机具购置补贴是中央财政为鼓励和支持农民使用先进适用的农业机械，推进农业机械化进程，提高农业综合生产能力，促进农民节本增收而设立的专项资金。

以上这些支农惠粮政策力度大、含金量高，表明党和政府高度重视和支持粮食生产和粮食安全，鼓励粮食主产区和农民多生产粮食、生产优质粮食，在实践中取得积极效果。一是各项补贴政策共同促进了种粮农民收入的增加。即使不考虑良种补贴、农机具购置补贴所带来的间接增收效果，南方稻谷主产区农民平均每亩也可增收40元以上。二是粮食直接补贴政策符合WTO规则。过去我国实施的价格补贴主要是对粮食流通环节给予补贴，是典型的间接补贴，属于“黄箱”政策，受WTO《补贴与反补贴措施协议》限制，并且实践效果也不理想。直接补贴政策是普惠制的补贴政策，同产量和价格不挂钩，属于“绿箱”政策，不再受《补贴与反补贴措施协议》的限制，符合了WTO的贸易规则。三是粮食直接补贴政策推动了粮食流通市场化改革。粮食直接补贴政策促进了国有粮食购销企业加快改革、改善服务、争取粮源的积极性，有利于粮食市场多元化购销主体的形成，给农民出售粮食带来极大方便；有利于打破地区封锁，建立全国统一的粮食大流通格局，促进粮食市场的完善与发展。

二、粮食流通支持政策

粮食流通支持政策是作用于流通领域的政策，主要包括粮食最低收购价格政策、粮食储备政策、粮食贸易政策等。目前，我国采取的具体粮食流通政策有粮食购销和价格市场化；培育主体多元化的粮食市场体系；修订完善粮食流通法规；托市收购、轮换价差补贴、储备粮保管费用补贴。近年，各地统筹利用商品粮大省奖励资金、产粮大县奖励资金、粮食风险基金等相关财政资金，运用奖补、贴息、配套支持、项目建设等方式，发挥财政奖补资金的激励引导作用，撬动更多社会资本投入粮食产业，有效促进了粮食产业高质量发展。

通过各项流通支持政策实施，经过多年改革发展，我国现行粮食流通体制已基本完成了由计划经济体制向市场经济体制的转变，不同所有制的企业和个人越来越多地参与粮食流通，依法经营。国家不断加强粮食市场建设，发展期货交易，搞好市场管理与调控，为所有经营者创造公平竞争的良好市场环境。

三、粮食加工支持政策

粮食加工支持政策主要包括饲料用粮支持政策、绿色生产激励政策、粮食龙头企业支持政策、深加工企业补助、粮食科技创新支持等。近年，各级各地发改、粮食和物资储备、财政等部门对粮食行业重大工程和重大项目加大支持力度，重点对粮食产业化龙头企业的品牌建设、技术研发、装备更新等提供财政奖补、贴息、退税等扶持。落实粮食初加工用电执行农业生产用电价格政策，切实保障粮食初加工用电。在土地利用年度计划中，对粮食产业发展重点项目用地予以统筹安排和重点支持。粮食主产省、产粮大县等在新编制国土空间规划时给予必要的建设用地指标，用于粮食产业园、物流园、批发市场等规划建设，切实保障功能粮食产业化项目的合理用地需求。支持国有粮食企业依法依规置换土地或转变土地用途，全面落实“退城入郊”“退城入园”，允许处置土地资产的合法净收益用于企业发展。

四、 粮食金融支持政策

粮食金融支持政策是指国家按照粮食宏观调控目标及战略措施要求，以中国农业发展银行为主要载体，涵盖商业银行、农业保险公司、投资担保公司、小额信贷公司等金融机构调节粮食生产和流通活动，支持粮食产业经济发展。当前，我国对政策性粮食建设项目多是采取部分补助政策，除了中央拨款和地方配套资金外，大部分资金需要粮食企业自筹。粮食企业普遍收益微薄，面临技术研发、品牌创建、仓储占款、产业园征地等大额支出时不得不依赖拓宽外部融资渠道。为进一步推进粮食企业转型和高质量发展，金融领域的支持政策和改革方面主要包括如下。

一是推进中国农业发展银行由服务粮食收储主导银行向服务粮食信贷主导银行转变。农发行是我国粮食信贷融资的主力军、国家队，承担着国家粮、棉、油的储备、托市粮收购、农副产品合同收购、农业开发等业务中的政策性贷款重任，并代理财政支农资金的拨付及监督使用。经过多年改革发展，农发行现已形成了以支持国家粮、棉、油购销储业务为主体、以支持农业产业化经营和农业农村基础设施建设为两翼的业务发展格局，初步建立起现代银行框架。面向未来，农发行要对资信状况好、抗风险能力强的优质企业，提供差别化的优质服务，开辟办贷绿色通道，降低贷款利率。

二是鼓励各类金融机构在风险可控前提下，将粮食企业仓储库存、周转储备、品牌价值等纳入企业信用评价和放贷参考因素，提升授信额度，适当降低贷款利率。对于中小粮食企业信用度和抗风险能力较低、缺乏合适的担保抵押物等难题，可探索为粮食贸易和仓储企业设计粮食领域新型金融产品，包括仓单质押、应收账款、预付账款贷款产品。商业银行应对有一定品牌知名度及地理环境标识、具有智能化仓储能力的企业加大信用额度和贷款支持，促使粮食加工企业培养诚信经营、规范发展、树立品牌、做大做强的经营意识。

三是建立粮食行业投资担保体系。省、市级各类政策性担保机构适当放宽对粮食类企业的融资担保条件，建立健全粮食收购贷款信用保证基金融资担保机制，扩大有效担保物范围，为优质项目提供贴息。积极扩大直接融资渠道，开拓资本市场融资渠道，支持优质粮食企业通过发行短期融资债券等债务融资工具筹集资金，支持符合条件的粮食企业上市融资、发行企业债券、发行公司债券。

四是开拓供应链金融、大数据金融等创新性融资工具。顺应粮食全产业链联动融合趋势，推广“银行＋核心企业＋关联主体”的粮食供应链融资服务。金融机构依托粮食龙头企业或粮油交易中心为核心企业，为上下游各产业链环节的中小企业、合作社、农户、经销商提供融资担保支持服务。探索金融科技、互联网金融在粮食生产、流通和储备等各环节的应用。与电商平台、物流公司、粮油交易中心等第三方合作，依托大数据和人工智能技术破解粮食购销领域融资困境。

五、 粮食财税支持政策

粮食财税支持政策包括政府在粮食产业各环节所实施的政府预算支持、税收优惠、财政转移支付（补贴）等。为了保护和调动农民种粮积极性，我国政府于2004年开始减免农业税收，并对种粮农民实施各种农业补贴。目前，我国粮食领域财政补贴不仅包括对种粮农民的直接补贴、良种补贴、农机购置补贴以及农业生产资料综合直补，还包括对退耕还林农民的粮食和现金补助、农村义务教育“两免一补”等。

近年，国家及各地政府不断加强对粮食生产、加工、流通等环节的财税补贴措施和制度安排，不仅使粮食价格的波动控制在合理的范围内，保护了农民及企业的利益，而且也进一步夯实了粮食产业发展基础。一是加大对粮食龙头企业培育、品牌建设、技术装备研发更新的财政奖补、贴息、退税等支持。二是扩大现行优惠增值税的实施范围，将粮食加工企业纳入农产品增值税进项税额核定扣除试点行业范围，给予更多粮食加工企业即征即退的优惠。三是落实粮食加工企业从事农产品初加工所得按规定免征企业所得税政策。四是对符合国家高新技术目录并经国家有关部门批准引进的粮食相关技术与设备，免征进口关税和进口环节增值税。五是落实粮食加工企业用电执行农业生产用电价格政策。六是各地统筹利用商品粮大省奖励资金、产粮大县奖励资金、粮食风险基金等相关财政资金，采取奖补、退税、贴息、配套支持等方式，激励撬动更多社会资本投入粮食产业。

复习与思考

1. 简述粮食安全对于一个国家的重要性和意义。

2. 简述粮食安全的基本内涵特征。

3. 简述我国对于粮食安全的储备水平底线要求。

4. 试论述我国粮食安全面临的主要潜在隐患。

5. 如何理解新时期的国家粮食安全新战略？

6. 简述我国粮食最低收购价政策的实施方式和作用成效。

7. 结合 2021 版《粮食流通管理条例（修订草案）》，谈谈应当如何落实粮食安全党政同责、贯彻粮食安全省长责任制。

8. 结合粮食行业特点和金融业发展趋势，谈谈如何进一步完善我国的粮食金融支持政策体系。

参考文献

陈国清，2014. 产业集群园区建设产业集群对京津冀区域经济发展的功能作用的思考［C］//京津廊都市区跨越式发展与廊坊功能再定位——第八届国家重大发展战略——京津冀协同发展：廊坊区位优势与对接高端城市论坛论文集：81-84.

陈正伟，2013. 综合评价技术及应用［M］. 成都：西南财经大学出版社.

戴化勇，陈金波. 新形势下粮食产销协作模式与机制研究［J］. 农业经济问题，2021（2）：135-144.

邓宗兵，封永刚，张俊亮，等，2014. 中国粮食生产区域格局变动及成因的实证分析［J］. 宏观经济研究（3）：7.

丁声俊，2016. 对振兴粮食产业经济的探讨［J］. 中国粮食经济（11）：32-36.

董晨阳，2020. 基于“区块链＋物联网”的粮食流通安全追溯体系设计［J］. 粮食科技与经济（12）：45-47.

杜栋，庞庆华，2015. 现代综合评价方法与案例精选［M］. 北京：清华大学出版社.

冯长利，兰鹰，周剑，2012. 中粮“全产业链”战略的价值创造路径研究［J］. 管理案例研究与评论（2）：135-145.

符亚男，段亚雄，2015. 全产业链视角下内蒙古自治区乳制品企业战略创新研究［J］. 科学管理研究（2）：77-80.

高鸣，魏佳朔，2021. 加快建设国家粮食安全产业带：发展定位与战略构想［J］. 中国农村经济（11）：16-34.

高维龙，2021. 产业集聚驱动粮食高质量发展机制［J］. 华南农业大学学报（社会科学版）（2）：80-94.

高维龙，李士梅，2021. 农业服务化对粮食产业高质量发展的驱动机制研究［J］. 湖南农业大学学报（社会科学版）（5）：1-14，37.

高志刚，2016. 产业经济学［M］. 北京：中国人民大学出版社.

郭承龙，2016. 农林产品网络营销［M］. 南京：东南大学出版社.

郭亚军，马赞福，张发明，2009. 组合评价方法的相对有效性分析及应用［J］. 中国管理科学（2）：125-130.

国家粮食和物资储备局，2020. 2020中国粮食和物资储备年鉴［M］. 北京：经济管理出版社.

国家粮食和物资储备局，2020. 建设粮食产业强国成效与亮点［M］. 北京：中国财富出版社.

韩本勇，2018. 浅议我国粮食生产的变迁与生产区域的形成［J］. 中国集体经济（1）：22-23.

赫修贵，2017. 壮大农业农村新产业新业态［N］. 黑龙江日报，2017-07-12.

洪涛，2018. 2018年中国粮食电子商务发展报告［J］. 粮食科技与经济（12）：5-7.

侯茗予，张亮，2019. 新时期粮食企业管理的策略性分析［J］. 粮食科技与经济（8）：144-146.

胡方燕，2010. 比较优势、规模化经营与中国粮食优势产区建设研究［D］. 成都：西南财经大学.

扈映，2016. 粮食产销区合作：方式及问题—以浙江省与东北粮食产区的合作为例［J］. 农业农村部管理干部学院学报（2）：33-39.

黄磊，刘则渊，姜照华，2014. 技术转移视角下全产业链创新网络的行为模式：融合创新—以苹果公司网络为例［J］. 科学学与科学技术管理（11）：78-86.

霍婕，2021. 基于粮食安全贡献度的山西省粮食供求现状分析［J］. 食品安全导刊（15）：154-157.

焦源源，王宏广，2020. 多举措增强粮食供应链韧性［N］. 中国证券报，2020-11-28.

康乐，2011. 青白江区建设现代粮食物流加工产业园区的优势分析及思路建议［J］. 中国集体经济（21）：93-94.

冷志杰，高艳，耿晓媛，2012. 大宗粮食供应链上发展农业循环经济的微观组织模式构建研究［J］. 中国管理科学（S2）：810-814.

李利英，李铜山，康涌泉，2015. 粮食经济问题［M］. 北京：中国农业出版社.

李明文，王振华，张广胜，2020. 农业服务业促进粮食高质量发展了吗？基于272个地级市面板数据的门槛回归分析［J］. 农业技术经济（7）：4-16.

李文华，李丹丹，王秀妹，等，2018. 中国粮食产业地理集聚效应及影响因素分析：基于中国省域面板数据［J］. 新疆农垦经济（6）：3-13.

李一鸾，戴晓鹂，2021. 河南省粮食产业高质量发展目标体系构建和研究［J］. 河南工业大学学报（社会科学版）（3）：36-44.

梁琦，2014. 空间经济：集聚、贸易与产业地理［M］. 北京：科学出版社.

梁瑞华，2019. 培育壮大农业新业态发展路径及对策研究［J］. 河南社会科学（3）：115-119.

梁伟森，方伟，2021. 粮食产业高质量发展评价及其影响因素：基于广东省的经验证据［J］. 江苏农业科学（12）：215-221.

林愈溪，2017. 发挥区位优势推动广西粮食产业加快发展 [J]. 中国经贸导刊（28）：16-17.
刘慧，2021.《经济日报》：确保粮食供应“不掉链子”[J]. 中国食品（18）：50.
刘强龙，2014. 基于产业集聚理论的粮食物流园区建设研究 [D]. 郑州：河南工业大学.
刘紫薇，孙青霞，刘潞，2019.“互联网+”背景下粮食电商扶贫发展研究 [J]. 粮食科技与经济（7）：136-138.
陆靖博，周江滨，王莉莉，2021. 探析“互联网+”助力粮食质量安全检验监测 [J]. 食品安全导刊（22）：148-149.
罗光强，邱淑. 提高我国粮食主产区粮食生产能力的对策 [J]. 经济纵横，2013（3）：5.
罗海平，潘柳欣，余兆鹏，2020. 基于粮食安全贡献度的中国粮食主产区粮食供求格局演变 [J]. 浙江农业学报（11）：2077-2087.
马歇尔，2009. 经济学原理 [M]. 朱志泰，译. 北京：商务印书馆.
迈克尔·波特，2005. 竞争优势 [M]. 陈小悦，译. 北京：华夏出版社.
麦文翰，2020. 打造全产业链农业运营集团推进农业供给侧结构性改革—以广西县域农业为例 [J]. 市场论坛（7）：49-51，61.
苗长虹，魏也华，吕拉昌，2011. 新经济地理学 [M]. 北京：科学出版社.
任正晓，2012. 进一步推进主食产业化全面提升口粮供应保障水平 [J]. 粮油食品科技（5）：1-4.
苏东水，2005. 产业经济学 [M]. 北京：高等教育出版社.
孙馨露，2020. 我国主要粮食产业电子商务发展现状与策略 [J]. 粮食与油脂（9）：12-14.
孙中叶，2015. 粮食经济学 [M]. 郑州：河南大学出版社.
佟爱华，秦雯，邢勇，2018.“中国好粮油”产品质量追溯体系建设构想 [J]. 中国粮食经济（1）：58-60.
汪文忠，2017. 粮食消费结构变化对生产加工业的影响 [J]. 现代面粉工业（2）：40-41.
汪希成，2014. 中国主要粮食品种生产的区域优势比较 [J]. 财经科学（7）：102-113.
王丽明，王玉斌，2016. 我国农业产业集群效率测度及其影响因素分析：基于首批 76 家农业产业化示范基地 [J]. 中国农业大学学报（4）：149-156.
王瑞峰，李爽，王红蕾，等，2020. 中国粮食产业高质量发展评价及实现路径 [J]. 统计与决策（14）：93-97.
王腾，2017. 中国能源生态效率评价及其影响因素研究 [D]. 北京：中国地质大学.
王亚辉，2021. 推动粮食产业链、价值链、供应链“三链同构”问题研究 [J]. 南方农机（14）：15-17.
王一方，2017.“互联网+三农”背景下农产品营销模式的创新与发展：以河南省为例 [J]. 农业经济（5）：124-126.
王志宏，孙静，王惠君，等，2019. 中国居民膳食结构的变迁与营养干预策略发展 [J]. 营养学报（5）：427-432.

王祖力，肖海峰，2008. 化肥施用对粮食产量增长的作用分析［J］. 农业经济问题（8）：65-68.

魏肖杰，2021. 我国林业产业集聚特征、机理及增长效应研究［D］. 南京：南京林业大学.

吴志华，2016. 对接“一带一路”倡议加快建设粮食物流通道［J］. 中国粮食经济（7）：20.

辛良杰，2021. 中国居民膳食结构升级、国际贸易与粮食安全［J］. 自然资源学报（6）：1469-1480.

辛鹏轻，2021. 产业集群与京津冀区域经济发展作用的思考［C］//对接京津：行业产业公共事业论文集：59-66.

熊维联，2015. 完善现代粮食企业制度推进粮食企业科学发展［J］. 粮食经济问题研究（6）：45-47.

严昊，2019. 农业产业集群对中国粮食比较优势影响的实证研究［D］. 南京：南京理工大学.

杨海民，2006. 粮食物流通道研究［J］. 广西师范学院学报（3）：104-108.

杨群义，2017. 拓展农业新产业新业态推进农民创业新发展［J］. 农场经济管理（5）：19-21.

佚名，2017. 益海嘉里（哈尔滨）粮油食品工业有限公司：大力发展循环经济促进粮食产业经济发展［J］. 中国粮食经济（10）：65-66.

佚名，2018. 河南安阳全力打造优质强筋小麦生产新业态［J］. 粮食加工（6）：34.

佚名，2019. 以“粮头食尾”为抓手，促进主食厨房建设［J］. 粮食与饲料工业（7）：25.

殷琳琳，尹心安，2020. 中国主要粮食作物种植结构调整区域优先序研究［J］. 北京师范大学学报（自然科学版）（6）：856-863.

尹义坤，2010. 中国粮食产业政策研究［D］. 哈尔滨：东北农业大学.

尤宏兵，周珍珍，林大燕，2018. 产业集群对江苏粮食比较优势的影响研究［J］. 特区经济（11）：68-73.

于坚，孙嘉笛，纪剑，等，2021. 区块链技术在食品溯源体系中的应用［J］. 食品工业科技（15）：377-382.

喻翠玲，冯中朝，2006. 我国粮食生产的波动性及其影响因素分析［J］. 农业现代化研究（1）：4.

詹琳，杜志雄，2021. 统筹食品链管理推动粮食减损降废的思考与建议［J］. 经济纵横（1）：90-97.

张迪，2014. 河南省粮食加工产业集聚问题的研究［D］. 郑州：河南工业大学.

张发明，2018. 综合评价基础方法及应用［M］. 北京：科学出版社.

张务锋，2017. 解读粮食产业经济发展问题［J］. 中国粮食经济（10）：13-15.

张宇松，2019. 扛稳粮食安全重任推进产业转型升级［J］. 中国粮食经济（5）：13-15.

赵予新，张珍，张俊燕，2011. 传统农区转变粮食生产方式的路径研究 [J]. 农村经济与科技（7）：4.

郑旭媛，徐志刚，应瑞瑶，2014. 城市化与结构调整背景下的中国粮食生产变迁与区域异质性 [J]. 中国软科学（11）：16.

钟昱，2020. "滨州模式"对我国粮食产业经济发展的借鉴与启示 [J]. 粮油食品科技（4）：32-35，6.

朱蓓薇，孙娜，李冬梅，等，2020. 传统主食制造产业发展现状与对策研究 [J]. 中国工程科学（6）：151-157.

朱玉文，2017. 落实"两头两尾"重大决策部署推动粮食加工产业创新发展 [J]. 黑龙江粮食（11）：19-20.

图书在版编目（CIP）数据

粮食产业经济 / 郭力，孙中叶主编 .—北京：中国农业出版社，2024.3

（中国粮食经济与安全丛书）

ISBN 978-7-109-31769-7

Ⅰ. ①粮…　Ⅱ. ①郭… ②孙…　Ⅲ. ①粮食问题—产业经济—研究—中国　Ⅳ. ①F326.11

中国国家版本馆 CIP 数据核字（2024）第 051376 号

粮食产业经济

LIANGSHI CHANYE JINGJI

中国农业出版社出版

地址：北京市朝阳区麦子店街 18 号楼

邮编：100125

责任编辑：姚　佳　　文字编辑：王佳欣

版式设计：王　晨　　责任校对：吴丽婷

印刷：北京印刷一厂

版次：2024 年 3 月第 1 版

印次：2024 年 3 月北京第 1 次印刷

发行：新华书店北京发行所

开本：720mm×960mm　1/16

印张：12.75

字数：250 千字

定价：78.00 元